汉语作为第二语言书面语教学与研究

吴 双 著

对外经济贸易大学出版社
中国·北京

图书在版编目（CIP）数据

汉语作为第二语言书面语教学与研究 / 吴双著. 北京 : 对外经济贸易大学出版社, 2024. 12. -- ISBN 978-7-5663-2667-6

Ⅰ. H195.3

中国国家版本馆 CIP 数据核字第 2024K40K59 号

汉语作为第二语言书面语教学与研究

吴　双　著

责任编辑：史伟明

出版发行：对外经济贸易大学出版社	邮政编码：100029
社　　址：北京市朝阳区惠新东街 10 号	邮购电话：010－64492338
网　　址：www.uibep.com	发行部电话：010－64492342
资源网址：www.uibepresources.com	E-mail：uibep@126.com

成品尺寸：170mm×240mm	印　　刷：北京九州迅驰传媒文化有限公司
印　　张：15.75	版　　次：2024 年 12 月北京第 1 版
字　　数：242 千字	印　　次：2024 年 12 月第 1 次印刷
ISBN 978-7-5663-2667-6	定　　价：59.00 元

前　言

语体事实上早就存在，对语体的不同理解形成了人们对语言的不同理解。

汉语作为第二语言教学语体可划分为口语体、通用语体和书面语体。

其中，口语和书面语的差别及其划分往往难解难分，口语和书面语存在着渐变、混杂、转换、脱节的关系和变化。口语和书面语的差别及其划分可依照以下方式。

1. 依照交际方式划分——笔头表达与口头表达——“说”与“写”似乎泾渭分明

（1）“声入心通”——有声与无声，口头表达的主要特点；

（2）“形入心通”——“读（看）”和“写”的语言笔头表达的主要特点；

（3）书面语与口语在交际过程、交际时空、交际功能、交际模式、交际情景、交际习惯、交际效果上都有差别。

2. 依照正式程度划分——口语化与书面化表达

“说”与“写”的口语化表达与书面化表达其实难以分得清楚。口头所说的未必都是口语，例如在正式演讲中，口头上使用的书面化词语，也是书面语体。笔头表达的不一定就是书面语体，例如偏口语体的小说和剧本，书中人物所言仍是口语体。

汉语书面语语体与庄雅度有密切的关系，“口语”与“书面语”存在渐变、混杂、转换、脱节的关系和变化。

所以，为了更好地帮助准教师和本土教师[①]了解汉语书面语，需要厘清：

---

① 鉴于作者教学实际情况，这里的准教师主要指国际中文教育专业在读研究生，其中多是其母语为汉语者，读二年级时多被选派为教学志愿者到世界各地的孔子学院工作一年；也有不少来自世界各国的外研，一般都持有 HSK5 级或 6 级证书，多为获得中国政府奖学金、孔子学院奖学金者，也有海外师资和自费者。

（1）汉语作为二语书面语与口语的关系；

（2）汉语作为二语书面语与口语的语体特征。

3. 通用语体的优缺点

语体是适应不同交际领域的需要而形成的语言运用体系，在汉语作为二语领域，语体一般分为口语、通用语、书面语三种语体。汉语作为第二语言教学的主要用语是通用语体。

那么，国际中文教学语言为什么多采用通用语呢？这是因为通用语有很多优点。

首先，节约经济原则是二语教学倾向于采用通用语的主要原因。

母语学习者自幼就在对母语的耳濡目染中学习母语表达，往往会花很长时间甚至一生来深入地学习母语的表达技能。然而，二语学习者往往在长大成人后才开始学习第二语言，教学时间有限，教学实践也常受限制，因此无法采用母语学习者的方式来学习第二语言。怎样才能花较短的时间，便可掌握既能用于口语表达，也能用于书面语表达的第二语言呢？通用语是口语和书面语之间的共核部分。就这个共核部分进行教学活动无疑最为经济。

其次，通用语更容易满足教学需求。

通用语体的优势是——遵循“雅”“俗”之间的合理性原则，大大节约了二语学习者的学习时间。

从教学用语的现实出发，通用语词更便于教学。在有限的篇幅中覆盖更多的领域，采用通用语词语显然更有效率。在有限的课堂教学中，口语和书面语教学往往需要创设一定的场景或对话关系才能引出，所花时间较多；而且学习者使用时由于受语体的限制，适用的场景也更少。而通用语往往具有易学性、实用性、灵活性等特点，有利于学习者较快地应用汉语进行社会交际活动和学习、工作，因此通用语成为初级汉语学习者首选的学习内容。

另外，通用语教学占绝大多数。

从语体角度出发，我们在《国际中文教育中文水平等级标准》（以下简称《标准》）中所列词语发现：

（1）《标准》以通用语词为主，书面语词和口语词占比非常少（878 个、

244 个）。因此，在《标准》中，书面语词和口语词只占了 10%，而通用语词则高达 90%。

（2）书面语词和口语词在初、中、高三等逐渐增加。初等（一、二、三级）、中等（四、五、六级）、高等（七、八、九级）书面语词和口语词占比逐步上升的趋势（4.5%→8.28%→13.59%）与《标准》的要求相适应，即在初等阶段要求能完成简单的交际，到中等阶段的交际则要求流畅，高等阶段的交际须达到规范得体。

（3）高等阶段，学习者须能就社会生活、学术研究等领域的复杂话题进行跨文化交际，表现在毕业论文写作中，学习者应有较高的汉语书面语表达水平，而在电影字幕汉译中则需要掌握地道的汉语口语，因此，《标准》高级阶段中，书面语词和口语词数量激增，对学习者在书面语和口语语体的掌握上要求相应提高。

（4）由于认识到“当前国际中文教育的使命是为各国培养高素质中文人才，这一使命决定了必须抓好汉语书面语教学”[①]，只有掌握书面语才能过读写关，只有过了读写关才能逐步领悟中华文化的精髓，并真正具备用汉语进行跨文化交际的能力，故《标准》中书面语词数量多于口语词。

可见，“撒什么种子，开什么花儿”，二语学习者的书面表达呈现的是通用语化倾向，并非口语化倾向。然而，长期以来，我们一直以为二语学习者的书面表达呈现口语化倾向，其实这是误解。

但是，通用语的缺点也非常明显。由于缺乏语体知识的教学，二语学习者表达时常常显得“洋腔洋调”“雅不上来”“俗不下去”，尤其是书面语表达，高年级学习者常将口语化词语和句式写入对书面语程度要求较高的毕业论文。

在简单的应用文和记叙文写作中，学习者已经习惯“我手写我口”，但在进入说明文、议论文、毕业论文写作时，由于缺乏书面语语体知识，高年级学习者常将大白话写入对书面语程度要求较高的说明文、议论文和毕业论文。例如：

---

① 陆俭明. 国际中文教育的使命及其他［J］. 云南师范大学学报（对外汉语教学与研究版），2024，22（01）：1－4.

（1）“我老公在浙江××外籍人员子女学校当老师，所以我的论文想做一个调查，了解老公学校的年轻人对洋节有什么看法？”［留学生毕业论文（原文）］

（2）“我叫×××，今年 28 岁，我性别是男的，我 3 年前我毕业于中国北京语言大学，而且但今年我学过研究韩汉翻译。在我去当兵的时候，跟韩汉翻译有关的事做的。我最近找工作的时候，在互联网看到你们的公司招聘广告。我看到就我对你们的公司条件和要求很满意，而我的理想地工作跟你们公司的方向一样。所以我就写求职信，还准备的时候这次要参加面试，我的心理上要想着这次要找到公司，而确定我会通过面试。”［留学生写作的求职信（原文）］

二语学习者在学习汉语书面语时困难比较大已是业界共识，其实，他们在用书面表达口语对话时困难也不小。例如在影视剧字幕汉译时，要求译文应该口语化，但学习者的译文却普遍偏向书面化。例如：

（3）“（突然他们从旁边的小井里听到一种动物的声音）

贾普巴克：嘿，这是什么？我们立即看看里面有什么

亚普巴克：那只鹿宝宝是怎么进入这个井里的，

托普巴克：如果我们不拯救它，它将会灭亡。

贾普巴克：是的，兄弟们必须把它拿出来，毕竟，它也是一种宇宙的生物，来吧。

（他们进井里为了拿出小鹿）

……（他们从井里出来）

胖的富人：哪里罐子，哪里黄金，哪里拿走了，赶快回答！

贾普巴克们：如果给了你们宝藏的话，你们不会把我们拖出井里。宝藏还在井底，我们要把它拿出来，从那里提取黄金后，应均匀分配。

胖的富人：不会有任何平等的事情！

……

贾普巴克们：我们很久没吃肉了，这里的食物似乎在我们傍晚达到。”

［留学生汉译的母语电影字幕（原文）］

我们发现，二语学习者所运用的汉语既不同于母语者的口语，也不同于母语者的书面语，而是通用语。

这是因为二语教学用语主要是通用语。“大白话”现象的症结正在于对通用语词的泛用。我们往往在高级阶段才发现学习者的书面语表达能力太差，尤其是毕业论文写作中用大白话写作的现象比比皆是。而且，在对重要文献的参考阅读中，很多学习者其实是难以通读文献的。追根溯源，真实原因便是对通用语泛用所致。

针对二语学习者应用失体的情况，语体教学的重要性便越发凸显出来。那么，怎样才能避免学习者出现“雅不上去”和“俗不下来”的书面表达现象呢？

重视对语体知识在写作中的应用性练习，应该是提高学习者语体水平的良好渠道。

如果在初、中、高级汉语教学中增加语体知识，尤其是在初、中级写作教学中增强对汉语书面语语体知识的输入和产出，让学习者意识到汉语书面表达不仅要通顺、明白，还应典雅，并学习如何使表达变得典雅的方法，那么，到高级阶段时，学习者无疑就能自觉将所掌握的书面语知识应用到高级综合文体的读写中。

我们要认识到二语学习者在学习汉语书面语时经常会遇到各种困难和障碍。由于二语教学的特殊性，与母语者先学听、说，后学读、写的学习顺序不同，二语学习者一般是听说读写同时进行，难度便加大了。与口语相比，听、说汉语固然不易，而以文字为书写符号供人们书面交流时所使用的读、写形式，难度上就会更大一些。因为汉语书面语与汉字读写有关，而汉字自身的特点以及书面语具有的自身语体特点——它在口语的基础上产生和形成，在对口语进行提炼、加工的过程中，它还产生了规范性、稳定性、超时空性的特征，由于言文不一致，便造成了学习者在学习和理解上的困难。另外，一些二语学习者更多重视口语，在思想上以为口语更重要，因而更多致力于掌握口语而非书面语，这也造成了在书面语学习上的困难。而且学习者还需要多了解一些中国文化知识和学习一些古汉语基础知识，才能更好地了解现代文章里出现的成语和典故，甚至能够欣赏古典文学作品，才能读懂用书面语写成的作品，在读写译的过程中才能更好地应用汉语书面语。

那么，如何将汉语语体知识渗透进写作教学中，并增强学习者的语体意识呢？

一是重视语体辨识的应用性教学。

对二语学习者而言，语言基本功通常是其弱项，同时也是他们最渴望得到提高的学习内容。所以，加强汉语书面语的基础学习和训练是非常必要的。

学习者从一年级就可适当学习辨识和应用语体，如在学习应用文“请假条”时，“拉肚子”与“腹泻”便可作为口语词和书面语词同时掌握，了解可根据不同需要选择不同的修辞方法组织内容，及选择不同的语言表达方式。如果从一二年级起就开始培养，三四年级时才有可能让学习者“能够综合运用各种技能，在各种情境下，就各类话题进行规范、流利、得体的社会交际”（《标准》·九级标准·言语交际能力）。通过学习汉语书面语中字、词、句、语篇、标点符号、修辞等知识及其表达方式，才能从语体表达层面上帮助二语学习者脱离因语体知识的匮乏而只能使用通用语体的状态。

二是重视语体转换的知识性教学。

引导学习者自觉掌握语体转换知识，应该成为写作教学的目标之一。如果学习者能够根据具体语境，选择与交际场合吻合的语体，恰当、准确地应用汉语，就会减少甚至不会出现“雅不上去”“俗不下来”的情况。

如果通过教学让学习者了解不同语体的语言特征，例如口语词语有“阿—”，书面词语有“—性”“双+双”等特点，便可通过词语选择、转换等方法进行语体转换。从书面语构成要素出发，从字—词—句—（+标点符号）—段—篇—体展开教学，对口语体和书面语体知识进行介绍，有利于帮助学习者切实了解汉语书面表达的语言特点，引导学习者能够根据交际对象的不同自觉转换语体。

如能将汉语语体知识渗透进写作教学之中，为学习者写作提供资源养分，并从一至四年级的写作教学中都贯穿这一教学原则，学习者便“能够综合运用各种技能，在各种情境下，就各类话题进行规范、流利、得体的社会交际”（《标准》·九级标准·言语交际能力）。

《汉语作为第二语言书面语教学与研究》是在世界汉语教学学会“全球中文教育主题学术活动资助计划”的支助下得以完成的（项目批准号：

SH20Y32），已在北语开设了相同名称课程，旨在帮助二语学习者习得汉语书面语语体知识，在阅读和写作书面语化程度高的语篇时，能够脱离通用语体的状态。不少选学的中外研究生（主要是外研）表示该课程对他们有切实的帮助。

该项目的阅读对象，包括了从事汉语作为第二语言书面语教学的准教师、本土汉语教师，以及中高级汉语作为第二语言学习者。

该项目力求与准教师专业成长的规律相吻合，旨在帮助国际中文教育准教师和本土教师为了开展汉语书面语教学，全方位地了解汉语作为二语书面语的发展、传播、语言知识、教学方法与研究方法，在书面语教学上从“新手”转变成“熟手”“能手”甚至“专家”，促使汉语作为二语书面语教学向规范化、科学化、系统化、可操作性和预见性方向发展。

古人云：“工欲善其事，必先利其器。”该项目可为爱好汉语书面表达技能的各界读者和研究者提供参考。

目　　录

绪　论

中国素有重视汉语书面语表达的传统。汉语书面语在国际中文教育中具有工具功能、认知功能和社会功能，“互联网+”使汉语书写前所未有地成为社会生活的新模式。

中国不仅是个社会主义大国，还是快速发展的世界第二大经济体。作为联合国的正式语言和工作语言之一的汉语，正日益成为世界各国急需掌握的一种国际语言。尤其是在“一带一路”倡议的背景下，国际中文教育蓬勃发展，汉语正成为各国融入世界，向国际化发展的重要语言工具之一。

汉语作为第二语言书面语正日益受到各国学习者的重视。对于在各国从事汉语作为二语教学工作的教师，熟练掌握汉语书面语知识及其教学技能，无疑是应有的素养。

“汉语作为第二语言书面语教学与研究”这一研究课题正是应需而生，旨在促进汉语作为第二语言书面语教学向规范化、科学化、系统化、可操作性和预见性方向发展，为构建汉语作为第二语言书面语教学的学科体系提供理论和实践支持。

作为第二语的汉语书面语教学本身具有特殊性，教学的顺序就不同于以汉语为母语的书面语教学，虽然一般是按照“听、说领先，读、写跟上”的教学程序开展，但是听、说、读、写基本上是同时进行的，听、说固然不易，而读、写难度往往就更大。而以汉语为母语的学习者自出生起就开始学习听、说，尔后才学习读、写。

书面语与口语的区分既表现在语言形式上，也表现在语体上。而汉语作为二语教学的主要用语——通用语，是书面语与口语的交汇部分。二语学习者往往学习的是通用语、偏向口语的通用语和偏向书面语的通用语。

这与以汉语为母语的学习者耳濡目染习得地道的书面语和地道的口语有着截然的不同。

书面语主要是以文字为书写符号，供人们书面交流时所使用的语言形式，它在口语的基础上产生和形成。在对口语进行提炼、加工的过程中，它还具有规范性、稳定性、超时空性的特征。得益于此，若干汉语文献才得以传承，文明才能得以延续。汉语书面语文献资料之丰富在世界上首屈一指，而关于汉语作为第二语言书面语的文献也非常丰富。这些资料多存于历史上开展汉语教学的地方。例如，我国唐代日本高僧空海的《文镜秘府论》，其实就是一部源自中国，由日本学者为日本人编写的汉语作为第二语言的写作教材。[①]另外，还有朝鲜、韩国、越南等地出现的汉语书面语教学文献资料，无不证明汉语书面语在海外教学的深远影响和巨大成就。

根据书面语和口语交际形式的不同，国际中文教学将语言技能课划分为听、说、读、写教学，听、说是口语，读、写是书面语。但从语体来看，读、写的未必是书面语，听、说的也未必是口语。

汉语作为第二语言教学语体以通用语体为主，其优势——遵循“雅”“俗”之间的合理性原则，大大节约了二语学习者的学习时间。但由于主要学习通用语，二语学习者缺乏对汉语书面语及口语语体知识，因此常出现“洋腔洋调”，不仅常出现将口语化词语写入对书面语程度要求较高的求职信、毕业论文等“雅不起来”的苦恼，同时也会在翻译影视剧对话时出现过分书面化，“俗不下去”的现象。

如果学习者能够根据具体语境，选择与交际场合契合的语体，恰当、准确地应用汉语，就不会出现或减少出现“雅不上去”“俗不下来”的情况。这凸显了汉语作为第二语言教学应该重视语体教学的问题。

学习书面语，学习者须了解汉语语音、文字、词汇、语法、修辞，还应学习一些古汉语及中国传统文化知识，才能了解现代文章里出现的成语和典故，读懂用书面语写成的各种作品，甚至能够欣赏古典文学作品，也才能用汉语写好文章。

① 吴双.《文镜秘府论》性质新探——一部由外国人编写的海外汉语写作教材[J]. 汉语学习，2012(1).

从“读者”到“作者”转变的过程，便是成功习得和应用书面语的过程。

我们拟讨论的内容主要有如下几项。

（1）关于汉语书面语的基本概念；

（2）关于汉语作为第二语言书面语的语言知识；

（3）关于汉语作为第二语言书面语的教学技能；

（4）关于汉语作为第二语言书面语教学的研究。

这里我们着重解释（2）（3）（4）的内涵。

一、关于汉语作为第二语言书面语的语言知识

汉语书面语源远流长，其知识面涵盖之广可谓无穷无尽，但“弱水三千，只取一瓢饮”，我们不求全责备，只是尽可能选取那些适合国际中文教育所需的知识和材料予以阐述。

我们从汉语作为第二语言书面语教学研究应该纳入哪些汉语书面语语言知识、教学技能和教学研究入手，着力探索提高汉语书面语教学的实效性问题。从书面表达形式上提供比较系统完善的汉语书面语知识，帮助二语学习者和准教师全方位了解汉语书面语体的概貌。主要包括如下几项。

（1）学习者和准教师虽然在其他课程中也掌握了不少书面语知识，但是对书面语相关概念和知识不一定完全清楚，尤其是对书面语教学的方法不一定了解，可能会有“茶壶装汤圆，可惜倒不出”之憾；或自身尚缺乏汉语书面语知识，难以适应教学需求。

（2）书面语教学是语言教学的途径之一，可以帮助学习者和准教师扩展语言知识。语言知识的发展是我们创造性使用语言的基础，书面语知识越丰富，我们的创造能力越强。

从汉语书面语的构成要素来看，书面语是由语音、汉字、词语、句子、标点符号、修辞段落、篇章、文体等要素构成的，这些要素是不可分割的，由此体现了书面语的组合过程。

① 语音

在文章里，语音虽然是看不见的，却无处不在。汉语书面语富于韵律乐感，一个汉字代表口语的一个音节。一些汉字在口语、书面语中读音不

同，常见的“文白异读”就是突出的现象。

② 汉字

汉语书面语是由用来表述汉语的汉字所组成的。掌握一般汉语书面语所需的汉字并不多——随文识字，根据语境以及字的结构可以大致猜测字义，由字义转而探求词的意义。

③ 词语

书面语词语是指那些在书面语中使用频率高、具有特定意义和功能的词语。这些词语在书面语中起到了表达思想、传递信息的作用。书面语词语的正确使用对于提高书面表达能力至关重要：一是书面语词语的使用需要遵循一定的规则和标准，以确保信息的准确性和表达的规范性；二是要根据上下文和语境来选择最合适的词语，以避免歧义和误解；三是如果将书面语和口语词语进行对比，就可认识到书面词语的风格特点；四是可将书面语词语和口语词语进行替换，汉语作为二语写作教学中可通过口语词语向书面词语的转换来增强文章的书面语感。

④ 句子

书面语句子是我们在写作、演讲等场合中常用的表达方式之一。与口语相比，书面语句子的语法和用词通常更加严谨、规范，要求合乎语法规则、表达清晰，以避免歧义和误解。书面语句子的语气可以表达出说话者的意图和态度，如陈述句表达陈述、疑问句表达疑问、祈使句表达请求等。在语言风格上，书面语句子结构比较复杂，常使用长句和从句。汉语作为第二语言书面语教学中，简单句向复杂句的转换，汉语口语句式向书面语句式转换，是学习者掌握书面语句式的方法之一。

⑤ 标点符号

书面语中，标点符号可用来表示停顿、语气以及词语性质和作用。正确使用标点符号，对作者准确表达思想感情，和读者正确理解文意，都具有重要意义。

⑥ 修辞

修辞是在使用语言的过程中，利用多种语言手段以收到尽可能好的表达效果的一种语言活动。

二语学习者在书面交际的过程中，可以学习并运用对偶、比喻、对比、排比、夸张等修辞手法，写出生动优美精彩的汉语句子。

⑦ 段落

段落与语段不同，语段是句子与句子之间，这几个句子和那几个句子之间的关系及其构成的规律。而段落，即自然段，表示思路发展中的停顿和间歇，显示文章表达的步骤，有明显的换行标志。

段落的构成方式主要有两种，一是句际间意义的结合，二是通过关联词和逻辑性插入语连接。

理解段落的关键在于理解句际间的意义关系和作者的思路。其中的语义关联、关联手段等是构成段落的主要组织方式。

⑧ 篇章

篇章指篇幅与章节以及篇章结构的衔接与连贯。独立成篇的文本构成的规格和模式，反映了文本从内容到形式的整体特点。汉语篇章主题的展开过程、篇章建构的过程和模式、篇章的衔接方式、篇章的阅读和写作等，都是二语学习者应该了解的书面语篇章知识。

⑨ 文体

文体是文本构成的规格和模式，反映了文本从内容到形式的整体特点，揭示了书面语篇构建与运用的方法。文体最大的特点在于辨识性，使其带上了自身的“语码”，便于学习者识别、习得。什么场合需要应用什么文体，反映了文体的交际性和实用性，学习者如果通过文体来了解写作，就能从零散的语篇中看到交际的意义，以及实现交际的方法，并能根据交际需求进行转换。文体为学习者起到了有显著标识的“扶手”作用，当学习者了解文体知识后，就能按图索骥，写出若干类似的作文。因而，文体具有强大的产出功能。

二、关于汉语作为第二语言书面语的教学技能

书面语教学的目的是帮助汉语作为第二语言学习者能够应用汉语书面语进行社会交际。交际形式主要表现为阅读和写作。

阅读是从书面语材料中获取信息的过程，是运用书面语认识世界、发展思维，并获得体验与知识的活动。而写作是应用书面语来构建和表达意义的过程，即用词语、句子、段落和篇章有效选择、组织和发展意义或思

想的复杂认知过程，写作目的是写作的出发点，学习者首先需要根据写作目的，确立主题，通过选材、结构安排、语言运用等写作环节来实现写作目的。

如果说词汇教学的任务是使学习者掌握词义、词的搭配和用法，那么，语法教学的任务便是使学习者掌握汉语结构的内在规律，修辞教学是为了帮助学习者写出更生动的文章。阅读教学的任务是训练学习者理解文本，写作教学的任务是训练学习者能够更好地进行书面表达。汉语书面语的教学任务则总括了以上内容，让二语学习者能够更系统全面地习得和应用汉语书面语。

三、关于汉语作为第二语言书面语教学的研究

为促进汉语作为二语书面语教学向规范性、科学性、系统性、可操作性和可预见性方向发展，准教师和本土教师应该从自身教学实践出发，对汉语书面语教学进行考察和研究，这无疑有助于推动和实现汉语作为第二语言书面语的教学、影响和传播。

借鉴二语教学专家的研究成果，汉语作为第二语言书面语可以从很多方面去展开研究。举例如下。

1. 输入和解码——汉语作为二语书面语阅读教学与研究

读写有关汉语作为二语书面语交际知识，书面语交际是信息的编码、发送、传递、接收、解码和反馈的复杂的动态过程。解码即“理解”。“读”是把文字形式的话语通过神经的生理活动转化为可供大脑语言中枢处理的语言码。如果解码产生误差，就会“对牛弹琴”“差之毫厘，失之千里”，产生误解。

（1）口语语篇和书面语语篇的阅读研究；

（2）阅读输入对写作产出的意义；

（3）汉语作为二语书面语知识习得过程和策略。

2. 编码和发送——汉语作为二语书面语写作教学与研究

人们有了交际的动机，要把自己的思想感情传达给对方，首先要选取恰当的词语，并按照一定的语义和语法规则进行编码。如果编码产生误差，就会“词不达意”，妨碍思想感情的表达。发送是 “写”的过程。编码完

成后，作者就要通过人的书写器官——手的运动赋予语言码以文字形式，把编好的语言码写出来，发送出去。

（1）汉语作为二语作文契合语体需求的教学对策和训练方法；

（2）汉语书面语习得书面语训练方式；

（3）不同水平学习者写作表现及问题；

（4）汉语作为二语书面语能力建构过程和规律。

3. 采用多种研究方法展开研究

（1）文献研究法

文献研究法主要通过搜集、鉴别、整理文献，并通过对文献的研究形成对事实的科学认识。

搜集文献的渠道多种多样，做好文献综述对所有研究都有着重要的意义。培养学习者学会查找汉语作为二语教学文献，尤其对古代汉语作为二语教学文献进行搜集整理，是帮助学习者展开书面语教学研究的基础工具。

（2）问卷调查法

问卷是指为统计和调查所用的、以设问的方式表述问题的表格。

汉语作为二语书面语教学的研究对象是二语学习者及教学活动、教学过程、教学理论等，教学研究资料主要来源于真实的教学实践，调查问卷就是对研究中的各环节，以书面方式就汉语写作相关问题设计调查问卷，分发给教学对象，有目的、有计划、有系统地搜集学习者汉语写作学习的真实状况和主观态度。问卷法可计量，可控制，方便操作，因此通常用于二语书面语教学研究。

（3）观察诊断法

对教学对象在汉语书面语表达上的困难，一时不能做出诊断，须观察一定的时间后，发现学习者写作学习的障碍，设计相应的新的写作教材及教学方法。

（4）读写教育实验法

运用科学实验的原理和方法，采用书面语教学理论提出假设，有目的地控制和操纵书面语教学过程中的教学条件，通过观测与所控制的条件相伴随的教学现象变化的结果，来揭示书面语教学活动的规律。

① 实验对象：初、中、高级二语学习者。

② 实验目的：在统计分析的基础上验证书面语教学思想和方法的科学性和合理性，以期将一些有价值的教学理念和方法引入教学实践。

③ 实验方法：

a. 假设：例如假设各教学环节中通常会应用的书面语教学方法。

b. 写作测试：实验处理前，进行前测；实验处理后，进行后测。然后通过比较实验结果，观测研究对象在被一定的人为控制的条件下，书面语水平是否发生了变化。

c. 问卷调查：对研究对象进行问卷调查与访谈，以便了解学习者的真实学习状态及其对书面语教学的主观感受。

④ 写作实验报告：将实验结果记录下来，进行统计、分析、总结，提出有价值的见解。

第一章 汉语作为第二语言书面语教学

第一节 关于汉语作为第二语言书面语

汉语跟世界上大多数语言一样，有口语和书面语之别，口语和书面语是汉语的两种不同形式。口语和书面语都是语言，都是用来表达和交流的语言工具，二者关系密不可分，但二者也存在着很大的差异。

文字是书面语的主要表现形式。书面语和口语在根本上是一致的。书面语是在口语的基础上产生并发展来的，是在文字产生之后才出现的，因此也只有识字的人才认识书面语。先有口语，后有书面语，书面语与文字有着密不可分的关系。如果说所有民族都有可以听说的口语的话，那么并不是所有的民族都有可以用于读写的书面语，即至今还有民族只有口语而没有书面语。

书面语来自口语，同时与口语又有区别。口语是人们在口头上、日常生活中表述的语言，而写出来的话可以有时间斟酌、加工，乃至反复修改，因此书面语是在口头表达的基础上经过加工的、深度高于口语的语言，比口语更加规范、连贯。如果对书面语再进一步加工规范，就形成了标准语。

李熙宗《关于语体的定义问题》(2005)，对多种已有的定义做了探讨后，认为“语体是在语言长期运用过程中历史地形成的与由场合、目的、对象等因素所组成的功能分化的语境类型形成适应关系的全民语言的功能变异类型。具体表现为受语境类型制约选择语音、词语、句式、辞式等语言材料、手段所构成的语言运用特点体系及其所显现的风格基调。”这对外汉语教学的核心地位这一观点。刘圣心的《高级阶段留学生书面语体意识的考察与培养》考察了高级阶段汉语学习者的书面语体意识，以及阐述了为何要培养、怎样培养高级阶段留学生的书面语体意识，并且分析了高级阶段留学生语体意识薄弱的影响因素，最后提出了培养书面语体意识的建议。韩莹的《中高级对外汉语综合课教材中书面语体情况考察与分析》通过对中高级综合课教材中的书面语体内容的考察及对其书面语体能力进行实验测试，针对中高级阶段汉语学习者，对改进汉语国际教学中高级书面语体教学提出了思考和建议，比如确立汉语国际教学中语体教学大纲和书面语体课堂教学等。

从这些成果看，在国际中文教育领域，不少学者已经意识到语体教学的重要性，对于如何提高汉语学习者的书面语体意识与能力提出了教学建议，做出了许多贡献。我们希望在此基础上，对书面语体及其教学进行一些理论探索，并给出一些研究思路。

为了系统全面地培养学习者应用汉语书面语进行社会交际的能力，为帮助学习者更好地习得汉语书面语，在由此展开的汉语作为第二语言书面语教学的过程中，需要精心设计汉语作为第二语言书面语教学内容，力求教学内容符合汉语作为第二语言学习者的客观实际，揭示汉语作为第二语言书面语的本质特征。

对汉语作为第二语言书面语教学过程中所涉及的相关概念和定义、实施的教学环节及所采用的教学方法、二语学习者在习得过程中的各种表现等，进行全方位的观察和研究，采用文献法、调查法、比较法、实验法等科学研究方法，搜集充分的论据，并获得较公允的论证结果，以期揭示汉语作为第二语言书面语教学的科学规律，这便是汉语作为第二语言书面语教学研究。

第二节　关于汉语作为第二语言书面语的三个理解

一、从交际方式看——听说和读写泾渭分明

首先，汉语书面语是“读（看）”和“写”的语言。

从交际方式看，汉语作为第二语言书面语教学中，听说和读写泾渭分明。汉语书面语指以“读（看）”“写”交际方式为主的语言。

从外部形式——交际方式看，汉语书面语是“读（看）”和“写”的语言。在汉语教学的初中级阶段，“听力”“口语”“阅读”“写作”是四门主要的语言技能课，“听力”“口语”教学的是汉语“口语”，而“阅读”“写作”教学的是“书面语”。虽然“阅读”所读的就是所听和所说的内容，“写作”写的内容也只是“我手写我口”，将所听和所说的内容用笔写下来而已，但听说和读写两种交际方式是截然不同的。所以，对于汉语作为第二语言教学而言，“口语”和“书面语”的常用划分方式就是交际方式。

这是因为口语更多地以口头形式来表现，而书面语更多地是以笔头形式来表现的。

从外部形式，即传送文字信息的工具和手段来看，书面语是指用文字记载下来，供人们在书写和阅读文章时所使用的语言。

书面语是写出来的语言，口语是说出来的语言；书面语的物质载体是文字，口语的物质载体是语音。

如果说口语以时间和声音为表现形式，是一种“听”和“说”的语言，那么书面语则以空间和符号为表现形式，是一种“读（看）”和“写”的语言。正如黄廖本《现代汉语》在第一页即明言：

现代汉语有口语和书面语两种不同的形式……书面语就是用文字写下来的语言，它是在口语的基础上形成的，易于反复琢磨、加工，使之周密、严谨，因而具有与口语不同的风格。①

传统观点认为，口语是通过声音表达的，“说”和“听”的语言。书面语是通过书写，由汉字、标点等符号表达的，是“写”和“读（看）”的语言。

口语交际的传输器和接收器分别是口与耳，承载信息的是语音信号；书面语交际的传输器和接收器分别是手和眼，承载信息是文字信号，这种“口说耳听的语音传递”与“手写眼看的文字传递”的分别，正反映了口语交际与书面语交际不同的模式。这种不同，决定了口语在诸多方面不同

① 黄伯荣，廖序东．现代汉语［M］．增订四版．北京：高等教育出版社，2007：235.

于书面语。[①]

由此可见，书面语指用文字形式记录的，但又区别于“口头”的语言。它在口语的基础上形成，用文字将其记载下来，使听说的语言符号系统变为“看”的语言符号系统。这种供人们书面交流时所使用的语言形式，因其以文字为书写符号，以书面形式为基本形态，一产生便具备了规范性、稳定性、超时空性的特征。

其次，“说”的和用手“摸”的书面语都依托“看”的书面语而存在。

人类社会的交际手段大致可以分为听觉的、视觉的、触觉的三类。

（1）听觉交际，指可以通过听说来进行口头交际的语言，这就是最常见的口语交流，只要听觉正常的人都可以进行。可谓古今中外，到处都是。

（2）视觉交际，主要指可以通过读写来进行书面交际的语言，需要先学会识字，才能进行。我们先学习识字，然后通过文字来进行阅读，了解他人想表达的思想感情。

另外，视觉交际也可以指手语，听说能力不好的聋哑人可用手语进行交际。手语是一种手的语言，是用手势比画动作，根据手势的变化模拟形象或者音节以构成的一定意思或词语，是听力障碍或者无法言语的人互相交际和交流思想的主要的交际工具。手语自古就存在，但并非只为聋人专用，比如古代猎人打猎就常用手势来传达沟通意见，而后才慢慢形成复杂的手语。现在嘈杂的工厂、公共场所，用手语沟通显然更为方便，所以常人也可用手语沟通。

手语与语言的差别主要在于语音和聋哑人是否以手势进行思维这两个问题上。“手语作为一种语言，是聋人进行交际和交流思想的主要工具。”[②]梅芙生认为：“手语是聋哑人的交际语言，聋哑人不但靠它生活，而且靠它思维。手语拥有自己的语法，具备表达思想的功能，所以是一种很好的语言”。[③]语言学家根据语言的语音属性认为手语是一个符号，而非语言；而耳聋教育专家、特殊教育工作者和聋哑人本身根据手语的语言属性认为手语同样是语言，它是语言的一个分支，是一种特殊的语言形式。

---

① 姚亚平．论口语的交际性特点［J］．语文建设，1991（6）．

② 张晓梅，谭中华．中国手语与中国古文字的比较［J］．长春大学学报，2014（1）．

③ 梅芙生．谈聋人手语与聋人教师的作用［J］．现代特殊教育，2001（3）．

（3）触觉交际，指可以通过触摸来进行交际的语言，书面语可以通过触摸来感知，通过制作凸字来表达。例如盲文，便是用盲字刻写或印刷的文字。盲文又称点字、凸字，是专为盲人设计、靠触觉感知的文字。它是由法国盲人路易·布莱尔于 1824 年创造的，故国际上通称为“布莱尔”（Braille）。盲文透过点字板、点字机、点字打印机等在纸张上制作出不同组合的凸点而组成，一般每一个方块的点字是由六点组成，左侧从上到下为 123，右侧为 456，叫一方。

如果盲人懂盲文，就比较容易和别人交流思想。美国现代女作家、教育家、社会活动家海伦·凯勒（Helen Keller，1880—1968 年）便是成功范例。她 2 岁时因病丧失了视觉和听觉。7 岁开始学习手语，摸读盲文，16 岁被剑桥女子学校录取，后就读于哈佛大学女子学院。她一生著作颇丰，23 岁时创作自传《我的一生》；28 岁出版文集《我感知的神奇世界》；38 岁出版文集《走出黑暗》；47 岁出版自传《我的信仰》；49 岁出版自传《中流》；53 岁发表散文《假如给我三天光明》；58 岁出版自传《海伦·凯勒日记》；75 岁出版传记《我的老师》。她 84 岁获得总统自由勋章，一生经历唤醒了无数世人。她的传奇充分证明了书面语是可以通过触摸来习得和产出的。

但是，与视觉交际形式相比，口头、触摸等这些交际手段都不及“看”更加方便，它们或是适用的交际领域有限，或是携带的信息有限，或是使用起来要凭借其他的条件。

而且，口头上可以“说”的书面语和用手可以“触摸”到的书面语，其实都是依托于“看”的书面语而存在的。

所以，通过“看”，即视觉交际形式进行书面语交际的方式，是最主要的书面语交际方式。即书面语是主要依靠视觉来进行交际的语言——书面形式交流中的读和写都离不开视觉。而书面语凭借其有力的优势，通过视觉传达的形式，它所负载的信息量几乎是无限的，几乎可以适用于一切的社会自然生活领域。书面语的生命力是无与伦比的。

另外，二语书面语主要指读、写课程。

这种传统认识深刻地反映在汉语作为第二语言教学中，一般把听说读写作为四大教学技能课程。

层次的语言”，因为“优雅”得体，不仅常用于笔头交际中，也常用于口头交际中。

有些交际场合，需要字斟句酌，有大量的专用词语，为了表示礼貌或严谨，会用到如承蒙、兹因、欣悉、遵照、如下、任免、审核、特此通报、予以查处、值此……之际等词语。

有时为了强调和生动，会选用反复、排比、比喻、比拟、夸张、双关、婉曲、对偶等渲染性的修辞格。

另外，书面语表达在篇章结构上也有严格的规格要求，有明显的开头、中间和结尾。这些都是书面语表达的特殊性。

由于交际双方往往不在同一交际场合，因而使用长句、复句、结构严谨的完全句比较多。布局层次分明、逻辑关系严谨也是书面语表达的主要特征。

下面以一千年前日本高僧空海用汉语写作的外交书信为例。

日本古代空海的文集《遍照发挥性灵集》（日本东京岩波书店“日本古典文学大系版”）第五卷首篇，收录了空海为日本第十六次遣唐使团大使藤原葛野麻吕所作的《为大使与福州观察使书》。日本遣唐使与唐朝官府之间的来往文书，流传下来的不多，完整保存者更少，因此这封文书对研究当时东亚汉字文化圈通行的汉语文书格式等诸多问题提供了确实的证据与线索，兹将其全文引录于下。[①]

贺能启：高山澹默，禽兽不告劳而投归，深水不言，鱼龙不惮倦而逐赴。故能西羌梯险贡垂衣君，南裔航深献刑厝帝。诚是明知艰难之亡身，然犹忘命德化之远及者也。伏惟大唐圣朝，霜露攸均，皇王宜宅。明王继武，圣帝重兴，掩顿九野，牢笼八纩。是以我日本国常见风雨和顺，定知中国有圣。刳巨楠于苍岭，摘皇花于丹墀，执蓬莱琛，献昆岳玉。起昔迄今，相续不绝。故今我国主顾先祖之贻谋，慕今帝之德化，谨差太政官、右大弁、正三品、兼行越前国大守、藤原朝臣贺能等充使，奉献国信别贡等

① 韩昇. 空海与日本国书［J］，日本研究，2000（3）.
韩昇. 空海入唐与日本国书初探［J］，暨南史学，2002（00）.

物。贺能等忘身衔命，冒死入海。既辞本涯，比及中途，暴雨穿帆，戕风折柁，高波汲汉，短舟裔裔。飖风朝扇，摧肝耽罗之狼心，北气夕发，失胆留求之虎性。频蹙猛风，待葬鳖口，攒眉惊汰，占宅鲸腹。随浪升沉，任风南北，但见天水之碧色。岂视山谷之白雾，掣掣波上，二月有余，水尽人疲，海长陆远。飞虚脱翼，泳水杀鳍，何足为喻哉。仅八月初日，乍见云峰，欣悦罔极。过赤子得母，越旱苗之遇霖。贺能等万冒死波，再见生日。是则圣德之所致也。非我力之所能也。又大唐之遇日本也，虽云八狄云会，膝步高台，七戎雾合，稽颡魏阙，而于我国使也，殊私曲成，待以上客。面对龙颜，自承鸾纶，佳问荣宠，已过望外。与夫璅璅诸蕃，岂同日而可论乎。又竹符铜契，本备奸诈。世淳人质，文契何用。是故我国淳朴已降，常事好邻，所献信物，不用印书，所遣使人，无有奸伪。相袭其风，于今无尽。加以使乎之人，必择腹心。任以腹心，何更用契。载籍所传，东方有国，其人恳直，礼义之乡，君子之国，盖为此欤。然今州使责以文书，疑彼腹心，检括船上，计数公私。斯乃理合法令，事得道理。官吏之道，实是可然。虽然远人乍致，触途多忧。海中之愁，犹委胸臆，德酒之味，未饱心腹。率然禁制，手足无厝。又建中以往，入朝使船，直着杨苏，无漂荡之苦。州县诸司，慰劳殷勤，左右任使，不检船物。今则事与昔异，遇将望疏。底下愚人，窃怀惊恨。伏愿垂柔远之惠，顾好邻之义，纵其习俗，不怪常风。然则涓涓百蛮，与流水而朝宗舜海，喁喁万服，将葵藿以引领尧日。顺风之人，甘心逼凑，逐腥之蚁，悦意骈罗。今不任常习之小愿。奉启不宣。谨启。

首先，我们想问：空海为何写作这封书信呢？

据空海文中介绍，在唐德宗建中时期（780—783 年），日本遣唐使船多直航扬州，扬州当地官府习以为常，颇有款待，彼此十分熟悉，船、物、人员不加检查，所以日本使团人员常有不携带文件证明者。但此次日本船驶福州，福州当地官府并不了解扬州的这种操作，便按照法规要求入境者出示证明文件——这是日本遣唐使应向唐朝地方官府办理入境通关手续的法律文件。唐朝对于外国使节入朝，要求须按照人数，办理入关手续。《新唐书》规定：

殊俗入朝者，始至之州给牒，覆其人数，谓之边牒。

从入境到朝见，唐朝都有明确而详细的规定。按照《大唐六典》卷十八《鸿胪寺典客令》的规定：

若诸蕃献药物滋味之属入境，州县与蕃使苞匦封印，付客及使，具其名数，牒寺。寺司勘讫，牒少府监及市，各一官领织物人，定价量事奏，仍牒中书，具客所将献物，应须引见宴劳，别听进止。

而空海一行正是因为没有携带相关入境证明，故其入境要求未能得到中国海关官员的允许。为此，空海接受日本遣唐大使藤原葛野麻吕的嘱托，代大使写了这封致中国海关官员的书信。空海写作该信的目的，在于辨明使团人员身份的真伪，"所遣使人，无有奸伪"，该船上的日本人都是经由政府选派来的使节，又解释没有携带个人通关证明的原因，并说明此行一路上所遇到的困难，请求边境官府给予变通，准许入境。

在这封外交书信中，空海能言善辩，文中所称"今州使责以文书，疑彼腹心，检括船上，计数公私"，说明边境管理官员照章办事，不允许没有合法手续者入关，此行为是"斯乃理合法令，事得道理。官吏之道，实是可然。"一行使者也自知理亏，因此恳求"远人乍致，触途多忧。海中之愁，犹委胸臆，德酒之味，未饱心腹。率然禁制，手足无厝"，念其远道而来，历经艰辛，予以法外通融。

空海的措辞在书面化程度上是很高的，文辞秀丽，词语丰富，用词准确，对偶严谨，音韵协和。动之以情，其言也哀，最终得以如愿入关。由此可见，一方面，唐朝边境对于遣唐使等外国使节还是比较友善宽厚的；另一方面，空海擅于应用汉语书面语进行沟通交流，对打动说服边境官员为其放行，无疑也起到了重要的作用。

从汉语作为第二语言书面语教学来看，这封书信，折射出古代汉语作为第二语言学习者在汉语书面语交际中曾经获得过的非凡成就！

汉语作为二语书面语交际史上的优秀范例不胜枚举，文繁不赘。

三、从教学立场看——汉语作为第二语言教学语体主要采用通用语

从汉语作为第二语言教学的立场看，汉语作为第二语言教学语体主要是通用语。

通用语至少有两个含义。一个是地理意义上的通用语，既指国家内部可以让各方言区人民彼此交际的语言，也指国际上世界各国可以共同用来互相沟通使用的语言；二是口语与书面语的共核部分也被称为通用语，是口语和书面语都能使用的语言。

本书中说的通用语一般是指介于口语和书面语之间的语言。书面语和口语并不是语体中两个水火不相容的次范畴，它们之间存在着交融的部分。

如果将汉语的语体看成一个连续体（continuum），一端是“典型”口语，另一端是“典型”书面语，那么中间就会有居于两者之间的语言现象。

汉语作为第二语言教学语体为什么多采用通用语？

节约经济原则无疑是二语教学倾向于采用通用语的主要原因。通用语是口语和书面语之间的共核部分。怎样才能花较短的时间，便可掌握既能用于口语表达，也能用于书面语表达的第二语言呢？二语学习者与母语学习者不同，母语学习者自幼就在对母语的耳濡目染中学习母语表达，往往会花很长时间甚至一生来深入地学习母语的表达技能。然而，二语学习者往往在长大成人后才学习第二语言，教学时间有限，教学实践也常受限制，无法采用母语者的方式来学习第二语言。

通用语往往具有易学性、实用性、灵活性等特点，有利于学习者较快地应用汉语展开社会交际和学习工作，以此通用语成为初级汉语学习者首选的学习内容。

但二语教学过多地采用通用语，汉语教学过程中不注意对语体的差异性教学，会导致学习者不能习得地道的目的语语体，即口语说得不像真正的口语，书面语也不同于目的语国家母语者使用的真正的书面语。致使学习者在语言表达的得体性、准确性和丰富性上都不够理想，交际效果势必会大打折扣。

例如，下面是一篇留学生写作的求职信。

求 职 信

尊敬的A翻译公司人事部经理：

您好！

我叫×××，今年28岁，我性别是男的，我3年前毕业于中国北京语言大学，而且但今年我学过研究韩汉翻译。在我去当兵的时候，跟韩汉翻译有关的事做的。我最近找工作的时候，在互联网看到你们的公司招聘广告。我看到就我对你们的公司条件和要求很满意，而我的理想地工作跟你们公司的方向一样。所以我就写求职信，还准备的时候这次要参加面试，我的心理上要想着这次要找到公司，而确定我会通过面试。

为什么我自信呢？或者这么有把握呢？因为我关于韩汉翻译的经验很多，在大学学习的时候或者读研究时，已经写过关于翻译的论文。还我上大学的时候，为了挣钱，我教育孩子韩汉翻译的。要么增长我的经验，要么付学费和生活费。我已经教韩汉翻译的经验，而自己写韩汉翻译的经验也丰富的。还我去当兵的时候，我申请关于韩汉翻译的事做的。这是关于言语做的军队。这是不容易通过的事情。我那时候参加国际国家之间会议。我的当责任是听两个国家的对话，就同时口译的。这些经验帮我，我的水平提高了，而且可以开阔视野，眼界等。这些都是上大学的时候的经验。

我研究生时，我读研究是专门翻译的。读研究时，没有韩汉翻译的。只是学翻译和口译的。而且学翻译的时候，学了一般英汉翻译的。英语和汉语都不是母语的。所以上学的时候，经常遇到苦难了。但认真学习，就才能英汉韩，三个语言用得多才多艺的，英汉，英韩，韩汉，都可以做翻译的。

还有我找工作之前，已经很多参加考试。比如托业，汉语水平考试，专门翻译的等等。参加几次考试是有很多及格的证明书的。我现在达到英语考试的成绩非常高，汉语水平考试的6级也得了高的成绩。

我这家公司上工做的原因是在词典上或翻译机内错误的处很多，但你们公司最近改变用合适的语言。我那部分有很多不满意，还别的公司这部分不重要的。但只有你们公司重要的的言语使用方法。而且听说你们是为了孩子的教育，每天都认真研究，而且给找工作的人提供做关于翻译的机会。还可以参加国际会议上参加的。这些都是引起我的关心，还我的心里上决定想去工作的。

如果我失败这次面试，也获得了很多。而且我感谢你们的公司。因为你们公司给我提供写这次求职信的机会。这个也是都感谢的。

这封求职信问题不少，其中反映出学习者口语化比较严重的现象。可见，初级阶段教学通用语确实非常有必要，但如果中、高级阶段仍无改变的话，学习者在语体方面的辨识和习得能力就不会有明显提高。不仅口头、书面表达所用词语和句式非常有限，而且会出现口语和书面语杂糅的现象。

而且，学习者常常是会说什么，就说什么，就写什么，对不同交际场合、交际对象在口头上和书面上应该怎样表达才算得体不甚清楚，主要原因就是不知道该用什么样的词语、句式和格式才恰当，导致表达不够得体，交际出现失误。

输出——读写固然受限于此，而在输入——听力和阅读中，学习者也显得捉襟见肘，只要是带有书面语特点的词语与句式，学习者都会感到复杂难懂，不仅听不懂中国人地道的日常谈话，对所学句式以外稍有变化的语言形式也总感到无所适从。

这就反映出汉语作为二语教学中的一个本质问题——语体问题，尤其是缺乏书面语语体教学的问题。

语言的基本功能是进行交际。从培养学习者的交际能力角度看，无论是听、说、读、写、译哪个方面，语言的正确性、准确性、得体性都是交际质量的保证。在初级阶段，语言的正确性和准确性非常重要，但当其二语达到一定水平时，判断该生二语水平的标准就会侧重于得体性和准确性，其中尤其要注重得体性，因为二语教学的目的就是实现交际，而得体是交际成功的保障。所以，重视书面语的教学和应用是中高级阶段教学的重点。

第三节 汉语书写成为一种生活工作的新模式

书面语不仅不受时间和空间的限制，还能清楚准确地记载信息。重要文件、法律制度、合同凭证、复杂的经济贸易往来，企业、事业单位的各种账目，法律的制定与执行，自然科学和社会科学研究的成果等，凡是需要长期保存，以便更多的人了解或长期生效的，用于各种意图和目的的文本，都需用书面语。

新时期的汉语书写正日益成为一种全社会参与的生活工作模式。今天，汉语书面语的应用早已深入各项职业技能，成为重要的工作语言，以企业管理为例。

书面语在现代企业管理中的作用日益突出。当今世界，企业管理的形式化、规范化和理性化日趋明显。其起因是企业管理中加强了书面语的使用，其结果则是书面语控制了企业管理的各个环节，在企业运作中起着举足轻重的作用。做计划、发文件、写报告、填表格、写出会议纪要等，书面语无处不在。而 IS09000 质量体系则将书面语在企业管理中的地位推到了顶点。这一管理体系的口号是："写你所做的，做你所写的，提出证据。"它要求企业把一切的工作都写成文字，形成文件，然后严格按照文件所规定的去做。企业通过书面语对生产环节进行管理，并在每个环节都留下"痕迹"——各个生产环节负责人的签字，以便在出现问题时，可以循迹追踪，迅速查明原因。[①]

值得注意的是，互联网对社会的影响也极大地改变了书面语的应用。今天的互联网不再仅是收发电子邮件、浏览静态网页和举行网上论坛的地方，而是已快速发展成为一个充满活力的空间，各种合作模式、商业往来和新闻言论并存，全球社区被重新组合。不仅如此，就连扫码付费、网购交流也需要应用书面语。不会书面语，就会成为难以应付现实生活的落伍者和"文盲"。

书面语已成为大众日常生活的工具，书面交流已成为社会生活的常态。

---

① 郑立华，叶剑如．企业中的书面语研究——兼论书写语言学［M］．北京：外语教学与研究出版社，2013.

除了传统的书报杂志、报告论文等外，互联网时代书面语的应用范围更加宽广，例如：

（1）任课教师和助教在学生的作业本上写的评语和对局部错误的旁批，以及学习者的修改，都可以通过电子文本得到呈现。

（2）领导在申请报告上写意见，办事申请者需要层层签字，才能获得最终的通过。这一过程是以书面文件的形式完成的。

（3）医院里的值班护士在前面的护士写的病人记录的后面，又写上自己值班时的观察记录。

（4）汽车生产车间里，在复杂的流程操作中，不同环节的工人和技术人员需要对自己已完成的作业签字。

（5）中国公司培训外国员工学习关于高铁的驾驶和服务技能，很多具体要求是用书面语来表现的，学习者在使用书面语的同时，就是在操作。

（6）学校教学管理中普遍应用 Excel 等软件，其数据录入和统计非常方便，直接在书面表格中录入数据后，应用好公式或者函数等，数据就能快速并且准确地反映在表格中。学生总数量、每位学生的课表、未交费学生、学生成绩的区域值等都一目了然。这样就能对成千上万的学生进行快速有效的管理。

“多人书写现象”指在同一个平面载体上，可同时出现若干作者。复杂的操作流程需要实现多人写作。电梯间张贴的消毒单上有不同人在不同时间进行消毒工作时的签名，单位管理中各种统计表上需要员工填写的信息中有众多员工填写的记录等，随处可见多人书写的形式。这是只有书面语的物质载体才能提供的跨时空交际形式，是书面语的物质载体所提供的一种交际的特殊可能，反映了当今社会对书面语应用程度之高确实今非昔比，大大超越了前代。

自古以来，在言文价值分离的情况下，书面语不仅受到高度重视，而且是身份、地位、受教育程度的象征。过去只有地位高的人才拥有学习书面语的条件，古今中外的学子们读书识字，不惜忍受多年寒窗之苦，主要是为了提高母语书面语的应用能力。但今天不论身份贵贱，任何人都需要学习和应用书面语。可以说，今天比过去，前所未有地需要每个人将自己的书面语表达水平提高到一定程度，才可以胜任工作和生活。对于当代文明人而言，以文字符号为工具完成现代写作存储和信息传播，越来越受到全社会的重视，拥有熟练的书面语表达与交流的能力具有重要的意义。

另外，在多媒体得以广泛应用的当代生活中，书面语可以不全由书面表达，也可以“听”“说”“读”“写”相结合的形式立体表达，这使得书面语的表现形式更加丰富多彩。例如人人都爱用的手机微信中的短信留言、语音留言，可以将文字转为语音，或将语音转为文字，就属于我手写我口，我说即我写，人们通过写和说，来读（看）和听，互相传达信息和问候。

从语体看，手机微信中的短信留言、语音留言使用的多是口语语体，而国家领导人在新春佳节时向全国人民的致辞讲话，虽然表现为说和听，但其实无疑使用的是书面语。

可见，现在的书面语和口语不全由书面形式或口语形式来表达，也可互换角色，是“听”“说”“读”“写”相结合的语言形式，这需要我们辩证地去处理“听”“说”“读”“写”的关系。

第四节　汉语作为第二语言书面语教学的意义

一、重视汉语书面语教学乃顺应时代发展的需求

从“对外汉语教学”到“国际汉语教育”再到“国际中文教育”，随着学科名称的变化，学科的内涵也发生了巨大的拓展和变化。其实，无论是“对外汉语教学”还是“国际汉语教育”或是“国际中文教育”，这三个名称之下的教学内容和三个发展阶段都是相互关联的。但从“语”到“文”，这一名称的变革无疑反映了汉语作为二语书面语教学越来越受到重视的过程。

它们见证了立足国内的对外汉语教学转变为走向世界的汉语国际教育，然后再由强调发展广度的国际汉语教育，进入重视深度的国际中文教育新阶段。

这也预示着国际中文教育新阶段将由汉语国际教育发展阶段强调汉语

教育量的增长，转向国际中文教育新阶段重视汉语教育质的提升。①

这一发展趋势与新时期国际中文教育发展的时代背景是分不开的。

汉语作为二语书面语受到重视，正是得益于经济全球化。在此背景下，政治、经济、技术、贸易、文化的交流和交往比以往任何时候都更加频繁和密切，书面语的工具作用日益突出。中国需要了解其他国家、民族的语言，世界也需要了解汉语，汉语传播不仅仅是一种单纯的语言扩散行为，同时也是国家乃至世界利益之所在，因此，汉语传播在当今世界具有不同于以往的重要意义。而汉语作为二语书面语在国际社会的政治、文化、外交等舞台，为促进世界与中国的交流、拉近世界与中国的距离，发挥着独特而重要的作用。

汉语书面语正在日益成为一种重要的交际工具，在国际经济、贸易、文化、政治事务中架起了沟通的桥梁。近些年，中国在国际舞台上扮演着越来越重要的角色，而世界各国也正充满热情地希望了解中国，汉语的“世界化”便是重要表现之一。正因如此，中国国内高校与世界各国高校的联系日益密切，互相合作，建立起越来越多的孔子学院、孔子课堂。截至目前，中国与 162 个国家（地区）合作设立了 541 所孔子学院和 1170 个孔子课堂。②

中国文化国际传播的主要载体一直是汉语书面语，重视汉语书面语教学无疑是顺应了时代发展的需求。

二、只会简单听说可能会成为汉语“文盲”

如上所述，书面语既然对母语者的生活、学习、工作如此重要，那么，汉语作为第二语言学习者也同样需要重视和加快对汉语书面语的学习，才能保证其汉语学习的有效性。

陆俭明先生（2007）早看到了这点：

从汉语教育的角度来说，教外国学生学习、掌握好汉语书面语（比口

① 张新生.《欧洲语言共同参考框架》与国际汉语水平等级标准［J］. 国际中文教育（中英文），2021（6）.

② 孔子学院总部/国家汉办. 孔子学院/课堂［EB/OL］.（2021-02-05）. http://www.hanban.org/confuciousinstitutes/node_ 10961.htm.

语）更重要。

他把学习汉语的二语者分为两种人：

一个外族人或外国人，如果他只要求能说几句汉语，能跟汉族人进行简单的口头交谈，那当然学点汉语口语就行了；但是他如果真要想了解、认识、学习，甚至要研究中国文化，就不能不学书面语。从另一个角度说，我们要想使国外了解中国文化，也必须设法使外国学习者学习、掌握好汉语书面语。①

那些只需要“能说几句汉语”的学习者，是来中国短期游览的旅行者，而那些“真要想了解、认识、学习，甚至要研究中国文化”的学习者，是需要应用汉语开展各种业务活动的工作者。

那么，后者为什么要学习汉语书面语呢？

如前所述，在今天这样的形势下，如果汉语作为二语学习者只要求自己会听说汉语即可，无疑只能成为会汉语的“文盲”。

以听和说为交际形式的口语只是形成语言的第一步，这一步很可能在某种程度上使“所有的群居动物都已达到了这种原始的交流”。而读和写，是提高学习者应用汉语进行思考和展开书面交际的重要手段。书面语言对认知能力起着重要作用，因为“更深层次的符号使那些表示感觉印象的符号之间相互建立了联系”，而“一个人的智力发展以及其形成概念的方式在很大程度上依赖于语言”，“语言和思维是联成一体的”②，这揭示了书面语的重要性。

美国著名物理学家爱因斯坦（Albert Einstein，1879—1955 年）认为，语言和思维关系密切，只有当人们开始“频繁地使用所谓的抽象概念时，语言才成为真正意义上的推理工具”，即语言可以是抽象思维的工具。这样的语言，无疑指的是书面语。

近年来，汉语作为二语学习者呈现年龄、国别多样化的趋势。虽然来自世界各地，但学习者大多有学习汉语书面语的自发的热情和明确的目标，或是为工作、为学习、为研究，或是为生活、为爱好、为理想，虽然目的各异，却都希望能尽快掌握和自如运用汉语书面语。心理学研究认为，

① 陆俭明. 作为第二语言教学的汉语教学必须重视书面语教学［J］. 对外汉语研究，2007 年辑刊。

② ［美］阿尔伯特·爱因斯坦. 我的世界观［M］. 方在庆，编译. 北京：中信出版集团，2018.

良好的动机和态度是学习能够持之以恒、刻苦用功的动力源泉，也是影响学习成效的重要情感因素。无疑，学习者的这一希望是有益于其身心的健康发展的。

因此，提高汉语书面语交际能力无疑是汉语作为第二语言教学的重要发展方向之一。

吕必松先生指出“语文一体”，口语、书面语不分，会造成学习者的书面语阅读和表达能力滞后。

“语文一体”的教学模式不严格区分口语和书面语，不系统介绍口语体语言和书面语体语言的区别，不作语体转换练习；对阅读训练，尤其是大量和快速阅读训练的重视程度远远不够。这种教学模式培养的学生阅读能力普遍滞后，不能通过课外阅读吸收更多的知识；书面表达能力更差，即使是高年级的学生，写出的文章语体不伦不类的现象也相当严重。有些国外同行反映，他们的学生到中国学了一年半载以后，口头表达能力有了明显的提高，书面表达能力却不见长进。其实，学生口头表达能力的提高，除了得益于课堂教学以外，还得益于中国的语言环境。①

陆俭明先生也进而论述道：

我们为什么要花那么大的力气在继续加强国内对外汉语教学的同时，努力开拓海外汉语教学，其根本的目的是为世界各友好国家建造通向中国的友谊之桥——汉语桥。而所建造的汉语桥是否既宽又长，是否坚固，就决定于海外的汉语学习者的汉语水平如何，特别是汉语书面语水平如何。如果海外汉语学习者都只是会说几句“你好！”“谢谢！”“再见！”“我是……人/我来自……”“我的名字叫……”等口头交际语，那汉语桥是建设不起来的。

一个外国人，他如果真要想了解、认识中国，要学习、研究中国文化，就不能不学习书面语。从另一个角度说，我们要想使国外了解中国文化，也必须设法使外国学习者学习、掌握好汉语书面语。②

汉语作为二语书面语教学具有一定的工具性质。学以致用，汉语作为二语书面语学习的目的明确指向真实社会生活中的交际活动。赵金铭先生

---

① 吕必松．汉语教学路子研究刍议［J］．暨南大学华文学院学报，2003（1）．

② 陆俭明．作为第二语言教学的汉语教学必须重视书面语教学［J］．对外汉语研究，2007年辑刊。

现在虽然机器翻译技术正在快速发展，但提升书面语能力仍是每个人提高自身素质的首选。

进入人工智能时代，机器翻译等语言信息处理技术突飞猛进。但并不会因此影响对个人和国家的语种要求。就个人而言，外语学习仍具有不可代替的价值，因为外语不完全是工具，而对于国家而言，目前语言智能还不可能代替人来完成国家的语言使命，特别是一些特殊领域的语言使命。同时，作为语言智能时代的个人和国家，倒是必须掌握现代语言技术，具有使用和发展现代语言技术的能力。[①]

这里的“外语学习”必然包括对书面语的学习，而掌握、使用和发展“现代语言技术”肯定是为了帮助学习者更好地学习书面语。因为科学重在“发现”，是负责探讨客观世界和人类社会的运行规律的工作；技术重在“发明”，是负责研究产品制造的系统知识（包括所采用的工艺或提供的服务）的工作；文化重在“传统”，是负责总结精神生产能力和精神产品的工作；而教育重在“传承”，是负责将已有的科技知识传授于人，并培养科技探索人才的社会活动的工作。

鉴于写作既可调动语言思维的潜移默化，又可通过高标准的书面语言实践强化二语学习者的语感，提高学习者语言素质，近年来，在美国兴起了一种新的写作试验方案“为学习而写作’——把写作作为其他课程的学习工具。这种方案认为写作不但是写作课上的一种练习，而且是学习其他课程的一种手段。当学习者使用写作这一工具参与其他课程的学习时，一方面会加深对该科课程的理解；另一方面，在这种真实的写作中还会提高语言表达能力及逻辑思维能力和认识能力。正如法国未来学家施耐贝尔所预言的，在未来社会，“阅读和书写仍将是表达抽象概念的工具”。[②]

著名的罗马俱乐部（未来学研究的国际性民间学术团体）的学者们经过广泛而长期的研究后认为：人类社会的复杂性对人类提出了挑战，“为了回答世界的挑战”“不学习就灭亡！”写作过程就变成了读书学习、研究思考的过程。一篇文章写作的过程，也是作者建立属于自己的、真正掌握的、有机的知识结构和网络。通过更多的写作，作者可以逐渐达到一个更

① 李宇明. 试论个人语言能力和国家语言能力［J］. 语言文字应用，2021（3）.

②［法］施耐贝尔. 世界面临挑战［M］. 北京：华夏出版社，1989：49.

深邃、更广博的境界！

无论从哪方面看，写作非常有利于开展有效的语言学习。写作既可以促进读书，又有助于巩固记忆，还有利于积累提高文化修养，还有益于聚焦思维发展。写作的过程就是学习和研究的过程。

可见，从培养人的思维能力到语言交际能力，书面语被赋予的是全方位的功能。正因为书面表达能力关乎每一个人的全面发展，几乎可以说，学好书面语是学好一切的根本。

汉语作为二语书面语教学也是如此。掌握汉语书面语，对学习者在知识建构、信息获取、思维加工、智力开发、品德修养、情商培养、文化素质等方面的提高都会有一定影响。

这必将有利于学习者更好地吸收人类文明成果，树立全球意识，培养国际视野，在比较中更加了解自我和自己的国家，能够理性地认识自己国家的语言和文化，在不同文化间无碍穿行，成为优秀的跨文化交际的使者。

第二章　汉语作为第二语言书面语的语言表达

汉语书面语的语言表达有其自身的要求，作为二语学习者，从书面语表达的角度，需要从总体上把握其精髓，有意识地学习、训练。其实各种语言在书面表达上有着基本一致的审美追求和价值取向，二语学习者如能做好“正迁移”，便能减轻写作的困难，从而享受写作的乐趣。我们略举经典，并结合二语学习者的真实例文，从实操的层面来观察二语学习者是怎样写出好的汉语文章的。

第一节　汉语书面语有语言简洁的特点

汉语书面语不同于口语的一个重要特征，是表达简练、周密、严谨、规范、准确、有条理。古今中外对书面语都有一个要求，就是文求精简。

书面语表达必须有一个前提条件，就是要保证意思明了。虽然文求精简，但并不能随意减少文字，不能为了追求字数的减少而影响意义的表达，使读者产生误解。

所以精简不等于简单。太简单的语言往往“言不达意”，而精简的原则是“言简意赅”。简，乃指炼字、炼句、炼意之功；赅，即完备、完整之意。在进行书面语交际时，必须锤炼语言，用尽可能少的文字表达最丰富的意思。

在对书面语表达质量的评价上，简洁传神也是一个基本的标准。简洁，可谓同中国文化的审美标准与逻辑结合在了一起。

1959年，中国国家主席毛泽东致信国学名家章士钊：

行严先生：

各书都收读悉，甚谢！实事求是，用力甚勤，读全著而增感，欲翻然而变计，垂老之年，有此心境，敬为公贺。既有颇多删增……

毛泽东根据章士钊的身份、古文功底以及来信的文体，选择文言给他回信，就是因为章士钊非常看重文章的简洁之美。章士钊说：

自道文章甘苦。有曰：参之穀梁以厉其气。参之孟荀以畅其支。参之老庄以肆其端。参之国语以博其趣。参之离骚以致其幽。参之太史以著其洁。夫于气则厉。于支则畅。于端则肆。于趣则博。于幽则致。于洁则著。相引以穷其胜。相剂以尽其美。凡文事之能事。至此始观止矣。就中洁之云者。尤为集成一贯之德。有获于是。其余诸德。自帖然按部而来。[①]

在他看来，想写好文章须达到很多标准，比如“气、支、端、趣、幽、洁”，而这些都需要经过“艰苦”的学习和努力才能得来。但在这些标准中，“洁”是文章需要追求的最高境界，“集成一贯之德”。

一、传统汉语书面语以精简为美

中国传统书面语作品大多篇幅较短，洋洋万言的长篇较少见。例如《左传》记录了很复杂的战事，但简而得要。又如《史记·货殖列传》记录了由远古到汉朝的经济情况，头绪纷繁，字数却并不多。古代的散文，如著名的《师说》《永州八记》《醉翁亭记》《赤壁赋》等，更是以精简为美，以短小精悍见长，用语不多而思想深邃。

儒家文化关于书面表达的思路和方法，一直存在着“微言大义”的观念。孔子的“春秋笔法”“微言大义”，即用很少的笔墨，来表达深隐而丰富的意思，《春秋》每用一字，必寓褒贬，也是一种笔墨精简的表现。东周春秋末期的史学家左丘明对“微言大义”作了精当的概括：“《春秋》之称，微而显，志而晦，婉而成章，尽而不污，惩恶而劝善，非贤人谁能修之？”意思是：《春秋》的记述，用词细密而意思显明，记载史实而含蓄深远，婉转而顺理成章，穷尽而无所歪曲，警诫邪恶而褒奖善良。

---

① 章士钊. 文论［J］. 甲寅周刊，1927，1（39）.

道家尤其追求“言有尽而意无穷”的境界，这是中国古典诗歌美学命题，指诗文意旨深远，语言精练而意味无穷。

唐代白居易也深受这一思想的启发，主张“为诗宜精搜”“须令语尽而意远”（《文苑诗格》）。在《策林》中，白居易说“著诚去伪”“尚质抑淫”，即去除那些轻浮拖沓、芜杂生硬的话语，朴实真诚，不做作，不浮夸，语言表达不需要多余的内容，不需要冗词赘句，不需要堆砌辞藻。

北宋苏轼明确提出：“言有尽而意无穷者，天下之至言也。”

宋代严羽在《沧浪诗话·诗辨》中评述唐诗时作了进一步的阐发，他说：

盛唐诸人惟在兴趣，羚羊挂角，无迹可求。故其妙处，透彻玲珑，不可凑泊，如空中之音，相中之色，水中之月，镜中之象，言有尽而意无穷。（《沧浪诗话·诗辨》）

严羽认为摆脱理障、事障，直抒胸臆写真景、真情，诗才能莹彻玲珑。并以禅喻诗，标举镜花水月空灵的艺术形象，指出艺术境界和现实生活须不粘不脱、若即若离，才能做到“言有尽而意无穷”。

佛教经文简约，佛旨玄微。不少佛经都是以印度的梵文为原本翻译成汉语的。唐玄奘大师（602—664年）翻译的《心经》，就是一部蕴含深意的语言简短但内容丰富的经典经文，经中的“菩提萨埵”，略称“菩萨”，意思为觉有情，于未来成就佛果之修行者。《心经》中的名言：

色不异空，空不异色，色即是空，空即是色。

这里，“色空”二字精练地概述了宇宙中的一切事物皆由因缘所生，虚幻不实，大千世界，共有永恒变化的本质。

“色”指一切有形、有相的，能被直接感知的物质，是众生通过六根（眼、耳、鼻、舌、身、意）所接触的外部世界，即六尘——色、声、香、味、触、法，包括各种可见可触的形形色色的事物，各种可触却不可见的声、香、味、触，还有不可触也不可见的一切相的影子所落在我们的第六识（即大脑）里的意识。换言之，一切物质形态，比如金钱、地位、名誉等即“色”。而“空”，指虚空、真空、变化。“色不异空”指所有形色有相的东西都是虚空变化的。物质的“色”极不稳定，转瞬即逝；“空不异色”指一切形色有相的东西都是因缘凑合而成，是空性，故不应以色执著为实有，也不应将空执著为虚无；“色即是空”指“色”是“空”的，但一切物质现象也皆因缘所生；“空即是色”，告诉我们在无常的生活中我们实实在在地生活着，但我们可以在发现无常事物的基础上，照顾好自己，竭尽全力地生活。

在简洁的书面语中，可以看到儒道佛三家教义相融合，进而内化于中华民族的文化与心理之中的情况。

可见传统的汉语书面语始终积极主动地追求文贵精简，以简短为上。这一特点无疑成为汉语书面语脱离口语的一种助推力。唐代史学家刘知几在其《史通·烦省》中引用晋代张辅（？—305 年）在《班马优劣论》中的言论云：

迁叙三千年事，五十万言，固叙二百四十年事，八十万言，是班不如马。

说起中国的史书，历来班、马并称，《史》《汉》连举。司马迁（公元前 145 或公元前 135 年—？）写作《史记》时，当时流行用散行文字；到了班固（32—92 年），写作《汉书》时，当时崇尚骈文，因受辞赋影响，文字趋向骈体，追求弘丽精整，多用排偶，句子也比散体长。自此以后，有些人推崇班固的《汉书》，直到唐代，一般文士比较偏爱《汉书》，还专门传习其语言。但唐以后，散文渐成正统，大家都推崇司马迁《史记》的语言风格，尤其是明清时期的归有光及清桐城派等更是认为《史记》驾乎《汉书》之上。

但简，并不等于简单。

在汉语书面语表达中，简，不但不意味着单调，反而还产生了言简义丰的独特魅力。例如：

天净沙·秋思

（元）马致远

枯藤老树昏鸦，小桥流水人家，古道西风瘦马。夕阳西下，断肠人在天涯。

这首小令很短，一共只有五句二十八个字，全曲无一秋字，但却描绘出一幅凄凉动人的秋郊夕照图，并且准确地传达出旅人凄苦的心境，被赞为“秋思之祖”。天色黄昏，一群乌鸦落在枯藤缠绕的老树上，发出凄厉的哀鸣。小桥下流水哗哗作响，小桥边庄户人家炊烟袅袅，古道上一匹瘦马，顶着西风艰难地前行。夕阳渐渐地失去了光泽，从西边落下。凄寒的夜色里，只有孤独的旅人漂泊在遥远的地方。这首成功的曲作，从多方面体现了汉语书面语的艺术特征。

今天有人称马致远的这首《天净沙·秋思》为“并列式意象组合”，其实并列之中依然体现出一定的顺序来。全曲十个意象，前九个自然地分为三组。藤缠树，树上落鸦，第一组是由下及上的排列；桥、桥下水、水边住家，第二组是由近及远的排列；古驿道、道上西风瘦马，第三组是从远方而到目前的排列，中间略有变化。由于中间插入“西风”写触感，变换了描写角度，因而增加了意象的跳跃感，但这种跳跃仍是局部的，不超出秋景的范围。最后一个意象“夕阳西下”，是全曲的大背景，它将前九个意象全部统摄起来，造成一时多空的场面。由于它本身也是放远目光的产物，因此作品在整体上也表现出由近及远的空间排列顺序。从老树到流水，到古道，再到夕阳，作者的视野层层扩大，步步拓开。这也是意象有序性的表现之一。

意象的繁复性与单一性的结合，是形成中国古典诗歌意蕴深厚、境界和谐、诗味浓重的重要原因。古典诗歌中意象的安排往往具有多而不乱、层次分明的特点，这种有序性的产生得力于作者以时间、空间的正常顺序来安排意象的习惯。

在词句的锤炼上，前三句十八个字中，全是名词和形容词，无一动词，各种景物的关系以及它们各自的动态与形状，全靠读者根据意象之间的组织排列顺序以及自己的生活经验去把握。

这种奇妙的用字法，可谓用字之简练已达到不能再减的程度，用最少的文字来表达丰富的情感，这正是《天净沙·秋思》这首小令艺术上取得成功的原因之一。

可见汉语书面语表达不仅追求语言简洁，甚至有以简繁论高下的传统。推崇作文精简的结果是，文言作品与白话作品相比，在篇幅方面常常表现出明显的差异。而白话作品与口头语言相比，也还是表现出精简的特点。这表现了汉语书面语以简洁为美的传统趣向。脱离口语后的书面语趋向精简，记言时总是化繁为简。

二、汉语作为二语书面语体现出言简义丰的特点

这种求简的思想也会对汉语作为二语写作产生影响。

二语学习者普遍特别重视对应用文的仿写学习。因为应用文在跨文化交际中，可作为告知、交际、信守、凭证和依据的重要工具，起传递信息、沟通协调、处理事务、交流感情的作用。即使是一年级初学汉语者，也能中规中矩地仿写。例如二语学习者写作的请柬。

请　　柬①

为庆祝葡萄牙共和国成立113周年，谨订于2023年6月10日（星期六）晚9时在天鹅宾馆三号楼宴会厅举行国庆招待会。

敬请光临！

（着装要求：请着正装出席。可选择西装、礼服或传统民族服装。）

葡萄牙驻中国大使馆

2023年6月8日

这封请柬出自一年级葡萄牙来华留学生之手，虽然主要根据应用文范文仿写，但也体现了汉语作为二语书面语表达务求精简的特点。

由此可见，二语学习者是可以习得汉语书面语精简的精髓的。

汉语作为第二语言学习者的笔下也能创新性地写出言简义丰的作文，例如法国来华留学生索菲的作文《北京语言大学的秋天》。

例文：　　北京语言大学的秋天（原文）

［法国］索菲

十一月三号：我在北京语言大学宿舍里卧床可是整夜睡不着。最近几天我都失眠了，不知道什么缘故。这夜我受不了在床上不动地看平顶所以我立刻甩掉被单站了起来就达到朝向小街的窗户，拉开窗帘。一见外面的景色我不由得愣住了。在路灯光下可以看见繁雪花纷纷骤降渐渐逐逐覆盖柏油马路和人行道。我在窗户旁边就能感觉到外面的严寒空气钻进房间里面然而我不想动地方，因为这个景象太诱人了。我只忍不住感叹着，把鹅

① ［葡萄牙］周之琨，留学生汉语作文，有修改。

毛大雪看着不觉两个小时了。太阳升起来时，我才知道秋天刚穿过北语：空气极冷，寒烟从洁白地面上升起来，狂风一阵阵地刮着。朝露结了冰，清霜就像缝在玄色缎面上的金刚石一样美。我才明白曹丕“燕歌行”的句子：“秋风萧瑟天气凉，草木摇落露为霜。”现在天蒙蒙亮。我眼看穿大衣，然后马上出去以雪上散步、在枯树之间吸进新鲜空气。您想和我一起去吗？让我给您介绍北京语言大学的秋天吧！

《新花罢绿，晚蕊开红。》①

黎明的时候，在长天中的一片白云被袅袅风悠悠飞来，轻轻地拂高树尖。下雪之后，不能分辨哪是白云哪是满雾凇的树枸。潮湿树皮很容易结冰，好像树干着皎皎纨素的连衣裙。呜呼哀哉！梅柳叶被秋风落色落地！剩下的黄玉色叶寥寥无几。鸿雁在北语校园上齐飞时，它们以为已经飞越南方太阳晒暖的橘红湖。特别是无数点点的北语鲜橘园柿子：从上面看就像在平湖上漂浮的睡莲。但是，从下面看就像白天的诸多古怪星。在柿树小林里游游荡荡使我欢度秋季的拂晓。我也尽情在球场对面的长椅上坐着欣赏风轻轻地吹动的树叶。曙的微光衬托扫着石块路面的落叶赭红颜色。也可以听见黄鸟婉转的鸣叫。麻雀的叽叽喳喳歌唱和飒飒风声非常协调。树叶如此摇晃就像叮叮当当地响的铜铃。晨曦越辉黄，鸟越齐唱。麻雀以外还加上喜鹊、斑鸠以及飞昆虫。长天变成碧蓝色之后，我才离开这个秋季的乐园，往北语的小花园踏实地走去。

《瑶池气郁律，羽林相摩戛》

［杜甫］

小花园路穿过一条植悬铃木的小路，我便趁到这条路走一走。悬铃木的叶丛如此高，以致阳光难以穿透茂密的翠绿星形树叶。枝冠随风飘拂，

---

①“新花罢绿，晚蕊开红”，摘自日本高僧空海编写的《文镜秘府论》。唐朝时候，日本僧人空海（日语くうかい，Kūkai，公元774—公元835年），灌顶名号遍照金刚，谥号弘法大师，日本佛教真言宗创始人。曾于公元804年到中国留学。他在中国留学期间遍采中国诗文名句、各类书籍。空海回国后，将这些诗句编写进了《文镜秘府论》中，供日本学习者在学写汉语诗文时仿用。笔者在写作课上给留学生们介绍了《文镜秘府论》中的一些对偶诗句。这里，法国留学生索菲选用了“新花罢绿，晚蕊开红”这句作为小标题，来总括秋天的校园景象。

因此暖和蜜色的晖在泥土地上出没，断断续续地照亮在低根上饮清露的淡绿苔藓并地衣。由于太阳把一片金闪闪的色点投我的脚步下的魅力是无法抵御的，因此我不禁到这条小路逛了很长时间。但时光流逝！我终于向小花园走去的时候，下午已经开始了。临到小花园的石块路面时，一些垂柳挡住了水池和小瀑布的视觉。一走到了树丛后面，我就看得见展现在我的眼前的水奇迹。在若干长椅中间，一个两、一米高的瀑布到水池里汩汩声地流下来。在鲜艳日光下，水泡变成波纹，波纹形成格外发亮的长鳗。秋风起像油星的水滴，好像给白垩粉的雕刻石板的岸镶上了清珠。玉潭的畔上，柳条如此掠水就和浮萍分不清。在寂静的环境下，我坐在木长椅上几乎入睡。突然青蛙从朱睡莲里响起高声来。现在几点了？瑶友的歌声使我猜落日眼看就要沉没。事实上，我是对的。风息了，平静如镜的池面被云霞映紫红色。暮色引起夜莺的歌唱并蝉的唧唧声。从黄昏到黑夜，百鸟继续了齐鸣……好像我听见歌词！动物冲我吟："高鸟黄云暮，寒蝉碧树秋。"这是杜甫的名句啊！

《秋来见月多归思。》

［雍陶］

天黑了，一轮圆月挂在校园的上空。借助月的银灰色光可以辨别落地上的烂梅子并几堆枯叶的轮廓。当蒙眬云层浮到月晕前面时，可以看见它们的板岩色光带。在霄汉下，我朦胧地看空的校园。月照屋檐，风吹枝曳，我孤身只影。如何不想还乡啊？法国万里远，那么遥，什么都不相同，野花、湖色、房子、语言，连时间都相反！月照我，日照家。此时不相望不相闻。我想像父亲在伐木，母亲在沏茶，弟弟在学习。可能他们也是想像我在睡觉梦重逢。"一日不见，如三秋兮"真的是恰当的句子！我多月未返回故乡。也许我会发现巨大的变化。爸爸的两鬓霜白、妈妈的额头皱纹以及弟弟的纤细胡子。这种思想下，双泪流下来。临我擦干眼泪时，我的几个中国朋友向我走来。一看见我，他们都喜悦地拥抱我，让我即时陪他们去吃夜宵。只是那时我才微笑起来的，从内心深外认为四海之内皆朋友，国籍有什么了不起！

《同是天涯沦落人，相逢何必曾相识。》

［白居易］

我们一边开玩笑一边走就马上到北语的《祝全市》。这里有很多小贩，卖各种各样的食品。虽然市场离留学生公寓十分近，但很少外国人去这里购物。我在和中国朋友一起买水果、面条、之类食品，我就觉得他们是第二家庭。我们组成一个国际家族，每个成员总是会帮助有问题的另一个同伴。这夜，是我需要他们的友爱。我们的小群接近小贩的摊子。一阵沁人肺腑的清香被秋风送过来。烤栗子散发出香气。在灯光下，糖葫芦镶芝麻粒的焦糖闪闪发光。小贩大喊："秋季水果上了市吧，来来来！"这些香味令我们垂涎所以各人买了一小袋《怀柔栗子》并一串糖葫芦。我们站在小街上一边用呵气暖和手指，一边品尝刚才购了的甜食。吃完了后，大家舔了嘴唇。眼看我们脸上的快乐神情就很容易了解秋季的小乐事。我现在暗暗地安慰，就可以回宿舍去安安静静地睡觉。

我写完了北京语言大学的秋天。优美的风景、强烈的感觉、友谊的魅力都组成红棕色的季节。我真的希望您乐于这个远足！

从这篇作文，我们看到二语学习者有强烈的表达动机，学以致用，努力将刚学来的汉语书面语作为表达工具，用来真切地表达自己的所见所闻所思所想。作者采用自己喜欢的中国古典诗句作为小标题，细致地描写了校园景物，深切地道出自己的思想感情。

作者的语言非常简洁，以其中的"秋来见月多归思"一段为例，我们对原文进行了修改润色。

夜读唐诗"秋来见月多归思"有感（有修改）

《和孙明府怀旧山》

（唐）雍陶

"五柳先生本在山，
偶然为客落人间。
秋来见月多归思，
自起开笼放白鹇。"

天黑了，一轮圆月挂在校园上空。借助银灰色的月光，可以看见落在地上的枯烂的梅子及几堆枯叶的轮廓。当朦胧的云层漂浮过来遮掩住月晕时，月光从云层边缘溢出的石头般灰色的光带。

在月光下，我置身于空旷的校园，独自观赏着朦胧的夜景。

只见月光映照着校舍的屋檐，微风一阵阵吹来，树枝摇曳着，月光、树影一起晃动起来，发出沙沙的响声。我仿佛飘浮在空中，更加感觉只身孤影，好寂寞孤独啊！

我如何不想回到我的故乡啊？可是，法国在万里之外，感觉好像遥不可及。月光下，朦胧中，我好像看到了家乡。我的法国家乡和我此时此地所置身的北语校园，什么都不相同——别说野花、湖色、房子、语言不同，甚至连时间都是相反的！在这里，月光映照着我；在那里，日光照耀着我的家。而此时我们既不能相望，也不能相闻。因为太过遥远，看不见，也听不着。

在中国的月光下，我想象着法国家中阳光下的情景，好像看见父亲正在伐木，母亲正在沏茶，弟弟正在学习。可能他们这时也正在思念我，在想象我是否正在睡觉，正在梦见与他们重逢呢。

“一日不见，如三秋兮”真的是无比精当的句子！真切道出了游子思乡的心情。

我已多月没有回乡，便在神游的梦境中与家人会面。这让我发现自己不在家的这些天里，家里竟发生了巨大的变化——爸爸两鬓已经霜白，妈妈的额头多了皱纹，弟弟的下巴已经长出纤细的胡子……我不停地胡思乱想，两行热泪不知不觉地流了下来。

等我擦干眼泪时，恰好我的几位中国朋友正朝我走来。一看见我，他们都喜悦地迎上来拥抱我，又说又笑，还让我现在就和他们一起去吃夜宵。

直到这时我才开心地笑了起来，从内心深处油然冒出一个念想：四海之内皆朋友，不同的国籍又怎能阻隔我们亲密的友情！

作者读了中国唐代诗人雍陶《和孙明府怀旧山》诗后，结合校园风景，睹月生情，写出了难以尽诉的思乡之情。通过言简义丰的描述，产生言已尽而意无穷、醇美悠长的美感。如果说修改后的作文代表了母语者的书面语表达，那么，与母语者相比，二语者的书面语表达并不比母语者烦冗。

为什么二语者375字的作文，母语者却可写成748字呢？是不是二语者的表达比母语者更加精简呢？其实不是，这是由于二语者受语言水平限制，表达尚不够周全所致。所以修改润色之后，字数便变多了。例如作者原文：

月照我，日照家。此时不相望不相闻。

这里用语非常精简。但考虑到为了便于读者——其他二语学习者能够产生跨文化的理解和共鸣，我们又增加了解释，修改为：

在这里，月光映照着我；在那里，日光照耀着我的家。而此时我们既不能相望，也不能相闻。因为太过遥远，看不见，也听不着。

又如：

临我擦干眼泪时，我的几个中国朋友向我走来。一看见我，他们都喜悦地拥抱我，让我即时陪他们去吃夜宵。

可以想见，几位年轻人见面，必定非常热情，又说又笑，这里补充为：

等我擦干眼泪时，恰好我的几位中国朋友正朝我走来。一看见我，他们都喜悦地迎上来拥抱我，又说又笑，还让我现在就和他们一起去吃夜宵。

如果将文辞理顺，我们常常会发现，二语学习者的作文也可以写得非常动人。

这是因为二语学习者从异国他乡来到中国，学习另外一种语言和文化，自身就有了丰富多彩的阅历和丰富强烈的思想感情。这为书面语的内容表达提供了重要前提条件。

二语学习者其实是在努力攀登汉语书面语的“脚手架”，用其所学的语言知识，尝试表达其思想感情。

第二节　汉语书面语有周密规范的特点

一、汉语书面语表达重视有条理

写成书面形式，就需要花心思组织词句，把思想感情表达清楚，就不会出现口头语言中颠三倒四的情况。例如：

西风吹老洞庭波，一夜湘君白发多。醉后不知天在水，满船清梦压星河。

出自元代唐珙的《题龙阳县青草湖》。意思是：秋风使劲地吹着，洞庭湖水似乎都衰老了许多；一夜愁思，湘君（水神名）也多了白发。醉卧小船，只见一片星光灿烂美丽的世界，似幻似真，隐隐约约。不知道是天上的星星倒映在水中，还是我身处梦境呢？将诗人赏景→愁思→醉卧→星梦的心路历程表达得清清楚楚。

在汉语作为第二语言学习者的作文中，也需要作者将写作内容明确分出前因后果，轻重缓急，然后按顺序分头去写，才能形成有系统、层次分明、逻辑性强的文本结构。如果缺少对全局的思考，不分轻重胡乱去写，所有内容杂乱堆积在一起，好像扭结成一团的乱麻，最后什么也写不好，这就叫没条理。

二语学习者的汉语作文也很重视条理性，例文如下。

例文：　　　　　　　小猫（有修改）

［俄罗斯］塔莎

这个故事发生在我朋友爸爸的身上。

有一天早上我朋友的爸爸走到阳台上抽烟。

正在他点烟的时候，他看见一只小猫正往一个鸟巢偷偷摸摸地走过去。看来，它想弄坏鸟巢里边的鸟蛋。这时，我朋友爸爸大喊了一声：“你在干吗呢？滚!!”

他这一叫不打紧，但是一下子发生了以下几个情况：

第一个是：楼下一个小男孩儿正在偷偷地学抽烟，一听见这句话，吓得从凳子上摔下来了。

第二个是：一位老奶奶路过别人家的小院子，偷偷地摘院子里伸出来的漂亮的花，正当把花摘下来的时候，一听见这句话，连忙把花儿扔在地上走了。

第三个是：一个年轻的女孩子正在偷偷地往墙上贴小广告，一听见这句话，赶快拿着广告和胶水跑了。

第四个是：有一个住在对面楼里的小伙子正往窗外扔垃圾，听见这句话后，连忙把窗户关上了。

这些人都以为我朋友的爸爸在叫他们。只有那只小猫不管他在说什么，继续往鸟巢走。然后把里边的鸟蛋弄坏了，这把我朋友的爸爸都快气死了！

这篇作文从朋友的爸爸到阳台上抽烟→看见小猫偷鸟蛋→大喊:“你在干吗呢？滚!!”开始，却意想不到发生了以下事情：

偷学抽烟的小男孩儿吓得从凳子上摔下来了；

偷摘花的老奶奶吓得把花扔在地上走了；

偷贴小广告的年轻女孩吓得拿着广告和胶水跑了；

往窗外扔垃圾的小伙子吓得连忙把窗户关上了；

但小猫仍把鸟蛋弄坏了；

结果，朋友的爸爸都快气死了！

这里，作者不慌不忙，把同时发生的几件事情按顺序分头去写，形成了有系统、层次分明、逻辑性强的文本结构。

但有一些学习者写作时往往全文只写一段，给人结构不完善、条理不清晰、语言不流畅的印象，举例如下。

例文：　　　　　　**花早（原文）**

［日本］牛入伸幸

我妹妹是我初中三年级的时候出生了，所以今年六岁，比我小十五岁从她刚刚出生时我跟她一起玩儿。她纯朴可爱的样子都给我力和活力。她一岁半的时候，第一次她自己站起来了。在家里只有我和她两个人，我非常感到了。我马上就用手机拍了她的照片，发送了父母短信。他们也高兴了我妹妹叫‘花早’。因为她生得有点早，未发达的身体了，所以‘花开了早点’就是‘花早’。她的长大是我们的幸福。她一步一步前进，明年要上小学‘。如果花早跟别人交往的话，可能会吃醋’。现在这句话是我的口头语。她是我们家人的宝贝。我爱的家人。我来到中国的上一天，我们家人一起吃晚饭了。妹妹一向眼泪了‘我不想离开哥哥。我也要去中国。’她的样子令人难忘。我向中国出发的早上，在家门口前边我跟家人一起拍照片了。爸爸说：‘你一定要长大。’妈妈说：‘先注意健康，要慢慢习惯。’妹妹说：‘别忘花早啦，拜拜！’我留下了这些回忆，每天跟那张照片一起学习。

看得出来，这位学习者已经竭尽所能地应用他所掌握的并不算太丰富的汉语词语去表达了。对此，我们展开了这样的教学方法：

（1）讲解分段的意义和标志，要求学习者依据内容划分段落，每段开头要空两格；

（2）补充和修改标点符号；

（3）换上准确的词语，理顺句子；

（4）根据需要，适当补充内容。

于是这篇作文就变成了这样：

花　早

我妹妹是在我初中三年级的时候出生的。今年六岁，比我小十五岁。

从她刚刚出生时起，我就跟她一起玩儿。她纯朴可爱的样子，总是给我信心和活力。

她一岁半的时候，第一次自己站了起来！当时，只有我和她两个人在家。我马上就看到了她的巨大进步，赶紧用手机拍下她站起来的照片，用短信发送给父母。他们看后当然高兴极了。

我妹妹名字叫花早。因为她生得有点早，身体小小的，好像还没有发育得很好就来到了人世间，这就好比花开得早了点，所有就叫花早。她的长大，是我们全家关注的焦点，也是我们全家的幸福。现在她一步一步地成长，明年就要上小学了。我在想，如果花早将来长大了，跟“别人”交往的话，我这个哥哥可能会吃醋喔！现在这句话已经成了我的口头禅了。

她是我们家的宝贝，是我爱的家人。

我出发来中国的前一天，我们全家人一起吃晚饭了。妹妹一边恋恋不舍地流着眼泪，一边反复说：“我不想离开哥哥。我也要去中国。”她可爱的样子一直令我难忘。

我出发的那天早上，在家门前，我跟家人一起拍合影。家人们叮嘱我：

爸爸说：“你一定要长大。”

妈妈说：“先注意健康，要慢慢习惯。”

妹妹说：“别忘花早啦，拜拜！”

我留下了这些美好的回忆，每天都跟那张“全家福”一起学习。

修改后该文变得条理清楚，语言流畅，以叙述、描写为主要手段，精要地写出了家人间真挚的亲情，完整、具体、形象地完成了叙事任务。尤其是对妹妹的成长经历、性格和外貌的生动描写，令人读来仿佛身临其境，亲睹其人。

二、汉语书面语表达力求准确

同一种意思，用以表达的词句可以很不同。不同的词句，有价值相等的可能性，但不多；经常是有高下之别。譬如由高到低可以排成如下的行列：恰如其分，大致明白，意思模糊，似是而非，大错特错等。

简练和准确分不开。每一种事物，每一个动作，可以用很多相近的词去表达它。但能做到尽善尽美的，只有唯一的一个词，找到这个词，才能表现事物的本质，才能谈到简练。

同一个人，如果口头说话，常常脱口而出，所用词句未必恰如其分；但用笔写，选词造句书写过程中都需用心思考，写后还会修改，这样一来就增加了表达恰如其分的可能性。例如：

与君初相识，犹如故人归。

出自唐代杜牧的《会友》。意思是初次与你相见，却像是看到老朋友归来一样熟悉。表达了对朋友一见如故的感情。

换作口头表达，则可能会说：

你好你好！哎呀，有没有感觉咱俩好像很熟悉哈！在哪儿见过呢？

学习者都很想精妙恰切地表达自己丰富的思想，有什么方法可以帮助他们将意思表达得这样精微周密呢？显然，通过写后的修改，可以帮助学习者进一步规范对汉语书面语词语的应用。例如下面这篇来自苏里南的来华留学生乔查理的作文。

例文：　　国家之间有什么不同？（原文）

［苏里南］乔查理

来到中国后，我意识到中国和我的国家或其他国家之间有很多不同，这让我质疑一些事情，例如在网上购物，甚至打车，去商店购物和付款是如此容易，跟中国相比，我们的国家在这个情况下有什么不同，为什么不同？还有这些事情有什么不好吗？我也注意到中国在安全方面比其他国家做得更好，为什么其他国家没有同样的方法呢？

首先，在中国大多数事情都可以通过手机来完成，比如付款，当你去商店的时候，你可以用手机付款，这很方便，你不必带现金。在我们国家完全不同，你不能用手机支付，你必须用现金或银行卡支付。当谈到打车时，你可以只需要在手机上按一下就可以完成，你可以轻松地输入你的位置，你的接送地点，你也可以在手机上查看你要去的地方，需要多长时间，费用是多少，然后在手机上支付，在我们国家，你必须给出租车司机打电话，告诉他们在哪里接你，在车上告诉他们你要去哪里，当你在车上时，问他们去那里要多少钱。有时你不知道到达目的地需要多长时间。此外，在中国你可以在网上订购商品并让它送到你家，在我们国家这并不常见，现在一些商店和餐馆正试通过创建一个应用程序来改变这种情况，甚至有些人在网上开自己的商店，他们可以送货，但这仍然很少。为什么会如此不同，有副作用吗，首先，我认为在中国不一样，而且更容易，因为中国更发达，我们的国家在这些方面还不是很发达，但肯定会慢慢地努力达到那个程度。那这方便有什么不好吗，人们会说让事情变得更容易会让人们变得更懒，但我真的不这么认为，这只是为了让人们的事情变得更容易而已。然而，我经常以为，其他人也这样以为，因为在中国，基本上所有的事情都是通过手机来完成的，如果你手机丢了，你将无法做任何事情，或者至少我们是这样认为的。

我想谈的另一件事也是我在中国注意到的。这就是他们如何处理安全问题，我想举一个例子，因为这个问题在我的脑海里已经有一段时间了。当坐地铁时，人们不容易上轨道，因为它被玻璃墙和门挡住了，门只有在地铁开门时才会打开，我觉得这很神奇，因为在其他国家有许多人因摔倒在轨道上或被别人推着或自己跳下轨道而自杀，例如在美国，有许多这种情况，我的问题是，为什么他们不建造这种墙和门来防止这种事情发生，可以说他们不知道如何做到这一点，但我不敢相信，因为美国也是一个发达国家，所以他们肯定可以找到解决这个问题的方法，但选择不这样做。

每个国家都不一样，我不是说他们都必须就如何做事情得出一个结论，因为我知道一些国家不像其他国家那样发达，所以他们没有其他方法来做不同的事情，而且英语中有一句话，" If it's not broke，don't fix it"（如果没有坏，就不要修理），这意味着如果人们做事情的方式仍然有效，就不必改变它，但老实说，如果它使人们的生活更容易并且国家做得到，那么为什么不试一试呢？尤其是涉及到安全的时候，并且知道你能够可以开发一些东西来保护你的人民，为什么不去做呢？当然，我不知道这个问题的答案，他们也可能有自己的理由，但仍然困扰着我。

这篇作文整体而言写得很好，主题鲜明，论证合理，语言流畅。我们从精益求精的原则出发，对该文中的词语使用进行探讨。

1. 肯定学习者的优点

学习者对一些词语用得非常精当，如：

来到中国后，我意识到中国和我的国家或其他国家之间有很多不同，这让我质疑一些事情……

笔者曾让国际中文教育专业的中国研究生们评改这篇作文，有些中研注意到了上面这句话，并将句中的“意识”改为“认识”“看”，将“质疑”改为“思考”，理由是这些词语更常用。

后来，我们一起进行推敲：如果把“意识”改为“认识”或“看”，虽然意思没变，但那种意图表达出潜移默化、敏感警觉的效果就消失了；“质疑”一词如果改为“思考”，意思就全变了，因为该文立意就在于对很多国家的人们“习以为常”的社会现象“生疑”，进而想探索解决问题的方法。因此，“质疑”显然比“思考”更合适。

文中“意识”“质疑”这些词语都用得十分精当。文中又说：

我想谈的另一件事也是我在中国注意到的。这就是他们如何处理安全问题……

“这”“那”是指示代词。“这”通常用来指示比较近的人或事物，“那”则通常用来指示比较远的人或事物。上面句子中的“这”，是否改为“那”更合适呢？经讨论，大家认为“这”比“那”所表达的立场更易让读者产生切近感，用“这”更合适。

2. 指出学习者的不足

该文中也有需要修改，才能使其表达更加准确的地方，例如：

尤其是涉及到安全的时候，并且知道你能够可以开发一些东西来保护你的人民，为什么不去做呢？当然，我不知道这个问题的答案，他们也可能有自己的理由，但仍然困扰着我。

首先，“你”“他们”分别是第二、第三人称代词。“你”称谈话的对方，这里用“你”直接指代某国政府，还用“他们”也指代某国政府，质问一些完全有能力解决不安全漏洞的发达国家为什么无所作为。这里采用第二、三人称对话的语气来写作，便于直接、自由地表达思想感情，使语气更加强烈感人。

其次，“（如果这样，那/那么）为什么不去做呢？”这里表达了一种假设关系，表示前分句所假定的某种情况出现（或不出现），就会（或者也不会、也不能）引发后分句所表达的另一种情况的出现，因此，这里可在疑问句前增加“那”。

另外，“但仍然困扰着我”，什么困扰我呢？这是一个无主句，应该补上主语“这个问题”。

尤其是在涉及安全问题的时候，你明明知道你能够开发一些东西来保护你的人民，那为什么不去做呢？当然，我不知道这个问题的答案。他们也可能有自己的理由，但这个问题仍然困扰着我。

有意思的是，前面质问的是“你”（那些明知故犯的国家），后面却变成了“他们”，让读者仿佛看到作者无奈地转身远去的动态形象。

如此修改，这段话的意思就表达得更加准确了。

另外，有些词语的使用还须琢磨，例如：

当坐地铁时，人们不容易上轨道……

这里“上”是什么意思呢？显然意思不够准确，可改为：

乘坐地铁时，上下地铁的乘客不容易掉进轨道。

“上”改成“掉进/掉入”这样意思就明确了。

三、汉语书面语表达的规范化和“标准”化

规范是交际能够得以实现的前提。规范，意指符合逻辑，客观、真实、全面、完整、准确、合格。

而汉语书面表达的规范，指在日常的书面沟通中，汉字、词汇、语法、结构和格式等方面都遵循一定的书写格式和语言规范。

用于各个领域的所有的书面交际语篇，如商务信函、合同、报告、演讲稿、新闻报道、论文等，都应该力求规范，才能使表达流畅、清晰，从而有效地完成交际任务。

培养学习者掌握汉语书面语的规范，是汉语作为二语书面语教学的目标。

（一）“标准”与学习者汉语书面表达能力的发展

《国际中文教育中文水平等级标准》（国家标准·应用解读本）（以下简称《标准》）根据学习者的汉语水平，将“写”划分为九个等级，并进行了等级描述（略）[①]，该等级描述体现了层级性和系统性，无疑反映了“规范”化教学的原则。

在八个学期制的教学中，书面表达教学其实从来都是不可或缺的，写作教学应该贯穿汉语本科教学的全程。汉语本科写作教材共有八册，从而形成一个关于书面表达教学的科学化体系，以便进行系统化和规范化教学。

在整体目标的指导下，将语言知识与写作教学具体内容进行准确的定位与接轨，才能切实帮助二语学习者建构和提高汉语书面语表达的能力。

那么，怎样才能将各等级描述中关于“写”的理论原则落实到学习者写作教学的具体内容和写作实践中呢？《标准》中关于“写”有九个级别的等级描述，但本科教学只有八个学期，应当怎样结合才合理呢？

以北京语言大学国际中文学院为例，目前该院要求一年级入学新生的汉语水平须达到HSK四级，但由于来自世界各地的学习者存在着多种差异现象，一个年级中往往同时存在着作文优异的学生和写作能力较差的学生，因此我们放宽了要求。

调节、改善和缩小学习者之间写作水平的差异，是“标准化”“规范化”的内容之一。也就是说，极大地提高水平较差的学习者的写作能力，是汉语作为二语书面语的一大奋斗目标。但如何帮助后进学习者尽快缩小与先进者的差异，确实是个难题。

---

① 教育部中外语言交流合作中心. 国际中文教育中文水平等级标准［M］. 北京：北京语言大学出版社，2021.

其实，除了语言基础外，写作有自己的特色，如文体写作方法、书面语感等。很多人以为二语学习者既然多为成年人，那么就已天然掌握了写作方法，所以过去所流行的汉语写作教学的思路是——只须教其会说汉语，不用教其写作方法，学习者自然会将其母语思维“翻译转换”成作文。

但事实上，一些来自教育较落后的国家和地区的学习者不仅从未经历过系统写作教学培训，甚至从未用母语写过任何作文。更有甚者，上写作课还总忘记带笔，因其自身还没有建构起书面交际的习惯、愿望和表达方式。如果只是教其会写汉字和会说汉语就止步不前，那么他们可能很难提高汉语书面语交际的能力。

而一些来自教育先进的国家和地区的学习者恰好相反，能够借助良好的母语写作素养，很快地掌握汉语写作技巧。

问题是这些学习者在入学时往往站在同一条起跑线上。这不仅对学习者，也对教师、教材、教学系统提出了挑战。据此，教学重心须产生分化：对差生，对其教学的重点是须对其进行写作构思、书面表达等系统写作方法的教学，才能使其四年级时能够顺利完成写作毕业论文的任务；而对那些写作能力较强、基础较好的学习者，对其教学的重点则是帮助他们写得更好，表达效果更加优异。

因此，汉语书面语教学应该具有宽容性和较大的自主伸缩调节性——为优秀的学习者提供长足发展的写作学习空间，为后进的学习者提供宽容、鼓励、温和的写作指导帮助。

“标准”呈现出由浅入深、从易到难，适应不同年级水平的发展的规律。写作知识和能力训练应顺应学习者汉语水平的发展。如果将“标准”与本科四个年级八个学期的写作教学内容相结合的话，大致呈现如下分配比率。

1. 一年级

一年级写作教学内容、教学目标以及语言层级与“标准”中的初等一、二、三、四级标准描述及其提供的语法点内容互相呼应，体现了由浅入深，阶梯式编排的设计思想。在语言表达上，以初等语法中的一、二、三、四级语法点作为重要的基础支撑。

一年级写作教学内容以简单的日常应用文为主，如果学习者只学完一年级就到社会上工作，便可应用这些内容在日常生活、学习和工作中展开简单的书面交际活动。

（1）一年级上学期，原则上介于1～2级，可容纳1～3级学习者

《国际中文教育中文水平等级标准》（国家标准·应用解读本）根据学习者的汉语水平，将“写”划分为九个等级，并进行了等级描述。①

一级标准：

能够掌握初等手写汉字表中的汉字100个。基本了解汉字笔画和笔顺的书写规则以及最常见的标点符号的用法。能够基本正确地抄写汉字，速度不低于10字/分钟。具备最基本的书面表达能力，能够使用简单的词语和常用单句，填写最基本的个人信息，书写便条。

二级标准：

能够掌握初等手写汉字表中的汉字200个。能够较好地掌握汉字笔画和笔顺的书写规则以及常见标点符号的用法。能够较为正确地抄写汉字，速度不低于15字/分钟。具备初步的书面表达能力，能够使用简单的句子，在规定时间内，介绍与个人生活或学习等密切相关的基本信息，字数不低于100字。

根据一、二级标准等级描述，并配合一、二级语法点，一年级上学期写作教学可具体学习写作“自我介绍——我是谁？”“介绍家人和朋友”“我的学习生活”“购物”“美食”“住宿”“出行”“课外活动”“留言条”“请假条”“问候信”“新年贺卡”“祝贺信”等内容。另外，还可根据时间安排，选择性添加“看病”“了解中国”“交朋友”“活动”“天气”“我的一天/时间安排”“学习和考试”“你做什么？”等简单描述学习者日常学习生活的内容。

一年级上学期写作教学与一年级上学期汉语听力、口语、阅读教学相配合，帮助学习者应用汉语作为二语与他人进行简单的书面交流，向他人介绍与个人生活、学习密切相关的基本信息。

（2）一年级下学期，原则是介于3～4级，可容纳2～5级学习者

配合三、四级语法点，帮助学习者能够通过写作的形式，应用汉语作为第二语言与他人进行基础的书面交流，顺应了学习者由浅入深，阶梯式

① 教育部中外语言交流合作中心编．国际中文教育中文水平等级标准［M］．北京：北京语言大学出版社，2021.

提高的学习行为模式。

三级标准：

能够掌握初等手写汉字表中的汉字 300 个。能够较为熟练地掌握汉字笔画和笔顺的书写规则以及各类标点符号的用法。能够正确地抄写汉字，速度不低于 20 字/分钟。具备一般的书面表达能力，能够进行简单的书面交流，在规定时间内，书写邮件、通知及叙述性的短文等，字数不低于 200 字。语句基本通顺，表达基本清楚。

四级标准：

掌握中等手写汉字表中的汉字 100 个。能够基本掌握汉字的结构特点。能够使用简单的句式进行语段表达，在规定时间内，完成简单的叙述性、说明性等语言材料的写作，字数不低于 300 字。用词基本正确，句式有一定的变化，内容基本完整，表达比较清楚。能够完成常见的应用文体写作，格式基本正确。

与一年级上学期只能简短介绍自己不同，一年级下学期学习者的汉语书面语表达能力已有所提高，已具备一般的书面表达能力，不仅可以做到内容基本完整，格式基本正确，还可以做到语句基本通顺，表达基本清楚，句式有一定的变化，用词基本正确。

为了从一开始就建立起读写结合的意识，从“读”中汲取汉语知识的营养，学习者这时能写“简短的读书笔记——符号式与摘录式”。

这时适宜教学“常见的应用文”，如“邀约信、邀请函、请柬”“回执函”“感谢信”“道歉信”“寻物/招领启事”“招生/招聘启事”“其他启事”“通知”“讲座海报”“影视剧体育海报”“广告”“情况说明”“申请书”“用汉语给亲朋好友写一封信”等。

如果学习者将来到社会上工作，这些学习内容可以帮助学习者应用汉语就生活、学习、工作中的实际事务与他人展开书面交际活动，完成交际任务。

2. 二年级

二年级写作教学内容、教学目标以及语言层级与“标准”中的五、六级标准描述及其提供的语法点内容互相呼应。文体教学上以记叙文、说明文为主。

（1）二年级上学期，原则上介于 4～5 级，可容纳 3～6 级学习者

二年级上学期汉语学习者已有能够使用较为复杂的句式进行书面表达的能力，能在规定时间内，完成一般的叙述性文章的写作。

五级标准：

能够掌握中等手写汉字表中的汉字 250 个。能够分析常见汉字的结构。能够使用较为复杂的句式进行语段表达，在规定时间内，完成一般的叙述性、说明性及简单的议论性等语言材料的写作，字数不低于 450 字。用词较为恰当，句式基本正确，内容比较完整，表达较为通顺。能够完成一般的应用文体写作，格式正确，表达基本规范。

写作教学以记叙文为主，记叙文是学习说明文和议论文的基础，集中学习记叙文可帮助学习者扎实打好汉语写作基础，掌握记叙文常用的话语方式。

二年级上学期写作教学具体内容包括“笑话”“记叙文文体介绍”“写事记叙文”“写人记叙文”“日记”“周记”“专业工作日记——以施工安全日记为例”“游记”“美食记忆”等。

二年级上学期汉语写作教学内容以记事写人为主，从写“笑话”开始，让学习者了解记叙文的写作要素，进而展开对“写事记叙文”“写人记叙文”的写作，分别从时间、地点、人物、事情的开始、发展和结果来叙事，再到抓住人物外貌、语言、动作、心理进行描述，来掌握记叙文的写作方法。下一步从短时间的描写与记叙，发展到写作“日记”，再发展到写作“周记”，学习者在将来的工作中，还可写作“专业工作日记”，培养学习者的汉语书面语表达能力。“游记”“美食记忆”也需要应用记叙文的写作方法。

（2）二年级下学期，原则上介于 5～6 级，可容纳 4～7 级学习者

二年级下学期学习者已“能够使用较长和较为复杂的句式进行语段表达”，且用词恰当，句式正确，能够运用常见的修辞方法，内容完整，表达规范、通顺、连贯。

六级标准：

能够掌握中等手写汉字表中的汉字 400 个。能够较为熟练地分析汉字的结构。能够使用较长和较为复杂的句式进行语段表达，在规定时间内，完成常见的叙述性、说明性、议论性等语言材料的写作，字数不低于600字。用词恰当，句式正确，内容完整，表达通顺、连贯。能够运用常见的修辞方法。能够完成多种应用文体写作，格式正确，表达规范。

二年级下学期汉语写作以说明文为主，教学内容包括“事物说明文”“事理说明文”“地方说明文”“导游词”“旅游指南”“人物说明文”“求职信”“面试、竞聘会上的演讲稿”等。

如果学习者只学完二年级下学期写作后就开始工作，那么人物说明文——可帮助学习者用汉语写作介绍自己的求职信；事物说明文——可帮助学习者介绍自己国家、家乡或公司的特色产品，为介绍家乡特产或推销公司产品写作说明书；事理说明文——可帮助学习者向外国友人解释自己国家民俗文化形成的奥秘，揭示特产“为什么特别”的原因；地方说明文——可帮助学习者用汉语书面语将自己所属的公司、学校等介绍给别人，向世界各国的人们推介自己的国家、家乡的美丽风景和人文风情……这对提升自己国家的国际知名度，增进文化、贸易往来，都会产生切实的影响。

其实每个人一生的生活、工作的主要内容都是在不断地向他人做介绍、说明、解释，写好说明文无疑能够帮助学习者更好地工作、学习和生活。

3. 三年级

（1）三年级上学期，介于6～7级，可容纳5～8级学习者

三年级上学期汉语学习者能够运用多种修辞方法撰写一定篇幅的文章，并且观点基本明确，层次基本清晰，语句通顺，格式正确，表达得体，符合逻辑。

七级标准：

能够手写高等语言量化指标要求书写的汉字。能够撰写一定篇幅的应用文、说明文、议论文和专业论文。观点基本明确，层次基本清晰，语句通顺，格式正确，表达得体，符合逻辑。能够正确运用多种修辞方法。

三年级上学期汉语写作以议论文为主，教学内容包括“立论型议论文”“驳论型议论文”“比较型议论文”“析理型议论文”“读书笔记与读后感”“文体的综合性”“实习报告”“总结”等。

三年级上学期已进入高级汉语写作阶段，这个时期应当培养学习者掌握有较高思维水平、思维表达能力的，以较复杂和长篇为标志的议论文写

作，这正是通向毕业论文写作的瓶颈阶段。议论文写作教学宜顺应建构主义教学观，引导学习者以适宜的速度，有目的地发展。帮助学习者登上通向毕业论文写作的“脚手架”。

“总结”是帮助学习者反思过去，规划和准备未来的一种综合性文章，是协助学习者在学习、生活及将来的工作中取得成功的“钥匙”。一般三年级下学期往往有语言实习活动，须要写实习报告，即实习总结，所以三年级上学期末期适宜安排相关写作教学活动，提前做好准备。学习者如现在能写学习总结，将来工作会写工作总结，会议结束时会写会议总结，都是富于实践性、实用性的综合性文章。

（2）三年级下学期，介于7～8级，可容纳6～9级学习者

三年级下学期学习者的书面表达能力已有很大提高，能够正确运用比较丰富的成语、习用语和多种修辞方法，撰写篇幅较长的应用文、说明文、议论文等各种文体的文章，并且层次清晰，语句流畅，格式正确，表达得体，逻辑清楚。

八级标准：

能够手写高等语言量化指标要求书写的汉字。能够撰写篇幅较长的应用文、说明文、议论文和专业论文。观点明确，层次清晰，语句流畅，格式正确，表达得体，逻辑清楚。能够正确运用比较丰富的成语、习用语和多种修辞方法。

三年级下学期汉语写作在综合应用应用文、记叙文、说明文、议论文等文体的基础上，以教学综合文体为主，教学内容包括“新闻采访”“新闻消息”“如何把记叙文改写成新闻消息”“怎样写新闻评论”“影视剧字幕译写”“怎样写作影视剧评论”“会议文书与邀请函”“怎样写会议指南”“怎样写会议记录与纪要（参考）”“怎样写会议主持词”“怎样写常用会议演讲稿”“怎样写作会议新闻”等。

“中文+X”是国际中文教育的重要发展趋势之一。其中，会议、新闻、影视剧字幕翻译等往往与学习者将来要从事的工作密切相关。学习者“一边学中文，一边学专业知识”，了解相关专业知识并提高相关专业能力有助于促进学习者的能力发展，还能促进学习者所在的国家或地区的文化、

经济、社会的发展，并促进中外文化、经贸合作。

4. 四年级

（1）四年级上学期，介于 8～9 级，可容纳 7～9 级学习者

四年级上学期学习者在掌握了应用文、记叙文、说明文、议论文这四种基础文体的基础上，进而学习毕业论文的写作。毕业论文写作分为两步：开题报告和论文写作。

九级标准：

能够手写高等语言量化指标要求书写的汉字。能够完成学位论文及多种文体的写作。观点明确，语篇连贯，格式正确，表达得体，逻辑性强。能够正确使用各种复杂句式，综合运用多种修辞方法，言之有物，富有文采。

四年级上学期汉语写作以论文开题报告为主，教学内容包括“调查问卷的设计——怎样获得第一手资料”“怎样写调查报告”“毕业论文开题报告与选题”“怎样设计和撰写论文写作提纲”“查读文献・文献综述・引用文献・文献注释・参考文献”“怎样撰写论文开题报告”“怎样准备参加开题报告会”。

（2）四年级下学期，9 级，可容纳 8～9 级学习者

写作论文的目的是帮助学习者综合运用所学知识和技能，深入研究和探讨某一特定领域的问题，培养学习者独立地用汉语思考问题、主动地发现问题、分析并解决问题的能力，通过撰写论文，学习者可对某个领域进行较深入的探索，从而提高个人的专业水平。

四年级下学期学习者的写作目标指向毕业论文，教学内容是有关具体写作毕业论文的写作知识和相关练习，包括“论文与摘要”“怎样写作论文关键词”“怎样写作论文前言”“论文本论部分的结构类型”“论文常用的研究方法”“怎样写作结语”“怎样准备参加论文答辩会”等。引导学习者最终掌握应该如何写作毕业论文。

（二）“标准”与学习者读写水平的发展——从读书笔记到文献综述

“标准”呈现出由浅入深、从易到难，适应不同年级水平的发展的规律。但要将这一规律体现到书面语表达教学中，则需要细察写作知识和能力训

练的细微关系，才能设计出顺应学习者汉语水平发展的教材及教学规划。

以毕业论文写作中的“文献综述”为例，从来都让学习者深感棘手。

由于没有前期的铺垫，学习者在进入四年级写作毕业论文时，便会发现即使从图书馆、“中国知网 CNKI”等处查找到了相关文献，不仅很难读懂，而且对于怎样把文献应用于自己的论文更是一筹莫展。

要解决这个问题，必须从始至终、一以贯之地安排读和写的相关教学任务，学习者的写作能力才能螺旋式提高。

而“读书笔记”本身是非常丰富的，可以考虑分为简易和高难两个内容，简易的安排在低年级学习，从第一册开始增加“读书笔记”的写作内容——用“符号式”和“摘录式”，从划下重要的词句、抄写重要的词句开始，培养写作读书笔记的兴趣和习惯。中级阶段，采用“提纲式”，即读完一篇文章后将其写作提纲或梗概拟写出来。高级阶段，逐级增加思考和写作的难度，“评注式”读书笔记要求学习者就所读文章中某个问题进行思考和评论，并写下来，由此向论文写作方向前进，如此便能在四年级时顺利衔接论文写作的任务。

即一年级有“简短的读书笔记”，以摘抄为主；二年级有“读书笔记”，以做提纲为主；三年级有“读书笔记”，以写感想为主；四年级的“读书笔记”，则上升为为毕业论文写作“文献综述”。这不仅是为了能够学会摘记所读重要内容与思想火花，更是为了在将来升入四年级写作毕业论文时，能够顺利完成“文献综述”的写作打基础。

顺应建构主义教学观，通过恰当的写作教学内容，为学习者提供通向四年级下学期毕业论文写作教学的“脚手架”，引导学习者能以最适宜的速度、有目的地发展。

（三）既要向“标准”靠拢，又要不被“标准”束缚

从学习者方面看，一方面，应学会应用规范的汉语书面语进行表达，使文章行文规范；另一方面，又要保持学习者自己的个性特征，在表达思想感情时尽可能不被拘束。

从教师方面看，应该在该标准的基础上，有效引导学习者正确、规范地学习和运用汉语书面语。

汉语书面语是汉语作为二语学习者表达思想感情、传递信息的重要交际工具。只有规范地使用汉语书面语，才能达成书面交际的目的，要想让交际对象能够互相理解、正常沟通，就必须保持语言的相对稳定性，并用规范的语言进行交际。因此规范性在提高沟通效果和表达准确性方面起着重要的作用。

但学习者在用汉语书面语进行表达时，常会出现一些不规范现象。主要表现在：

（1）汉字书写及使用不规范；

（2）词语使用不规范；

（3）语法、句型使用不规范；

（4）语段、语篇不规范；

（5）标点符号及格式不规范。

怎样结合“标准”展开教学呢？下面以对来自乌兹别克斯坦的一位同学写作的记叙文的讲评为例：

例文：地铁站的事。（原文）

［乌兹别克斯坦］阿里

我和外国朋友们想去三里屯买手机，我们有人说我们去坐出租车，有人说我们想去坐地铁然后我们已经确定了我们坐地铁去。然后我们在地铁站等地铁5分钟。地铁到了我们都进来地铁以后我转身看地铁关门了但是我的一个朋友在地铁外面看着我们然后我们在地铁里面笑死了因为他没有坐地铁。

1. 讲评

这篇作文记录了地铁站发生的一件趣事，虽然语言简练，表达清晰，故事情节清楚，内容也很有趣，但不足之处也很多，主要表现在以下四个方面。

一是题目格式不够规范。首先，题目不应写在文章第一行的左边，前面空两格，好像正文一样，而是应该在第一行的中间。其次，标题一般不用标点符号，只有引号、问号、感叹号、省略号等可以例外，该文标题后加句号——《地铁站的事。》，显然句号使用不当，去掉句号，题目变得规范了。另外，原文标题为《地铁站的事。》，朋友没有上车的确是在地铁站里发生的事，但还可以进而强调这件事情，故标题改为《上车》，就更贴近主题了。

二是在内容上，由于文章写得过于简单，因而读起来让人感到无味、无趣。如果在重点部分——“上车”这个环节，增加细节描写，就能起到突出重点的作用。

三是在结构上，“段”是划分文章的段落，一篇文章至少应该有三段以上，才具备一般文章的篇章结构。而这篇文章全文只有一段，不讲章法，结构布局不合理。这就好像一个人照相，照片上有一个人影，分不清哪是头，哪是身，哪是手，哪是脚。将文章根据内容分成了若干段，可让文章看起来简洁明朗。每一段都好像换了一个节奏，文章的节奏丰富了，就好像唱歌，高低起伏，抑扬顿挫，文章从静态变成动态的了，想象一下，读者好像看到了一部电影中的一段情节，觉得很生动。

四是在语言上，原文没有注意断句。句子过长，由于没有断句，读起来失去了精彩的书面语效果，读者很难理解作者的真实意图，甚至可能会造成误解。

2. 修改

在作文讲评课上，教师带领学习者修改作文。对该文作者，教师是这样指引的：

（1）断句，添加标点符号

下面是原文中表达重要内容的长句：

地铁到了我们都进来地铁以后我转身看地铁关门了但是我的一个朋友在地铁外面看着我们然后我们在地铁里面笑死了因为他没有坐地铁。

教师指导学习者对这个长句进行断句，并添加了标点符号：

地铁到了，我们都进来地铁。以后，我转身看地铁关门了。但是我的一个朋友在地铁外面看着我们。然后，我们在地铁里面笑死了，因为他没有坐地铁。

（2）修改语言错误，添加细节内容

因原文不够通顺，又缺少具体细节，教师便启发学习者回想细节，协助学习者添加了细节内容，改成了这样：

上　车

［乌兹别克斯坦］阿里

我和几位来自不同国家的朋友想去三里屯买手机。

朋友中有人说："我们坐出租车去吧。"也有人说："我想去坐地铁。"商量来商量去，我们决定一起坐地铁去三里屯。

走出校门，我们向五道口地铁站的方向走去。不一会儿，就到了地铁站。前面的车刚开走，我们就站在站台上等候。

5 分钟后，一道光束从一头轨道深处照过来——地铁要来了，我们都兴奋起来。地铁渐渐减低速度，车厢门慢慢地和站台上的安全门准确地对应上，然后稳稳地停在我们跟前。

我们面前的车厢门打开了。排队等车的人有序快速地都上了车，我们怀着激动、喜悦的心情，也前呼后拥地雀跃着跨进了车门。车门缓缓地关上了。车开动了，车窗外，站台向后移动。忽然，一个熟悉的身影映入眼帘——一位朋友竟然原地站在地铁站台上，两眼呆呆地望着我们离去的场景忽然映入眼帘。

哎呀！怎么回事儿啊？为什么他没有上车？他不知道应该上车吗？一位朋友说：是的，他真的不知道上车，因为这是他第一次乘坐地铁。上车时，我们都很着急，忘了招呼他紧跟我们一起上车。

我们相视而笑。越想，越好笑，于是忍不住放声大笑起来，在地铁里面差点笑死了。

3. 要求学习者复写一遍

第一次作文，学习者已尽了最大之力，展示出个人语言能力的天花板。而每次作文的讲评，就是为了帮助学习者突破自己原有的天花板，爬升到下一个高度。

那么，怎样才能让学习者实现这个飞跃呢？

答案就是改后复写。学习者在该过程中，汇集了创新、表达、修改过程中的体会和收获，强化提高了自己的表达能力。

小结：

该文改前，130字；改后，447字。可见语言、结构、内容是学习者在用汉语作为二语书面语表达时最需要关注的方面。培养学习者掌握汉语书面语的规范表达方式，是提高学习者汉语书面语表达能力的关键。

第三节　汉语书面语有婉转抒情的特点

书面语有深隐含蓄的特点，长于表达曲折深隐的思想感情，更容易表达难表之情，因而具有含蓄隽永的交际魅力。由于书面语常用于正式场合，便逐步形成了自己独特的审美风格。

某种意义上，中国古人将书面语的美感发挥到了极致，在那些古代留下来的书面语中，字里行间体现着一种美的秩序，和符号（文字）呈现出来的乐音美，以及传达出来的含蓄隽永的特殊美感。

汉语书面语长于表达含蓄深远之距离美。有一定距离，反而能够更好地表情达意。书面语能够化解面对面口头表达的尴尬，化解未能向对方表达自己的深情的遗憾。一些青年男女想向对方表达自己的爱慕之意，但又不好意思开口，或怕遭到对方的当面拒绝而造成尴尬的局面，于是采用写情书或发手机短信的形式。还有的场合，人们需要长期保留某个信息，此时使用语音是不行的，只能用文字表达。

蒹葭苍苍，白露为霜。所谓伊人，在水一方。《诗经·秦风·蒹葭》

这句出自《诗经·秦风·蒹葭》篇，描写了男女之间那种朦胧的爱情感觉。似那水中月镜中花，雾色苍茫，人生何处。写尽了迷离的美感。只是追寻着，美人如花隔云端，只是迷茫着，追之不及心惘然。

那么，这种含蓄深远之距离美是怎样表达出来的呢？

一、“留白”

在绘画中，“留白”是一种艺术表现手法，指在作品中留下适当的空白，以增强作品的艺术效果和审美意境。例如南宋绘画大师马远在《寒江独钓图》中，展示了一只小舟，舟上一个渔翁在垂钓。整幅画中没有一丝水，却让人感到烟波浩渺，满幅皆水。产生这种效果的原因就是留白，在方寸之地显出天地之宽，产生“此处无物胜有物”的效果。

在汉语书面语表达中，“留白”就是对字词句精炼与缩减。“留白”也被用来形容一种含蓄或简约的美感，即在表达中留下空白，让读者或听者根据已有的信息进行想象和补充，以此产生“意”大于“言”的审美境界。所谓“此时无声胜有声”。

中国传统书面语理论认为，语言的作用是极其有限的，语言仅仅是达意的工具，意义却隐藏在语言的背后。语言虽然被认为是认识主体的中介，但先哲们更关注超越经验与语言的“道”。“道”不可言说，那么，怎样才能知道呢？用道家的话说，就是“体道”，即直觉体验。魏晋时期的玄学家王弼的“得意忘言”“言不尽意”突出表现了这种思维。王弼主张“得意而忘言”和“得意而忘象”。因为“言出于意”，认为言象只是出意的工具，只停留在言象上，就不可得其意，因此须忘言忘象才能得意。“意”大于“言”便成为书面语表达的追求。例如唐代诗人王维的诗句：

杂诗三首（其二）

（唐）王维

君自故乡来，
应知故乡事。
来日绮窗前，
寒梅著花未？

这首诗的意思是：您是刚从我们家乡来的，一定了解家乡的人情世态。请问您来的时候，我家雕花窗户前的那一株蜡梅开花了没有？

这里表达对故乡的思念眷恋，很想知道那里的近况。充分显露出诗人对故乡的思念与他乡遇故知的兴奋之情。诗人以白描的手法写出一段故乡来人的情节，以寒梅是否著花设问，以花喻人，以花含事，故乡在诗人的心目中已具化成那窗前的寒梅，寒梅涵盖了极为丰厚的生活内容和极为丰盈的思想情操，流露出无限相思，而这种相思却是由读者读出并丰富了的。诗之妙处全在无字句处，它显示出的是一种空灵简明之美。道出“意”大于“言”的含蓄简约的美感。

二语学习者的作文中不乏深情含蓄的优秀之作，例如日本来华留学生写作的《父亲》（有修改）。

例文：　　父亲（有修改）

［日本］松冈辉子

我来中国的前一天晚上，父亲嘱咐我说："你要常常给家写信，但我不给你写。"果然，一连几个月都没收到父亲的信。到了去年年底，他终于给我写了一封信。信中说，他在工厂的宴会上唱了歌，自己觉得还不错，伙伴们说应该录下来，给在中国的女儿听听。看到这儿，我不由得哈哈大笑起来。我从来没听父亲唱过歌，他在大家面前唱歌是什么样子呢？满脸通红了吧？走调了吧？我都替他不好意思了……

以前我对父亲的印象不好，简直有点儿讨厌他。我心里暗暗描绘着理想父亲的形象：应该有学问，应该当公司的领导，应该仪表堂堂。可我的父亲呢？个子矮小，头发花白了，显得很苍老。他从来不看书，不爱学习，没有一点儿学问，只是爱好看电影和打弹子球玩儿。有人说，父亲是最值得尊敬的人，我也想尊敬自己的父亲，但我的父亲值得尊敬吗？我看不起父亲，特别是看不起他的工作。

父亲是个铁匠，他跟伯父、叔父一起开铁匠铺。铁匠铺在我家的前面，我小时候常常亲眼看到父亲干活儿：他浑身是汗，默默地敲打着烧得通红的铁，铁屑像烟花一样四处飞溅。有一次，滚烫的铁屑溅到父亲的左眼里，手术毫无成效，眼球笼罩上一层白色的东西，后来终于失明了。又有一次，他不小心，一只手卷进机器里，差点儿轧断了。铁匠活儿又苦又累又危险，而且挣不了多少钱。父亲为了养活一家人，每天都汗流浃背地在那里拼命干活儿，一句怨言也没有。有了父亲，我们才有饭吃，才能上学——我长大以后才明白了这个道理。这两三年，父亲吃了不少苦。前年二月，由于失火，房子烧毁了。那天，父亲一个人在铁匠铺里干活儿，忽然看见从我家的窗户里喷出了火。这次失火，给父亲的打击很大。平时一向乐观的他，亲眼看着自己盖的房子顷刻化为灰烬，愁得头发一下子都白了。幸亏舅父认识一个木匠，过了三四个月，我们的新房子就盖好了。一天，为了对亲友们的帮助表示感谢，请他们来我们的新家吃饭。饭前，父亲先带客人们把所有的房间一一看遍，他面带笑容，手舞足蹈，简直像个孩子。本来他不会喝酒，想必是心情很好，竟开怀畅饮，喝了个痛快。

可是不久父亲又受到了打击，铁匠铺一直经营得不顺利，终于倒闭了。他快五十六岁了，已经老了，虽说身体还健康，但不能再干重活儿了。母亲、姐姐和我都劝他干脆在家休息，因为我和姐姐已经长大，都有了工作，可以赡养父母了。可是父亲说："我天生干活儿的命，一歇浑身不舒服！"他仍要干活儿，因为他是个铁匠。

父亲的运气不错，很快有人介绍他去一个铁厂工作。第一天上班，父亲神色紧张，母亲也坐立不安。父亲向来沉默寡言，母亲怕他得罪工厂的伙伴们，我也担心这个五十多岁的"新工人"会出什么错儿。但他下班回来的时候，我们都放心了。他的脚步依然沉重，略显疲惫，可眼睛放光，精神很好，看样子他对新工作充满了信心。

今年父亲五十八岁了，还在干那么重的活……

去年十月，我第一次给家里打电话。我听到母亲的声音，非常高兴，乐呵呵地报告我在这里的生活情况。可是，一听到父亲的声音，不知为什么，眼眶里突然溢出了泪水，一时竟哽咽得说不出话来。他安慰我："别哭，别哭啊，要注意身体，好好学习。家里人都好，别担心。出门在外，一定要照顾好自己呀！"

我把父亲给我的唯一的一封信又拿出来，一字一句地读着，情不自禁地笑了，又情不自禁地哭了。我在心中高声喊道：爸爸，祝你永远健康！

这篇作文以情感人，表达了女儿对父亲的爱，同时也表达了父亲对家人的无私付出。东方人往往不习惯在口头上当面向亲近的人表达爱意，而书面语具有含蓄隽永的特点，长于表达曲折深隐的思想感情，所以书信往来自古以来便是东方人沟通思想感情的一种交际方式。在书信中，汉语书面语的美感可以被发挥到极致。

汉语书面语表达中，为了表达出一种含蓄，包容、蕴藏于内而不显于外，耐人寻味的情绪，常常"留白"，例如：

今年父亲五十八岁了，还在干那么重的活……

这里有意留下一些空白，轻轻点染，却意在言外，让读者根据已有的信息进行想象和补充，以达到言有尽而意无穷的艺术效果。

二、言近意远

言近意远，又叫“含不尽之意在言外”“余音绕梁三日而不散”。指在交际中能以浅近的语言包含深远的意蕴，让人深思回味。即将深刻的思想、深厚的感情寄于平淡里、朴实中、细微处，让读者品而悟之。

写作时，有意选择一些看似平淡无味的物象、言辞、语调、表情，这些朴实的话语根植于真实、外现于精确，却能让人品出其中深奥的意味。

例如明朝散文家归有光在《项脊轩志》中写道：

后五年，吾妻来归，时至轩中，从余问古事，或凭几学书。吾妻归宁，述诸小妹语曰：‘闻姊家有阁子，且何谓阁子也？’其后六年，吾妻死，室坏不修。其后二年，余久卧病无聊，乃使人复葺南阁子，其制稍异于前。然自后余多在外，不常居。

庭有枇杷树，吾妻死之年所手植也，今已亭亭如盖矣。

这两段话的意思是：

过了五年，我的妻子嫁到我家来，她时常来到轩[①]中，问我一些家里过去的事情，有时伏在桌旁学写字。妻子回娘家探亲，回来转述她的小妹妹们说的话：“听说姐姐家有个小阁楼，什么是小阁楼呀？”此后六年，我的妻子去世，项脊轩渐渐残破，一直没有整修。又过了两年，我长时间生病卧床，没有什么有意思的事情，就派人再次修缮南阁子，格局跟过去稍有不同。然而，从这之后我多在外边旅居，不常住在家里。

庭院中有一株枇杷树，是妻子去世那年，我们亲手种植的，如今已经高高挺立着，枝叶繁茂得像伞一样了。

这里寥寥数语，却写出了夫妻日常生活里的琐碎往事，在这些看起来平淡无奇却真实具体的生活细节里，生动地描绘出归有光和妻子曾经相依相爱、情话依依的场景。“庭有枇杷树，吾妻死之年所手植也，今已亭亭如盖矣”，道出了作者对妻子深沉的怀念。昔有良人伴，今仅枇杷树，蓦然回首，斯人已逝，今昔对比，悲从中来，感人肺腑。

---

① 项脊轩，是作者家中过去的南阁楼。室内面积只有一丈见方，可以容纳一个人居住。原文：“项脊轩，旧南阁子也。室仅方丈，可容一人居。百年老屋……”

不要空发议论，不要写出结果，而是从真实细微处，找到典型的细节来写，便是写作“含不尽之意于言外”的方法。

二语学习者的汉语作文也常常体现出言近意远的特点，例如《旅行记》。

例文：　　　　　　旅行记（原文）

［韩国］南智瑛

在过去的五一放假期间，我和家人一起去韩国江原道江陵的海边地区旅行。江陵是我生活的首尔坐火车约两个小时的地方，空气非常清新、安静。特别是与人多、建筑物高、经常吵闹的首尔相比，江陵可以说是非常适合休息的地方。

因为是我父亲的故乡，小时候我每逢假期都会去江陵看望爷爷，但自从爷爷去世以后，我有一段时间没有去过江陵。事实上，我和我的弟弟都喜欢江陵的大海和安静的情趣，所以内心非常想去，但父亲却推迟去江陵，不愿意去。亲戚朋友都在江陵，但父亲却一直推迟着去那里的事情。虽然不清楚具体原因，但可以推测，可能是爷爷因心脏病突然去世而受到伤害。所以爷爷去世后，在近 10 年没有去过江陵，这次劳动节放假突然要求去江陵旅行。

我和妈妈、弟弟听到旅行的话既高兴又有点担心。父母之死，难道不是任何时候想起都会心痛的事情吗？如果爸爸去江陵旅行时想起爷爷而伤心的话，我也会心情沉重。但神奇的是，坐火车去江陵的父亲的脸和平时一样，看起来都很开心。我也忘记最初的担心，在时隔许久后抵达江陵度过了愉快的时光。和弟弟一起在海上游泳，吃新鲜的海鲜料理，还买了很多以江陵的特产闻名的干鱿鱼。

时间飞逝，又到了回家的前一天晚上。我有点累了，很早就睡着了，突然听到凌晨酒店开门的声音，就醒了过来。看表是凌晨三点左右。虽然很想确认是什么声音，但是非常疲惫的我又睡着了。直到早上回到家的路上，我才知道清晨那扇门被打开和关闭的声音的真面目。

那声音是父亲偷偷去爷爷的墓地时发出的声音。那天早上，父亲在回家的火车上带着温柔的微笑对我说：

“其实我一直都很想来看，但是我怕来了之后会因为想念你爷爷而哭。

但是想想看，没有必要害怕哭。这次来到江陵，回想小时候的记忆，才明白即使爷爷去世，心里也会一直存在。”

听了那句话，我也为父亲的话感动极了。这次旅行显然是有意义的。我跟家人总有一天还想再来江陵。

作者在久违的故乡——美丽的江陵，不仅能看到秀丽的风景，更能领会真挚的亲情，还能治愈受伤的心灵。在所发生的一系列日常的细节里、朴实中、细微处，以及看似平淡无奇的话语中，却蕴藏着真挚的深情。

为什么细节描绘往往最能触动人心，引人共鸣？这是因为我们的习惯养成于细节，我们的情感隐藏于细节。

三、微言大义

“微言大义”又叫“春秋笔法”，这是一种轻轻点染、意在言外的写作方法。

在古典作品里这类例证很多，《春秋》就是这样一部文字简练、含义却非常丰富和深刻的历史文献。《春秋》本是鲁国史官对于当时诸侯各国所发生的重大事件的记录，孔子晚年回到故乡鲁国，潜心整理古代流传下来的文献典籍，孔子在《春秋》记录的基础之上，进行了删改编定。经他编定的《诗经》《尚书》《春秋》都成为后世儒家最重要的经典。孔子把他坚持一生的原则和主张，把他的精神生命，都灌注在了《春秋》之中。他曾经说，以后的人如果想了解我，要通过《春秋》这部书，而想要怪罪我，恐怕也是因为这部书。他在这部书中倾注了强烈的感情色彩，但又偏偏是以一种含蓄、婉约、隐晦的笔法表现出来。

春秋笔法与其说是一种写作方法，倒不如说是一门语言艺术，因孔子写《春秋》时首次使用而得名。这种写作方法的特点是寓褒贬于曲折的文笔之中，不直接在文中作判断。有人说好比是故意给文章“糊上一层窗户纸”，读者能否看穿幕后的真相，了解作者的内心，就看自己的眼光了。孔子的忘年交史学家左丘明最先对这种“微言大义”作了精当的概括：“《春秋》之称，微而显，志而晦，婉而成章，尽而不污，惩恶而劝善，非贤人谁能修之？”意思是：《春秋》的记述，用词细密而意思显明，记载史实而含蓄深远，婉转而顺理成章，穷尽而无所歪曲，警诫邪恶而褒奖善良。如果不是圣人谁能够编写？这里提出了《春秋》为善恶、正邪立标准的目的。看来，很多人只把《春秋》当成史料还是有点草率了。

因此“春秋笔法”指的就是这种在“微言”之中暗含“大义”的写作手法。微言，指含蓄微妙的言语；大义，指精深切要的义理。

“微言大义”的春秋笔法，也即字里行间寓含褒贬的一种写作方法，成为一种文体写作的范例而为后世所效仿。

二语学习者的笔下也有这样的“春秋笔法”，例如马来西亚学习者写作的笑话《车速》。

例文：　　　　　　车速（有修改）

［马来西亚］刘梅

在我的国家马来西亚，有一处旅游景点的风景十分优美，吸引了世界各地的游客。由于游客很多，车辆流量很大，常常发生交通事故，多半都是因为车速过快导致的。政府多次明令限速，成效却不显著。后来，他们想了一个好办法，在公路的入口，立了这样一个标语牌：

“欢迎各位游客和司机朋友光临本市！车速不超过 40 公里，你可以饱览本市的优美景色；车速超过 70 公里，法庭欢迎你前来做客；车速超过 90 公里，本市设施完备的急救医院随时恭候你的光临；车速超过 120 公里，上帝会接见你的，阿门！”

很快，这个地方的车祸发生率就大大降低了。

这个笑话的意思是“禁止超速行驶”，但它并没有直接生硬地把这一意思写出来，而是有意列举了超速行驶所造成的几种后果，淡化了批评和攻击的意味，却营造出和谐幽默的气氛，让司机们容易轻松愉快地接受。尤其最后一句话“车速超过 120 公里，上帝会接见你的，阿门！”轻轻点染，意在言外，将复杂的事情只以一句话了之，真乃“春秋笔法，微言大义”。

四、婉转含蓄

书面表达，虽也可以浅近，但与口头表达相比，更多偏于深远。在书面语交际中，交际双方可能不见面，只是通过文字来进行交流。在这一信息输出、输入的交相反馈的过程中，常常会产生言有尽而意无穷，犹如余音绕梁、三日而不绝的深远的审美效果。这样不仅会产生醇美悠长的美感，而且能使意蕴自然地得到延伸。这种婉转含蓄的写作方法能突显思想之厚重、情感之深长。通过显示其深沉、细腻、委婉的一面，让人品到它的弦外之音、画外之意。例如唐代王维的《九月九日忆山东兄弟》：

独在异乡为异客，每逢佳节倍思亲。遥知兄弟登高处，遍插茱萸少一人。

意思是一个人独自在他乡作客，每逢节日便会加倍思念远方的亲人。遥想兄弟们今日登高望远，心旷神怡，头上插满了茱萸（古时人们认为重阳节插戴茱萸这种香草可以避灾克邪），这时的兄弟们欢声笑语，好开心啊！但这欢乐里只少了我一人。

试想一下，在你的家乡，每逢重要的传统节日，你与家人都会欢聚一堂，但今年你在外不能参加，你会如何遥念家人，此时愈是想象着那熟悉欢乐的情景，就愈是感到孤独凄凉。但作者并不直接这样说，而是说“遥知兄弟登高处，遍插茱萸少一人”，仿佛在有限的语言中寓不尽之意，留下空白让人们用思索和想象去填充，正所谓“不着一字，尽得风流。”（司空图《诗品》）

这首诗三分露（指直接外露），七分藏（指掩藏自己的思想感情），既含蓄又明快，传达出一种婉转含蓄的美感。那么，这种表达效果是怎样写出来的呢？

1. 藏而不露

首先，当我们遇到难以言传之事时，可用一词多义、相近概念、同音异义、眼前景色等巧妙地转移话题，或者采用沉默不语、以笑代答、偶尔旁视周围某物等方式来回避。常常表现为提问、推理，末了提出问题，给对方留下思索并作答的空间。例如：

如果我们再不珍惜水资源，世界上最后一滴水将是我们自己的眼泪。（公益广告）

这里对前景或结果作初步假设性的推断颇显意蕴绵长，但作者并不点破说深，而是稍加提示或暗示，促人深思。

例如来自波兰的学习者写作的笑话《酒精测试》。

例文： 酒精测试（原文）

［波兰］李米沙

一位魔术师开车去参加下一场演出，突然被警察拦下。

“你车里有那么多刀干什么？”警察问他。

“我演出的时候，我用刀玩杂耍”魔术师就给警察说明。

“啊？是吗？”警察表示怀疑。“那你给我们看一下吧。”

过了一会儿，有一辆车经过他们，车里有两个人，一个对另一个说：

“我去！我真的很开心我戒酒了！你看，现今他们让你做的酒精测试太疯狂了！”

这个笑话始终没有揭穿谜底，言虽尽而意无穷，给读者留下回味、想象的余地。后面车上的人误以为警察让魔术师“用刀玩杂耍”是现在新的酒精测试的方式，但这看起来的确是“太疯狂了”。读者一想象到警察严肃的表情、魔术师手舞足蹈的动作、后车司机自作聪明的言语，就不禁会感到好笑。

2. 似露非露

为避免某些尴尬和不愉快，有时可使用似是而非、逆向假设、偷换概念、双关回敬、以问代答等方法，由此表现出似露非露的特点。来自乌干达的二语学习者的作文《我的二伯》也有似露非露的特点。

例文： 我的二伯（原文）

［乌干达］孔冰心

二伯个子高高的，戴着眼镜，长着卷头发。自从我认识他的第一天到现在他一直是比较瘦的样子。这应该跟他的生活习惯有关。他向来非常注意饮食，不喝酒，不抽烟，不吃油腻的东西。而且每天早上都在他的家附近锻炼一个小时。

二伯向来说话直来直去的。记得有一次亲戚聚会的时候，伯伯们和姑姑们在讨论一件事情。大伙儿对大伯有所怀疑，但又不好意思直接说出来。大伯就是利用这一点拖拖拉拉，不直接跟大家说自己的真实想法。大伯威胁大家说如果他们不把这件事情交给他一个人去办，就意味着他们对我一点儿也没有信任。大家都觉得无可奈何。这下二伯就说了大家想说的却不敢说："对。我们就是不信任你。"从那以后我爸经常会笑着讲那件事。在我们的亲戚之中他这个特点确实很独特。这就是因为他是个直性子，我们每次去他家那儿拜访，我爸和二伯都要进行一次"争论"。一开始时大家都坐在一起聊天儿。但他们一旦开始了他们的"争论"。我们其他人就会到客厅的另一边躲开他们。这时候他们俩就会对着我们笑。

二伯是一个很幽默的人，就因为有一次他代替爸爸带我们去一个很远的地方参加二姨的葬礼，所以就开玩笑说从此以后每次见面爸爸都应该给他买一瓶水表示感谢。其实他只是想逗我爸玩儿。二伯的声音跟爸爸和大伯的非常像。小时候他给家里打电话的时候，就会骗我们说他是大伯或者爸爸，过了一段时间他才会说："逗你们玩儿呢，其实我是二伯。"

令我最难忘就是他那一次带我们去参加葬礼的时候。没想到二伯和二伯母一路争论，还经常拿对方开玩笑。二伯母埋怨二伯车开得太快，觉得不太安全。二伯回答说：难道你希望我像他们的爸爸一样开得那么慢吗？二伯母说：我就喜欢他开车的方式，比你强很多。二伯母在水果摊儿买水果时就问老板为什么水果摸起来冷冰冰的，是不是从不刚从冰箱里拿出来的？二伯就悄悄对我们说："她这不是开玩笑吗？在这么偏僻的一个地方哪儿有冰箱？二伯去宾馆订房间时，很长时间都没有出来。二伯母就对我们说：他该不会是直接到房间去检查了吧？"他们的对话让我们觉得有些尴尬，但又觉得很亲切，因为他们真没有把我们当外人，把自己最真实的面目露出来，就像跟自己的孩子一样。

虽然大伯经常会说伯伯们也是我们的爸爸，但二伯确实就像我的第二个爸爸。记得有次我姐姐跟二伯谈话时不觉叫了他"爸"。我们都笑了。这让二伯很感动，爸爸听了这件事之后也很感动。因为那时候爸爸被派到国外去工作，不能像以前顾家庭。我们姐妹们本来很依赖他。为了让我们这段时间在生活上感觉不到有很大的差别。只好让二伯一有空儿就来看我们。二伯对这个任务态度非常认真，在那段时间帮了我们不少，还代替爸爸参加了姐姐的毕业典礼。我们全家人对二伯那段时间给我们的帮助感激不尽。

文章抓住“爸爸”一词，将姐妹们与伯伯们的情谊写了出来。由于“爸爸被派到国外去工作，不能像以前照顾家庭”，于是只好请求二伯来帮忙。“二伯对这个任务态度非常认真”“一有空儿就来看我们”“在那段时间帮了我们不少（忙）”，令全家人对其“给我们的帮助感激不尽”。因此姐妹们与二伯之间也培养出了朦朦胧胧的父女之爱，“二伯确实就像我的第二个爸爸”。“有次我姐姐……不觉叫了他‘爸’……这让二伯很感动，爸爸听了这件事之后也很感动”。

这里似露非露，揭示出姐妹们与二伯之间的似是而非的“父女”之爱。

来自蒙古的二语学习者写作的《他是一颗星》（原文）也写出了一种婉转含蓄、似露非露的美感。

例文：　　　　　　　　他是一颗星（原文）

［蒙古］永美

九岁那年夏天我跟着妈妈去了中国。我走的时候外公的身体并不乐观，但比起前几年还算可以。他已经被癌症折磨了好几年，大大小小的手术也做过很多次。谁看着都心疼。

在中国学习的时候，一开始感到很无助，什么都听不懂，什么都不会说，也没有朋友。但我很快就适应了下来，唯一让我不开心的是对家人的思念。从小到大我都没怎么跟表哥还有外公外婆他们分开过。一下子分开很长时间让我有点受不了。

经过漫长的一学期之后，我终于等到了寒假。妈妈早就买好了回去的票。回国的前一夜我激动得睡不着觉。幻想着跟家人重逢时的温馨的画面。我还要给他们我从中国买的礼物呢！

早上，我跟妈妈起得很早，我们吃完早饭，又检查了一遍行李之后就打的去了火车站。我们坐上了“长春—北京”的高铁。下午就到北京了。然后妈妈又带着我坐机场大巴去了机场。北京的机场很漂亮，妈妈带我去逛了很多店，还带我去一家西式餐厅喝了一碗蘑菇汤。

飞机起飞前我们给外婆打了电话，询问了外公的身体状况。我们知道外公这几天又住院了。外婆对我们说让我们放心，外公的病情很稳定，等我们下了飞机直接去医院看他。一想到再过两三个小时就能见到外公，我都乐开了花。飞机上的空姐们用我最熟悉不过的语言跟我打着招呼，一切都是那么的亲切。

飞机落地了。当我们拖着行李出来时就看见姑姑和舅舅站在来接机的人群中。还没等他们看到我，我就跑过去一把抱住了姑姑。他们这才发现我们已经出来了。

冬季的乌兰巴托，更何况是在晚上12点，那是相当的冷啊。我们哆嗦着上了舅舅的车。车开了好一会儿姑姑才开口说："先去我家吧，反正也是顺路，我想上个厕所，花不了多长时间吧。"听了这话舅舅也连忙说道："好，我也想喝口水呢！"。只有我跟妈妈不乐意了，我心里埋怨着他们不直接去医院。到了姑姑家，姑姑只开了走廊里的灯就连忙走进了卫生间。而舅舅去了厨房。又过了一会儿，姑姑出来了，她神色有些奇怪，舅舅也从厨房出来了，之后他们什么也没说。一切都像窒息了一样，安静到让人害怕。我不知道当时的我是明白了还是没明白，我只知道自己控制不住那滚烫的泪水。我也不知道是不是因为屋子里太暗的关系，只感觉自己掉进了一个无底的深渊里，周围一片漆黑……不知过了多长时间，我又听到了姑姑的安慰声。但这安慰声却证实了我刚才的猜想……姑姑和舅舅不是不想带我们去医院，而是去那儿已经没有意义了，外公已经不在了！就在我跟妈妈坐飞机前的几个小时里他离开了我们。飞机起飞前外婆跟我们说的也都是谎话……

我们梳理好情绪后去了外婆家。我那时第一次看见外婆那么憔悴的样子，白发又多了不少。其实她是个内心强大的人。那天晚上外婆牵着我的手走到了外面去。她望着星空说每个人离开这个世界的时候都会变成一颗星。虽然我外公不在我身边，但他会一直看着我，默默守护着我。我还记得那晚的夜空没有一丝云朵，格外清澈……

这篇文章用藏而不露的方式写出了外公去世的事实，通过言断意续的描述，产生言已尽而意无穷、醇美悠长的美感。飞机起飞回国之前，其实"外公已经不在了"，但是"外婆对我们说让我们放心……一想到再过两三个小时就能见到外公，我都乐开了花。"但到乌兰巴托后，接机的舅舅和姑姑却迟迟不带作者及母亲去医院，但他们"奇怪"的表情，终于暴露了真相。

从汉语书面语长于婉转抒情的特点，我们便能理解自古以来人们为什么要通过书信往来、诗词唱和的书面形式来表达自己的深情，这是因为用口头语言实在难表真心。甚至恋人们也往往是通过写情书、情诗来传达爱情的，因为越是深爱的人，越难面对面直言心头之爱。而书面语跨时空的距离感反而能够帮助人们更好地传情达意。

可见，汉语书面语绝不仅仅是一堆汉字的堆叠组合，其中还蕴藏着作者的情感、性格，以及文化的、民族的精髓，其表达效果往往是口语难以企及的。

第四节　书面语更擅长说理

汉语作为第二语言书面语语言能力还表现在擅长说理上，主要体现在三方面：一是设置议论话题；二是说话令人信服；三是有解决问题的建议和办法。

话题设置本质上是需要有独到见解，能够把握人类社会的发展规律，了解社会发展的规律，凝练出社会所关心的、能够解决社会问题的、引领社会进步的前沿话题。能够把观察到的问题“是什么”，凝练地提出来。

书面语表达要能令人信服，这便需要在对所谈话题进行深入理解的基础上，应用话语艺术，进行合理论证，才能更好地回答“为什么”。同时需要对表达论证方式进行专门的学习。

而要对话题有深入理解，就需要学习者对有关话题进行深入的思考和研究，这样才能有效地回答“怎么办”，争取到话语权，才能产生有价值、有影响的议论，才能更好地传达出自己对待世界的态度。

一、书面语长于论说难明之理

与口头交际相比，笔头交际往往需要思虑周全，重视逻辑思维。因此，在表达哲理的时候，书面语也往往比口语更具有说服力。

虽然书面语由于对语境、态势不依赖，没有口语说话的即时性特点，也不具有说话的现场性特点，不能从听觉和视觉的双重角度加强表现力和感染力，在选用词语、句式时常会受到一些限制，不如口语随便、灵活。但是书面语蕴含丰富，渗露出多重信息，在一定语境中，词语的意义也显得更为明晰。

它摒弃了口语表达常常缺乏逻辑的严密性，缺乏话语中心、无条理、漏洞时出的缺点，交际之前往往需要对表达之事再三思虑，安排好语言表达的内容和形式，才形成于文。否则难以下笔。因而，在书面语交际中，思维和逻辑备受重视。

汉语书面语自古以来就反映出这一优势。例如：

道可道，非常道；名可名，非常名。无名，天地之始；有名，万物之母。故常无欲，以观其妙，常有欲，以观其徼。此两者，同出而异名，同谓之玄，玄之又玄，众妙之门。(《老子》第一章)

天下女子有情，宁有如杜丽娘者乎！梦其人即病，病即弥连，至手画形容传于世而后死。死三年矣，复能溟莫中求得其所梦者而生。如丽娘者，乃可谓之有情人耳。情不知所起，一往而深，生者可以死，死可以生。生而不可与死，死而不可复生者，皆非情之至也。梦中之情，何必非真，天下岂少梦中之人耶？（明代汤显祖《牡丹亭》)

上段话说，“道”难以用言语表达，它具有无限的可能性，能生成一切事物（有)，使之成为天地万物的本源，是“有”与“无”的统一。

下段话说，天下女子的感情，难道还有像杜丽娘那样的吗？梦见那位情人，就得了病，一病而不起，以至亲手画了自己的像后就死了。死去三年后，又能在冥冥之中找到梦中爱人而复生。像杜丽娘这样的人，可以称得上是真正有情的人。活着时可因情而死，死了又可因情而生。这才是感情的极致啊。梦中之情，为什么一定不是真的呢？天下难道还缺梦中之人吗？

这两段话意思深微，如果用口头语言说出来，虽然不是不可能，但可能很难表达，也很难让人理解。然而，用书面形式表达出来，不仅词语典雅庄重，而且意义深刻透彻，非常耐人寻味，还会产生深远的影响。可见书面语是表达难明之理的最佳语言形式。

二语学习者的汉语作文也能将难明之理揭示出来，例如来自韩国的二语学习者李钟河同学的作文《回忆过去的方式》。

例文：回忆过去的方式（原文）

［韩国］李钟河

无论任何时代，当代的饭菜一定扮演着团结的角色。寒冷的冬天，人们拖着疲惫的肉绕着一大碗汤，吹着口气一口一口地喝汤，每道菜是筷子和勺子的交叉路，或许人们百忙之中通常借饭点团结，从忙碌的生活暂时躲起来。现代人重视高效率，短期效果，吃饭的形式也随着时代变化采取了许多变化，如麦当劳的出现，各种快餐的到来等足够证明现代人的"急性。"可是实际上仍存在一些有永久价值的料理，就是能够令人回忆过去的饭菜。在中国，火锅承接旧时代的"一碗汤"的角色，在韩国有"部队锅"正在让很多人想起往事。

中国人通常聚会时习惯寻找火锅店，火锅的热气确实适合热闹。各种材料跟万色调料拌在一起，慢慢被汤熬着，在此等待立刻变成期待，像一个儿童等着彩虹。火锅的人气已经说明它在中国的权威，往四方奔跑也可以找到火锅店，种类实在多得算不清。火锅适合任何场合：老友的久别重逢，初次见面，约会。人们边吃火锅，边聊天，互相回忆，互相认识。纷纷分开时，留下的不仅是火锅的味道，也有回忆。

于火锅相同，部队锅也是个"汤"，但是部队锅怀着一个悲伤的故事。1953 年，战争开始，许多人们避难，因为战争的后沟，唯一丰富的是平困，饥饿，伤口。战争中，美军在韩国开始驻扎。美军常常会把各种东西扔给当时的韩国人，如巧克力，香肠等的零食。据证言，因为韩国人找不到任何饮食，他们会把树皮拔下来，熬成粥。美军部队的厨余垃圾可能比树皮好点，人们开始使用厨余垃圾做汤，因此起名为"部队锅。"

部队锅的材料没有限制。泡菜，香肠，方便面，年糕，培根，白菜都可以放，只要合胃口任何材料都可以放。做法十分简单，先把肉汤，泡菜一起煮，煮好了再放辣椒粉，辣椒酱，酱油，盐，糖等的调料，等到肉汤和泡菜混合再放各种材料就能完成部队锅。

年轻人因为与战争没有接触，其实对他们来说部队锅的意义并不重要，部队锅的作用只限于聚餐。老人却相反。老人战争时虽才几岁的孩子但他的脑海里深深地画着一片战争的场面，岁月在老人的脸上层层叠叠，不过他却记得很清楚战争的记忆。部队锅对他来说是现在与过去的连接，部队锅的蒸汽在提醒他幼年的饥饿，部队锅即使在塞满他的胃肠，他心里的寒气可是没有完全消失。一道菜能够继续过去的记忆，这才是部队锅的作用。

据说人的最大欲望是食欲，证明饮食带来的快乐有一无二。饭菜的味道诺仅一个人享受也只不过是偷偷的快乐，如果跟别人享受，有的不只有味道，更多的是回忆和感情。

部队锅是韩国的一种火锅，属韩国料理之一。这篇作文写出了韩国人民对“部队锅”的复杂感情。为了更清楚地了解作者的思想，我们对原文中的语言进行了梳理和修改。

承载回忆的“部队锅”（有修改）

［韩国］李钟河

无论任何时代，当代的饭菜一定扮演着团结的角色。寒冷的冬天，人们拖着疲惫的身体围绕着一大碗汤，吹着热气一口一口地喝，每道菜都是筷子和勺子的交叉，或许人们百忙之中通常借饭点来沟通达成团结，从忙碌的生活中暂时隐退。现代人重视高效率和短期效果，吃饭的形式也随着时代进步发生了许多变化，如麦当劳的出现，各种快餐的到来等足够证明现代人的“性急”。可是实际上仍存在一些有永久价值的料理，就是那些能够令人回忆起过去的饭菜——在中国，火锅，承接了旧时代的“一碗汤”的角色；而在韩国，有“部队锅”，让很多人想起往事。

中国人通常聚会时习惯寻找火锅店，火锅的热气确实适合热闹。各种食材跟各种调料拌在一起，慢慢被汤熬着，溢出浓烈的香气……此时，等待立刻变成期待，像一个儿童等着雨后彩虹的出现。火锅边的人气已经说明它在中国的权威，四方奔跑的人随处可以找到火锅店，火锅的种类实在多得算不清。火锅适合任何一种场合：无论是老友的久别重逢，新交的初次见面，还是恋人间的约会……人们边吃火锅，边聊天，回忆着从彼此认识到现在的故事。离去时，留下的不仅是火锅的味道，还有温馨的回忆。

与火锅相同，部队锅也是“汤”。但是部队锅却藏着一个悲伤的故事。1953 年，战争开始，许多人外出避难，因为战争的后果，唯一丰富的是贫困、饥饿和创伤。战争中，美军在韩国开始驻扎。美军常常会把各种东西扔给当时的韩国人，如巧克力、香肠等零食。据证言，因为韩国人找不到任何饮食，他们会把树皮拔下来，熬成粥。美军部队的厨余垃圾可能比树皮好点，于是人们开始使用厨余垃圾做汤，因此起名为“部队锅。”

部队锅的材料没有限制。泡菜、香肠、方便面、年糕、培根、白菜都可以放，只要合胃口，任何材料都可以放。做法十分简单，先把肉汤、泡菜一起煮，煮好了再放辣椒粉、辣椒酱、酱油、盐、糖等的调料，等到肉汤和泡菜混合，再放各种材料就能完成部队锅。

年轻人因为与战争没有接触，其实对他们来说部队锅的意义并不重要，部队锅的作用只限于聚餐。而老人却相反。战争时，老人们当时虽然才只是几岁的孩子，但他们的脑海里深深地刻画着战争的种种场面，岁月在老人的脸上留下了层层叠叠的印迹，但他们却清楚地记得关于战争的很多回忆。部队锅对他们来说是现在与过去的连接，部队锅的蒸汽在提醒他们幼年时的饥饿，部队锅即使在塞满他的胃肠，而他心里的寒气可是没有完全消失。

一道菜，能够承载和维系过去的记忆，这才是部队锅的作用。

据说，人的最大欲望是食欲，这证明饮食给人带来的快乐是独一无二的。饭菜的味道若仅一个人享受，也只不过是偷偷的快乐，但如果跟别人一起享受，留下的就不只有味道，更多的是回忆和感情。

我们将原标题《回忆过去的方式》改成了《承载回忆的“部队锅”》，直接点明了主题。

这篇文章中表达了一种难以言说的情节。

一方面，文中指出饮食是一种重要的社交活动，“无论任何时代，当代的饭菜一定扮演着团结的角色”，通过共同进餐，人们可以增进彼此之间的情感交流和亲近感。餐桌总是和社会变迁密切联系着，食物总是和情感牵绊在一起，餐桌上的聚散变化，最终都会变成寄托在食物里的情感，在人们品味时涌上心头。

另一方面，作者指出，饮食不仅是一种美食的享受，更是一种表达，蕴含着人们对人文情感的追求。一道“部队锅”，从中能够看到民族的命运与时代的精神。

一道菜能够继续过去的记忆，这才是部队锅的作用。

在韩国有“部队锅”正在让很多人想起往事。

部队锅也是个“汤”，但是部队锅怀着一个悲伤的故事。

老人战争时虽才几岁的孩子但他的脑海里深深地画着一片战争的场面，……部队锅即使在塞满他的胃肠，他心里的寒气可是没有完全消失。

通过回忆，作者深沉地揭示了部队锅中郁积的历史情结。一道部队锅带给我们酸甜苦辣的感觉，这种回味激发着读者情感中最真挚朴素的共鸣。

文章通过说明、记叙、议论等多种方式，将混合而复杂的难明之理表达了出来。

可以试想，如果换作口头语言来表达，恐怕很难尽诉心声。而书面语却能将这种复杂深沉的思想感情表达出来，可见书面语的确有擅长论说难明之理的优点。

二、二语写作有利于促进二语思维

写作是人的一种思维活动，是思维的外现。写，使人的内部世界的存在得到证实。文本便是写出来的特殊产品。

言为心声，人的思维活动是与语言紧密相连的。书面表达的过程中，离不开思维。而人在思维的过程中，也必须借助语言。二语写作与二语思维是互相促进的。正如古希腊的柏拉图所言：

思想和语言密不可分。[①]

“写”将人的意识转换为物质化的符号，从而虚空的意识有了物质存在的形式。一个人的意识再丰富，不经过“写”的行为，很难让人看到，也就无法证明其存在。

在汉语作为二语写作中，思维的印迹具有一定的特殊性。

① 语言名句集锦：国际卷［M］. 北京：北京语言大学出版社，2012：85.

（一）不同国家和地区的人有不同的思维方式——以东西方思维为例

我们常常发现东西方民族思维习惯与文化传统会深深渗透到汉语作为二语书面语表达中。二语学习者的汉语作文虽然短小，水平有限，但一滴水见世界，以管窥豹，自有其作为东西方文化小小窗口的特殊价值。

下面是分别来自韩国和法国的两位女性留学生用汉语写作的记叙文，都描述了一位自己难忘的女性，不同的是，作者及所写对象各属于典型的东西方人。

下面是来自法国的学习者索菲的汉语作文。

例文：　　　　　　难忘的一个人（原文）

［法国］索菲

伊莎贝拉是我五年前在故乡认识的茨冈女人。第一次我看见她，我在法国南部的田野散步。我在一棵树下走就见一个穿一件打满补丁的连衣裙。我从沾泥的折边到领看着这个矮胖的女人。她从一丁草帽下对我微笑。

“你叫什么名字，美女？”她低音地问我。我不敢开口，她的身村高达，她的眼睛我都看不见因为帽子的阴影盖着脸的上面。她听得懂我呆若木鸡是由于她给我以深刻印象，就放声大笑。

“你怕我是危险的乞丐吗？哈哈！

我不好意思地偷看她。她弯下腰就坐地上。她伸一个黑手并采花，把草帽放在树根上。

“你坐一下吧！如果你如此站太阳下面，你会发生日晒病。”

我就坐在她对面。她把采了的花放在花白头发里。一眼看她的姿态和行动就一定能猜她是一个非常自然的人女。虽然我害一点羞，但是我十分喜欢她热情的态度。她也像是个有又多又苦的经历：她有个布满皱纹的额头和淡色眼睛的目光。

她忽然唱起歌来，嚼着一根草。她就像一个大自然的产物，让我回想人类根本是个动物。

这天我们连一句话都不说，可是从那时候以来，我们经常在这棵树下面见面。她每次讲述她碰了的运气。

为了让您了解她的勇气，我想给您介绍她生第一个儿子的故事。

那天，她的丈夫不在家因为他要卖伊莎贝拉做的项链。她就一个人在外面浇花园。突然收缩使她屈膝，差点跌倒在地。她立刻懂马上会生孩子。虽然她只十九岁，但她保持冷静到我们常去下面的树。她带了毛巾和绳子。她把毛巾放在草上，并把绳子系树的最低是大的枝。三、四个小时之后，她紧紧抓住绳子，蹲下毛巾上面，才开始推以帮助婴儿出去。当她太精疲力尽的时候，她双手抓住绳子把自己吊起来。不觉好久以后，她把儿子拿起来就高兴得直掉泪。只是那时候丈夫才回家。伊莎贝拉听到发动机声就大喊令他跑到树下。丈夫就能自己切脐带。

她对我诉说这个故事，我不由得泪如雨下。她是那么有勇气的女生！固然她穿破旧衣服，她的身材不优雅，她的脸像一个老妇的，但她的心里有金，她的灵魂有火，她的友情是我最贵重的财宝！

下面是来自韩国的学习者李贤美写作的汉语作文。

例文：　　　　一个难忘的人（原文）

［韩国］朴贤美

刚到中国上小学的时候，我对汉语是一无所知。因此我的父母请了一位大学生来当我的家教老师。对她的第一印象是“好清醇”。老师的肤色白皙，那白里透红的脸颊，那忽闪忽闪的大眼睛楚楚动人，而且她似乎一直都带着笑意，弯弯的，像是夜空里皎洁的上弦月。给人带来一丝暖意。

我的老师出生于农村，因此她不像其他中国学生是家里的小公主，她有一个弟弟要她来照顾。所以她就比较懂得如何关照他人，尤其是如何教导一个孩子。刚开始我对汉语毫无兴趣，觉得学习汉语实在是枯燥乏味。不管老师怎么教我，我都是左耳进，右而出。从来没有专心学习过。老师对此也无可奈何，直到有一天，她突然拿来了 DVD 光碟，说要我陪她一起看电视剧。那部电视剧是当时轰动全中国的《还珠格格》。看着看着，我慢慢地被这部电视剧迷住了，不分昼夜，只要一有时间就看。老师便在我的身旁，一一地把一些成语或古诗解释给我，跟我一起把这些生词记在本子上。这样随着时间的流逝，我慢慢地积累的不少的词语及成语。在老师的帮助下，我的汉语水平突飞猛进，几乎没有很大的语言障碍了，而且对汉语产生了极大的兴趣。

对我来说，我的老师不仅仅是一个家庭教师，她更像我的亲姐姐一样。有一次，我从学校回来，因为和同学发生了一点矛盾，整天神魂颠倒，毫无精神。她看到我失魂落魄的样子，没有多问，只是紧紧地抱着我说："我们中国有这样的诗句'山重水复疑无路，柳暗花明又一村'，我不太清楚你现在面临的问题是什么，不过那些事情总是会过去的，不管你现在又多困难，只要渡过这个难关，你又会迎来幸福的日子，所以不要太伤心难过了。"听到她的这一番话，心里觉得痒痒的，在老师的温暖的怀里，感到了一种安全感。

我和老师就这样一直处了3年，在这3年里她经常在我家陪我吃饭、学习、看电视、聊天，甚至还像一个闺密一样一起躺在床上睡觉。直到她大学毕业，要回自己的老家工作了，我们俩才不得不分开。在她搬回老家的那一天，她来到我家和我们家人告别，我没有打开我的房门，也没有出去看她一眼。因为我怕如果我出去和她道别的话，我们俩就从此天各一方，很难再次相聚，所以就呆在房间里翻看她教给我的一些古诗、名言警句。当时我看到这样的一句一直在我脑海里 "月有阴晴圆缺，人有悲欢离合，此事古难全。"托她的福，我又懂得了人生的道理。

之后，因为我忙着回国适应，慢慢地和她失去了联络，我们俩没有了各自的音讯。不过每次看到她教我的古诗的时候，我都会时不时地想起她。虽不知她在此时此刻在干什么，不过我相信在她的记忆里，肯定会有我这个小妹妹的。

在索菲笔下，伊莎贝拉的动作、语言、表情、行为，透露出法国启蒙主义思想，好像一幅西方油画。而在朴贤美笔下，"我的老师"却是一位典型的东方美人。

从她们对人物的描写，可以看到东西方绘画和文化思想的影响，仿佛分别是用西方的焦点透视法与东方的工笔白描法画出来的人物。

我们看到，她们二人都运用汉语作为二语，富于表现力与造型性的语言，塑造出具体可感的人物形象，使之栩栩如生，跃然纸上。

一是人物形象中的东西方思维方式。

1. 法国留学生笔下的人物肖像——焦点透视下的光与影

焦点透视法要求画家作画时，把客观物象在平面上准确地表现出来，使其形象、位置、空间与实景感觉相同，具有立体感和远近空间感。这一思想从绘画延伸到文学艺术，对西方人用二语写作也产生了影响。

在西方，写作者也如同画家，应该走出去，深入原野、乡村和街头，伊莎贝拉即是索菲五年前在法国故乡认识的茨冈女人。作者第一次看见她，是在法国南部的田野散步：

我在一棵树下走就见一个穿一件打满补丁的连衣裙。

这便是索菲对伊莎贝拉外貌的描写。宛如西方油画中的人物，在描写人物的造型、服饰和举止上表现出夸张、跳跃、鲜明而具体的特征，观察十分细微，体现出追求色彩、光与影的艺术效果，令读者仿佛身临其境，看到了西方油画中栩栩如生的伊莎贝拉：

我从沾泥的折边到领看着这个矮胖的女人。

她从一丁草帽下对我微笑。

她的身村高达，她的眼睛我都看不见因为帽子的阴影盖着脸的上面。

她也像是个有又多又苦的经历：她有个布满皱纹的额头和淡色眼睛的目光。

她穿破旧衣服，她的身材不优雅，她的脸像一个老妇的。

她弯下腰就坐地上。她伸一个黑手并采花，把草帽放在树根上。

她把采了的花放在花白头发里。一眼看她的姿态和行动就一定能猜她是一个非常自然的人女。

她听得懂我呆若木鸡是由于她给我以深刻印象，就放声大笑。

她忽然唱起歌来，嚼着一根草。她就像一个大自然的产物。

索菲认真观察沐浴在光线中的伊莎贝拉形象和自然景色，寻求并把握色彩的冷暖变化和相互作用，用线条和明暗作完整的素描，罩上一遍或多遍透明颜色，形成丰富厚实的形体与色彩关系。

索菲赋予伊莎贝拉一种极其自然的色彩，浓墨重彩地将一个健壮、友善、开朗、劳苦、坚强的劳动妇女形象立体地展现在我们“眼前”，在弥漫着一种深沉、充满现实主义画风的氛围中，把一个历经生活艰辛的形象衬托得更加深刻。

这不由得让人想起 19 世纪法国现实主义画家让·弗朗索瓦·米勒（Jean-Francois Millet，1814—1875 年）的名画《拾麦穗》中的劳动妇女——在富于浓郁的农村生活气息的画面上，米勒用迷人的暖黄色调描绘了三位在已收割了稻子的贫瘠的庄稼地里躬身拾穗的妇女形象，表现了人民生活的贫苦与艰辛，牧歌式地传达了米勒对农村生活的挚爱。

18—19 世纪，法国兴起“法国浪漫主义”艺术流派，表现“自由的具体的心灵生活”，在画面构成上喜欢多动态的动感表现，在构图、光线、色彩、人的动态表情等方面，表现了艺术家丰富的想象力，而这种思想也被应用到写作之中。

西方写人如同油画的“焦点透视”，就像照相一样，固定在一个立脚点，受到空间的局限，摄入镜头的就如实照下来。我们看到近镜头下，伊莎贝拉的脸在“一丁草帽下”，是怎样的光景呢？只见她“布满皱纹的额头和淡色眼睛的目光”，完全符合作者对自然光线的视觉记忆。镜头又摇远了一点，只见“她伸一个黑手并采花”，“她把采了的花放在花白头发里”，体现出黑白对比所产生的强烈视觉效果。

伊莎贝拉的眼神透露着通达、泼辣、自信与俏皮，而她的行动表现出强健、开朗、热爱自然的个性，抒发出极强的乡土气息，传达出索菲对乡间生活的向往，对淳朴农妇的敬重和对诚实劳动的赞美。

西方绘画中的空间就是这样把视觉的三维心理感觉在二维平面表现出来，力求表现出三维立体空间，唤起观者对现实中空间感的契合，以获得美感。

索菲以看似随意，实则准确的手法，把她记忆深处当时情景中变幻不定的光色效果用二语——汉语的书面语记录在异国的文本上，给读者留下瞬间即永恒的印象。

2. 韩国留学生笔下的人物肖像——传统工笔白描中的单线平涂画法

东方传统的写意人物表现形式（造型）多为二维平面空间，讲究再现人物的神采，即“以形写意”。用概括而简练的线条和墨块，追求“似与不似之间”的意象神品。写人注重写神，神在先而形在后，在传神的同时，达到“似形写神，神形兼备”的造型过程。

朴贤美笔下的“我的老师”的身影仿佛用淡墨渲染，表现出东方式和善聪明、热情纯真、富于灵气的性格特征，令读者仿佛看到了东方绘画中气韵生动的女子肖像。

在写“我的老师”的外貌时，朴贤美显然采用了东方传统的工笔白描式刻画人物的写作方法，即不要求写全貌，重在以“形”传“神”，即通过对某些外部特征的描写以揭示这个人物的性格，突出文章中心思想。

对她的第一印象是“好清醇”。老师的肤色白皙，那白里透红的脸颊，那忽闪忽闪的大眼睛楚楚动人，而且她似乎一直都带着笑意，弯弯的，像是夜空里皎洁的上弦月。给人带来一丝暖意。

仿佛用毛笔墨线简洁地勾画出“老师”的面貌轮廓。在骨相学所说的五岳的中心部位稍加淡彩，以淡而亮的肤色作主色，以对眼睛的刻画作为取神的重点，画龙点睛，从而突出人物“清醇、温暖”的感觉。尤其是眼睛，好像用了笔法细腻的工笔白描，塑造出一个清纯朝气、活泼愉快的形象。

中国传统绘画以墨色为主，运用极富表现力的线条来表现客观物象的神韵，在流动变化的视点中，整体把握所描绘的对象，并在营造空间意境中，利用虚实、留白对比的手法，向观赏者展现了一个意境深远的情感空间。而在写作中，东方描写人物也显得比较抽象，追求神似，往往用一种淡淡的、旁叙式的语言风格描叙人物——这便是二维平面化表现手法在写作中的应用。

如果我们熟悉明清小说中的人物描写，就会发现韩国留学生的写人方式与中国传统写人方式如出一辙。而中国传统写人的方式深受中国传统绘画中工笔白描的影响。那么，为什么韩国留学生笔下会如此表现呢？

追溯历史，同处世界东方的中、韩两国在地理位置上隔海相望、同气连枝，文化友好交流相当密切。中国是有着五千年悠久历史的世界四大文明古国之一，是“汉字文化圈”的发祥地，韩国传统绘画乃至写作技法都深受中国文艺的影响。在人物画的表现内容与形式上，中韩古代有极其相似的东方色彩观和构图观，如肖像画造型上浓重的符号化、典型化现象，形似与传神并重。“取神”部位主要集中于人物面部，尤其注重从皮肤状态、表情肌、五官去观察人物，以表现人物的精神意图。

从对朴贤美的描写，可见这一传统思想对今天的韩国人在书面表达上的影响。

二是人物动作中的东西方思维方式。

1. 法国留学生笔下的人物动作

索菲对伊莎贝拉的动作描写非常丰富：

她弯下腰就坐地上。她伸一个黑手并采花，把草帽放在树根上。

她把采了的花放在花白头发里。

她忽然唱起歌来，嚼着一根草。她就像一个大自然的产物。

她就一个人在外面浇花园。突然收缩使她屈膝，差点跌倒在地。她立刻懂马上会生孩子。虽然她只十九岁，但她保持冷静到我们常去下面的树。她带了毛巾和绳子。她把毛巾放在草上，并把绳子系树的最低是大的枝。三、四个小时之后，她紧紧抓住绳子，蹲下毛巾上面，才开始推以帮助婴儿出去。

当她太精疲力尽的时候，她双手抓住绳子把自己吊起来。不觉好久以后，她把儿子拿起来就高兴得直掉泪。

只是那时候丈夫才回家。伊莎贝拉听到发动机声就大喊令他跑到树下。

索菲笔下对伊莎贝拉一系列连动的举止行动的具体描写，达到了如见其人的效果，表现出伊莎贝拉的个人魅力与传奇经历。尤其是描叙伊莎贝拉产子的过程，作者就像在摄像一样，把孤独无助中勇敢镇定的伊莎贝拉的系列行动摄入镜头，并细化动作，表现出三维空间的“逼真动感”，体现出一种叙事的“写实性”，通过动态的时空立体地呈现出伊莎贝拉个人的奋斗和英勇行为。

这种摄像效果的产生得益于透视法。通过透明的“第四堵墙”的舞台效果，读者从自己“这一面”看见了伊莎贝拉的形象以及位置、空间、时间和系列动作，从而直窥人物心灵。

2. 韩国留学生笔下的人物动作

东方绘画立足于二维空间内进行表现，尤其讲求神似。因此，朴贤美关于人物动作的描写，主要是从下面这些动态描写中表现出来的。

她有一个弟弟要她来照顾。所以她就比较懂得如何关照他人，尤其是如何教导一个孩子。

老师对此也无可奈何，直到有一天，她突然拿来了 DVD 光碟，说要我陪她一起看电视剧。……老师便在我的身旁，一一地把一些成语或古诗解释给我，跟我一起把这些生词记在本子上。

她看到我失魂落魄的样子，没有多问，只是紧紧地抱着我说……

在这3年里她经常在我家陪我吃饭、学习、看电视、聊天，甚至还像一个闺密一样一起躺在床上睡觉。……在她搬回老家的那一天，她来到我家和我们家人告别……

与西方同学相比，东方同学关于人物动作的描写可谓模糊不清。也许可以喻为泼墨法的应用吧。

如果说工笔手法最宜用在人物肖像的描绘中，那么大写意这种雄浑大气的泼墨技法便常用于塑造人物形象的叙事过程中。

相较于索菲，朴贤美对人物音容笑貌着墨并不多，却在此采用大写意的手法，在一系列动态中勾勒出“我的老师”的轮廓，好像看皮影戏，虽只在三言两语间建构，都取得了传神而简约的效果。

三是叙事中蕴藏的东西方思维方式。

1. 法国留学生笔下的西方叙事方式

法国，堪称西方文化的代表，有着浓厚的西方文化氛围和文化环境。在西方，个人英雄主义是个人主义与英雄主义的集合。关注“自我”，以人为本，崇尚个人英雄、民主和民权，渴望自由，推崇理性、严谨的思维方式，追求现世生命价值和个人价值的实现。这些价值观念深刻地影响着西方人的思想体系。自小接受西方个性化教育的索菲无疑耳濡目染，即使是用汉语写人叙事，也表现出强烈的西方审美特征。

有着“又多又苦的经历”的伊莎贝拉，有很多不平凡的经历，“她每次讲述她碰了的运气”，其中一件事是“她生第一个儿子的故事”。“那天，她的丈夫不在家”“她就一个人”“她只十九岁”“她保持冷静”“她带了毛巾和绳子”“紧紧抓住绳子，蹲下毛巾上面”“推以帮助婴儿出去”“抓住绳子把自己吊起来”“把儿子拿起来就高兴得直掉泪”“大喊令他（丈夫）跑到树下”。

这一系列富于连贯性的动作描写将伊莎贝拉个人的奋斗和英勇行为呈现出立体化的状态，将伊莎贝拉的“英雄”行为表现到了极致。伊莎贝拉并不是古希腊史诗中所向披靡的古典英雄形象，不是实现远大抱负的骑士英雄形象，也不是文艺复兴时期的王子英雄形象，而是一个平凡普通的劳动妇女。但这一系列描写使得伊莎贝拉与那些名著中的英雄人物一样带有鲜明的民族和国家特色，具有强烈的时代感和人格的震撼力，而且索菲像称赞英雄一般深情地称赞她：

她是那么有勇气的女生！固然她穿破旧衣服，她的身材不优雅，她的脸像一个老妇的，但她的心里有金，她的灵魂有火，她的友情是我最贵重的财宝！

索菲写作的故事告诉我们，克服苦难、战胜自己就是英雄，伊莎贝拉在最危急无助的时刻机智勇敢地独立化解困难，表现出不同于一般人的能力和品格。

索菲对这位平凡人物所作的个人英雄般的演绎，也使我们不由自主地对故事主人公的英勇深感钦佩，惺惺相惜。

这种张扬个性、追逐理想、舒展性情的叙事范式，与东方写人叙事含蓄、追求中和美的范式相比有着很大的区别，归根到底是文化的差异性造成的。

2. 韩国留学生笔下的东方叙事方式

索菲只写一事，使人如同看了一场戏。而朴贤美写了三件发生于不同场景中的事以及概述三年里两人的许多往事，每件事都只是点到辄止，不同时空中发生的诸多事情被组织成一个动态的过程，其中影影绰绰晃动着人物模糊不清的身影。其实，这种写法在很多来自东方国家学习者作文里普遍存在。

在朴贤美笔下，散点透视的叙事方式表现得非常明显。下边用几件事情来叙述两人的交往。

有一天，她突然拿来了 DVD 光碟，说要我陪她一起看电视剧。……看着看着，我慢慢地被这部电视剧迷住了，不分昼夜，只要一有时间就看。老师便在我的身旁，一一地把一些成语或古诗解释给我，跟我一起把这些生词记在本子上。这样随着时间的流逝，我慢慢地积累的不少的词语及成语。

有一次，我从学校回来，因为和同学发生了一点矛盾，整天神魂颠倒，毫无精神。她看到我失魂落魄的样子，没有多问，只是紧紧地抱着我说……

在她搬回老家的那一天，她来到我家和我们家人告别，我没有打开我的房门，也没有出去看她一眼。因为我怕如果我出去和她道别的话，我们俩就从此天各一方，很难再次相聚，所以就呆在房间里翻看她教给我的一些古诗、名言警句。

在这些略显抽象的描述片段里，一直晃动着“我的老师”模糊不清的身影。这里，朴贤美挑选了三件发生于不同场景中的事，每件事都只是大概叙述，点到辄止，很少立足于某个情节对人物动作进行联动的描写，而且始终是以一种充满强烈主观色彩的叙述方式介绍人物。尤其是这一段：

我和老师就这样一直处了 3 年，在这 3 年里她经常在我家陪我吃饭、学习、看电视、聊天，甚至还像一个闺密一样一起躺在床上睡觉。

朴贤美为了说明“我的老师”与“我”相处三年的动态全过程，把不同时间、不同空间发生的事情组织在同一个语段里，不断移动立脚点，把各种人、事、景物统统摄入自己的作文，使读者在许多个不确定的点上，行进式地了解作者与老师三年中相处的经过。

那么，东方式写人为何不求具体真实呢？

这是因为东方叙事秉承了东方绘画“散点透视”的特点，既然不一定固定在一个立脚点作画，也不受固定视域的局限，那就可以根据写作者的感受和需要，移动立脚点，故视域以外的东西，以及跨越时间的场景，也都能统统摄入其中，而色彩表现也以作者的主观意象为主。散点透视式写人叙事的方法必然带来“似与不似”的表现效果。

这种东方叙事表现出珍珠散点式的特点。这是中国小说与绘画相同的一种叙事表现手法，即一切根据作者的感受和需要而定——写人叙事从不受固定视域的局限，也不固定在一个立脚点描叙，可能会在某个节点作短暂停留，即使注意到了物象的形体结构，也并不具体表现，光影变化上模棱两可，此即所谓“心视”——把客观意象积累收藏于心中，然后去表现事物的实质。

韩国不仅与中国书画同源，还深受中国写人叙事方式的影响，即不专门重点描述一件事的写作习惯，往往写很多事，但事事点到即可。

古代韩国没有自己的文字，一切政府公文及文人作品皆用汉语写成，直到李氏朝鲜建立后，才在世宗大王的命令下参照中国的音韵学创制了新文字，于公元 1444 年颁布了拼音文字“训民正音”。但此后的数百年间，汉字仍是官方通行文字。汉字在韩国不仅是记录汉语的文字符号，也是负载汉文化知识和观念的全息标志，使接受中国文化影响的韩国社会和文化在自身发展进程中形成了许多与中国相同和类似的思想文化背景。

韩国与中国两国学术文化交流历史很悠久，韩国人自古以来一直喜欢看中国古代小说。朝鲜时期中国古代小说具有珍贵和特殊价值。①

中国的绝大部分优秀小说都能在韩国找到。韩国人还模仿中国小说，用汉语创作小说，韩国的古代小说史上的小说很大一部分是由汉文小说组成的，韩国汉文小说的思想内容、情节结构及艺术手法等都深受中国影响。

韩国的汉文文学发展到这种水平，已仿佛中国本土之文学。这时韩国大地上已经出现真正的汉文文学，汉文文学的作者队伍亦人才辈出。②

所以，韩国传统的写人叙事的表现方法和技巧、叙事态度和叙事视角与中国的传统叙事可谓一脉相承。虽然时过境迁，但这种影响已经融入韩国民族文化深层，今天仍在，朴贤美的作文便是证明。

四是价值观中的东西方思维方式。

1. 法国学习者叙事立足于个人英雄主义价值观

索菲笔下的伊莎贝拉让我们窥见西方写人叙事的特点，即强烈的视觉冲击力和个人主义、英雄思想。与东方相比，西方更注重对独行侠类型的个人英雄主义的表现。

如前所述，在索菲富于个性化情感表达的审美眼光里，伊莎贝拉首先是个充满“个性”的人，充满了人物形象上的西方符号。

“她从一丁草帽下对我微笑”，“低音”说话，不时会热情爽朗地“放声大笑”，还会“忽然唱起歌来，嚼着一根草”，随便“弯下腰就坐地上”“伸一个黑手并采花”“把采了的花放在花白头发里”“就像一个大自然的产物”。

索菲写出了她观察到的那些能够表现伊莎贝拉个性、脾气、精神和姿容的现象，并通过透视、明暗和色彩等手段实现纵深空间形式的建构特点，让我们感受到伊莎贝拉的精神力量和人格魅力，表达出作者个人强烈的情感。

---

①［韩国］洪瑀钦. 韩国文学接受中国文学影响的历史［J］. 吉林师范学院学报，1999（2）.

②［韩国］赵润济. 韩国文学史［M］. 北京：社会科学文献出版社，1998：4.

其实，这种“个性”具有西方文化的典型性和普遍性。西方文化把每个人都看做独立个体，强调个人的本质力量，从古希腊史诗中所向披靡的古典英雄形象，到实现远大抱负的骑士英雄形象，再到文艺复兴时期的王子英雄形象，再到现代个人英雄主义形象，无论是绘画作品还是书面语作品，其中传达出来的都是追求个性解放，强调自我价值的西方价值观。

2. 韩国学习者叙事传达出的东方集体理念

由于东西方在空间表现及观察方式的差异，作为社群主义为主的东方与崇尚个人主义的西方在写人叙事上也有着巨大差别。东方社群主义要求优秀人物应承载很多集体责任，忽视个人利益，牺牲个人欲望，专门利人。

我的老师出生于农村，因此她不像其他中国学生是家里的小公主，她有一个弟弟要她来照顾。所以她就比较懂得如何关照他人，尤其是如何教导一个孩子。

这就体现出儒家文化的厚德精神和德行美学，忠孝谦让、勤劳善良、尊老爱幼等传统东方美德似乎是所有东方故事必须承载和传达的，这是传统儒家思想中的美德观念在留学生汉语作为二语作文这种载体和新的传达方式上的重新表达。

紧接着，在一系列叙事中，“我的老师”被当作道义的化身、儒教的典范来推崇。首先，文章表现了姐妹似的亲情，反映出儒家思想重视血缘亲情与人伦之爱的特点。

我的老师不仅仅是一个家庭教师，她更像我的亲姐姐一样。

听到她的这一番话，心里觉得痒痒的，在老师的温暖的怀里，感到了一种安全感。

我相信在她的记忆里，肯定会有我这个小妹妹的。

其次，对老师教导有方称赞有加。

有一天，她突然拿来了 DVD 光碟，……把一些成语或古诗解释给我，跟我一起把这些生词记在本子上……在老师的帮助下，我的汉语水平突飞猛进，几乎没有很大的语言障碍了，而且对汉语产生了极大的兴趣。

天地君亲师，为中国儒教祭祀的对象，尊师重教、师道尊严是儒教根本。这里“我的老师”诲人不倦、循循善诱、专门利人的特点印证了传统儒教审美价值观与传统道德标准。

再次，说话富于儒教色彩。

她看到我失魂落魄的样子，没有多问，只是紧紧地抱着我说："我们中国有这样的诗句'山重水复疑无路，柳暗花明又一村'，我不太清楚你现在面临的问题是什么，不过那些事情总是会过去的，不管你现在有多困难，只要渡过这个难关，你就会迎来幸福的日子，所以不要太伤心难过了。"

托她的福，我又懂得了人生的道理。

与索菲笔下的伊莎贝拉相比，"我的老师"举手投足充满了含蓄、典雅，追求刚柔相济的中和之美，表现出东方儒家文化熏陶下的女孩子的内敛性格，她温文儒雅的话语完全契合儒家对妇女"德言工貌"，即妇德、妇言、妇容、妇功的训诫，体现出"仁义礼智信，温良恭俭让"的社会伦理。

这些描写，体现着韩国人民思想上对淳厚、严肃、庄重的东方儒家礼仪的传承。

这种二维平面的叙事方式，其实是一种削弱明暗立体表现而注重平面化效果的绘画特征，这种特征往往自然而然地产生集体主义思想，并且会自觉或不自觉地宣扬道德行为模范榜样，而这些正好是东方绘画与写人叙事的常见主题，尤其汉字文化圈流行的故事多有因果报应、道德训诫与教化的色彩。

朴贤美笔下"我的老师"便是一个拥有完美人格的道德模范。写作者情不自禁地以鲜明的态度同情、赞扬正面主人公，抑丑扬美、劝善惩恶，甚至把正面主人公作为某种德行，如师道的化身。

五是东西方的碰撞与互补。

鲁迅先生在《且介亭文集》中写道："只有民族的，才是世界的。"

对于共同学习汉语作为二语的来自世界各国的留学生而言，互相欣赏异国同学的汉语作文是很有魅力的，原因就在于与同窗近在咫尺却能管窥其遥不可及的传统价值观，这种新奇感和距离感是非常特别和强烈的。最个人化、最民族化的东西，如果通过大家共同学习的第二语言——汉语，得到分享或表达，就可能让"地球村"的人们一同深入一个又一个遥远的世界，这最个人化的东西便成了世界上最普遍的东西。这里将东西方留学生作文中写人叙事的个例置于东西方绘画方式中进行考量，由此我们便可管窥到东西方系统写人叙事方法的差异和东西方思想精神追求的异趣。

在跨文化传播的同时也是对传统艺术形式的传承。从东西方人物所承载的民族价值观中可以看出，不同地域的不同民族有着不同的民族性格特征，不存在优与劣的差异。留学生汉语作文在此成了一种民族文化交流的载体，作为一种具有民族性的文化符号，就需要符合本民族文化传统和民族性格。

（二）二语思维促进二语书面表达能力的提高

二语学习者多是成年人，成人的思维活动是内心的、无声的、默想独白式的，与说话时的思维活动相比较，写作时的思维活动更为专注、活跃、深入，因此成人写作时往往思维先行，语言置后。

不少二语学习者虽然语言水平不够高，但其作文呈现出思维水平超过语言水平的现象。例如来自俄罗斯的苏柳同学的作文《配钥匙》，记叙了他在北京遇到的一件事情。

例文：　　　　　　　　配钥匙（原文）

［俄罗斯］苏柳

我想起了一个故事。

几年前我不小心买了一本俄中短语手册。

我把它拿去书店找零。

我翻阅它，试图记住几个生词。

几天后，我去建筑市场做了一个重复的钥匙。我看–一个微型年轻的中国女人正坐在一个工作台，制作钥匙。

他上来了。

«喂！»–我说“你好”

他很积极的回应我»你好！»

我给她看钥匙，然后我问他“多少钱”

她比划着要显示钥匙要花多少钱。

我回答“好的”

我把钥匙给她她很快就复制了。他把钥匙交给我。我对她说«谢谢！»。

她微笑着开始说中文。他说中文说的特别快。这么活泼，打手势。

我像个傻瓜一样站着，微笑着。«喂！»我说。

她停在中间句子。然后她意识到我从她的故事中什么都不明白。她开始笑得那么厉害，她几乎从工作台上掉下来。到眼泪的地步，简单地说，用尖叫声。然后她跳了起来，吻了我的脸颊，说了很久，»你好，多少钱，谢谢。»

然后我看到她几次，我会说»你好»，她笑着»谢谢。

这个故事由于语言表达能力不足，读起来让人莫名其妙。为了让作者的意思能够呈现出来，我们对其语言进行了修改和补充。

例文：配钥匙（有修改）

［俄罗斯］苏柳

几年前我不经意地看见一本《俄中短语手册》，便买下了它。我经常翻阅它，试图能够多记住几个汉语生词，但可惜还是没能记住太多。

几天后，我去建筑市场配钥匙。看见一个年轻的中国女人正坐在工作台上给人配制钥匙。

一看见我，她就主动跟我打招呼："喂！"

我说："你好！"

她很积极地回应："你好！"

我给她看钥匙，然后问她："多少钱？"

她比画着告诉我要花多少钱。

我回答："好的。"

我把钥匙交给她，她很快就配制好了。

她把钥匙交给我，我说："谢谢！"

可能她当时想起了自己经历的一些特别有意思的事，想分享给旁边站着等待的我，以免我感觉无聊。于是她微笑着，一边干着手上的活儿，一边滔滔不绝地自顾自地说起话来。她说中文的语速特别快，而且她一边激动地说话，还一边打着手势。啊，原来她是一个这么活泼的人！

但汉语贫乏的我像个傻瓜一样站着，一直微笑着看着她。

“喂！”我终于忍不住说。

她话刚说到一半，忽然停了下来。这下她意识到我其实什么都没听明白，于是放声大笑起来。她笑得那么厉害，笑得弯下了腰，几乎从工作台上掉了下来，竟笑到了眼泪流出来的地步，而且还发出了无可奈何又自嘲自讽的尖叫声。

然后她跳起来，吻了我的脸颊一下，滑稽地学我说中文：“你好，多少钱，谢谢。”

……

这件事之后，我又见到了她几次，每次我都会跟她打招呼：“你好！”

她也都笑着拉长声音回答：“谢谢！”

通过润色修改，我们可以看到这个笑话内容十分生动，它讲述了一个作者去建筑市场配钥匙，但由于不会说汉语，所以和中国人沟通不畅的故事。故事叙述得很完整，清楚地将自己的意思表达了出来。它通过对话、动作的描写，生动出色地表现了人物独特的性格。假如把这个笑话搬上舞台，你会怎样表演这位女子的语言、动作、表情呢？一定非常生动有趣吧！

从作者描写人物的方式不难发现，在对这位配钥匙的女士的描写上透出了俄罗斯民族思维的底色。

俄罗斯人的思维特点是具有浓厚的民族性，注重人物的内心世界描写。善于刻画复杂而丰富的人物形象，俄语写作中常见的一种手法是铺陈冗长的描写，这种描写可以让读者产生强烈的感觉，使读者更好地理解事物的细节和情感。

俄罗斯人擅长铺陈冗长的描写和生动的叙述，例如：

她微笑着开始说中文。他说中文说的特别快。这么活泼，打手势。

通过这样的描写，读者能够感受到这位女士的热情、外向、开朗和活泼。

夸张是俄语写作中一种常用的手法，通过夸张可以增强作品的感染力和戏剧性：

她意识到我从她的故事中什么都不明白。她开始笑得那么厉害，她几乎从工作台上掉下来。到眼泪的地步，简单地说，用尖叫声。

这样夸张的描述深入揭示了这位女性的内心世界，使读者对其产生了深刻的印象。

作者还把“我”和“配钥匙的女人”进行对比，突出了人物的差异和冲突：一男一女；一个沉默不语，一个说个不停；一个沉醉在表达的故事中，一个完全不解其意。这样的对照可以更好地展示出两个人物的性格特点，使这个笑话更加生动和有趣。

由于作者汉语水平不太高，词穷语少，虽然极尽所能地利用所掌握的简单的汉语词汇和语法表情达意，但语言表达的“痛苦”是显而易见的。

其实但凡有过写作经历的人都曾深感“语言的痛苦”，即写作时词语的运用与思想情感的表达之间出现的不吻合状况。俄国诗人纳德松也曾表达过这样的困惑：

世上没有比语言的痛苦更痛苦的了。①

中国南朝的文艺理论家刘勰说：

文之思也，其神远矣。故寂然凝虑，思接千载……方其搦翰，气倍辞前，暨乎篇成，半折心始。何则？意翻空而易奇，言徵实而难巧也。是以意授于思，言授于意……（《文心雕龙·神思》）

意思是说：文章在构思的时候，人的精神活动是广阔无边的。因此（人在）静静地凝神思虑的时候，他的思绪（也）可以上接千载……但当他刚拿起笔的时候，在遣词行文之前，才气倍盛，但等到文章写成，效果却仅及预想的一半。为什么呢？（这是因为）凭空想象，容易显得奇妙，但语言是实实在在的，就难以见巧了。因此，文意来自构思，语言又受到文意的支配。

母语者尚且如此，二语学习者就更是不易。

但二语学习者有着成熟的思维特点和强烈的表达动机，能够明显促

① 何明. 写作语言学［M］. 长春：东北师范大学出版社，1998：10.

进其语言表达能力的提高。这位苏柳同学在一个月后的作文中就有了明显的进步。

例文：　　　　　　　　我的堂弟（原文）

［俄罗斯］苏柳

我有很多亲戚，他们都很不同。有人喜欢开车，有人喜欢做饭，有人喜欢画画儿。其中有我的堂弟，以下我想给大家讲关于他的。

我从小时候跟他一起玩儿，所以我知道他是什么样的人。他是一个非常有趣的人，而且很有幽默的人。他常常跟家人开玩笑。对我来说这样的行为我觉得很有意思的。不过，他在学习方面非常认真，他的学习成绩都是很好的。

老师们都喜欢他。还有他是一个十分准时的人。每次考式他都不会吃到，假期的时候他一定会去找工作，如果他找到了一份工作，那他连一分钟也没有迟到。我觉得他对工作一真这样的态度，这样一来，他一定会当老板。

他非常喜欢打排球，排球打得不错。有一次他当过冠军。可是他最喜欢的是打篮球，无论是下雨，下大雪他都去打。有空的时候他爱跟朋友们一起玩儿游戏，有时候会玩儿一夜里。

从苏柳同学一个月后的作文，可以看到二语思维对促进二语写作的作用。同是写一个人，作者从“他是一个非常有趣的人”“他在学习方面非常认真”“他是一个十分准时的人”“他非常喜欢打排球”四个方面写出了堂弟这个人。与前文相比，语言更加通顺流畅，而且也更有条理。

可见通过激活和提高二语思维能力，能使学习者更快、更好地增强二语书面表达能力。正如意大利俗语所言：

思想有生命，笔下有语言。①

中国的刘勰也说：

夫文心者，言为文之用心也。

① 语言名句集锦·国际卷［M］，北京：北京语言大学出版社，2012：意大利俗语，88.

日本人也拿着饭碗吃——对日本人来说不拿着饭碗吃的话，简直像狗一样不好看；可是韩国完全不一样，在韩国不应该拿着饭碗吃饭，我们韩国人认为那样是没有礼貌的表现。如果谁被别人看见是那样吃的话，那么这个人肯定会被批评没接受过良好的家庭教育。就是这样，我们的文化的不同会带来一些误会。

再比较酒文化。中国人喝酒时，如果给别人斟酒，应该让酒漾出杯子才能表示自己的盛情，可是韩国人和日本人倒酒时一定只能把酒倒到杯子的三分之二的部分。韩国人认为如果跟中国人一样把酒倒到漾出杯子的话，就表示倒酒的人不喜欢我，想要我早点儿喝醉。

最后，三国关于付钱的方式也不相同。中国人很爱面子，大家一起吃饭后，我常常看见他们不管谁都抢着付钱，谁不抢谁就没面子；韩国人一般长辈付，不管谁挣钱多，都是让年龄大的人付；而日本人正好实行 AA 制。就是这样，这么小的方面都有文化不同。

我们这样有很多跟外国人交流机会的留学生或者要去国外工作的人，应该先了解各个国家的文化，只有宽容地看待他人的不同的文化，才会不造成误会。

这篇议论文对同属亚洲圈的中、日、韩三国的饮食文化从四个层面进行了对比，笔调幽默轻松，内容有趣。作者身处有“小小联合国”之称的北京语言大学，采集了中、日、韩三国学习者的日常饮食生活作为事实论据，产生了典型、生动的效果。

在作者的内语言以书面语形式呈现的过程中，如果着意提高学习者二语书面语表达的质量，将有利于提高其二语思维的质量。这是因为不断去“写”的行为不断地促动意识的增“生”。作者周边的校园内外无处没有中日韩餐厅以及来自中日韩的同学，在用汉语作为交际工具的交流中，作者将获悉的关于三国饮食生活的零散信息概括总结出“饮食的味道”“吃饭时的样子、用具”“酒文化”“付钱的方式”四个不同之处，将其作为分论点，将生活中的相关现象作为论据进行论证。

写作过程中，作者不断应用习得的词汇、语法、修辞等来编写成作文。思维自始至终围绕着中心论点和分论点，其思维活动不是直线形的，而呈旋转递进状，在不断修正、补充和概括中向纵深发展。草稿写完后，作者经过检查，不断发现原来思考设计的不周严之处，于是在教师的指导下不断进行增补完善，最后就形成了这篇作文。

可见利用书面语交际的方式，可优化学习者的思维。

第三章 汉语作为第二语言书面语的词语特点

汉语书面语和口语最明显的差异体现在词语上，二语学习者的书面表达中最常见的也是词语使用的问题。下面，我们先根据汉语学习者书面表达中突出的几类现象，稍做分析，再根据相关成果举例分析一些汉语书面语词语的特点。

第一节 学习者对掌握书面语体词语的渴求

“言之无文，行而不远。”丰美的词语，灵动的语言，飞扬的文采，读起来如风行水上——这无疑是中国人评价汉语书面语优异的关键。然而这个标准肯定不能用来要求学习汉语的二语学习者吗？

外国留学生往往苦于汉语表达时言词苍白浅陋，语言平淡如水，表达手段单调贫乏，甚至难以“达意”，究其原因，主要是汉语书面语输入不足，导致其汉语书面表达普遍呈现口语化倾向，对汉语书面语的感知、应用能力较低。即使存储不少词汇和语法知识，也难以有效解决连句成篇时力不从心、捉襟见肘的问题。

一、什么情况下该用书面语体词语？

学习者在学习、工作和生活中，时常需要用汉语书面语进行交流，但是因为主要学习的是通用语，因此写出来的文章就像“大白话”一样。

例文：　　“求职信”——我想当翻译（原文）

［俄罗斯］布扬

尊敬的××公司领导：

您好！

首先我想感谢您看了我的求职信，因为虽然您很忙，但找到了时间看看。我叫布扬，来自俄罗斯，今年 20 岁。是在一个俄罗斯的农村长大的，所以我会做各种各样的工作。在俄罗斯高中毕业了，然后去中国上大学，上北京语言大学特意学习了翻译的专业。我在中国的时候打工了翻译，当了学习俄语中国人的老师，所以我有一些经验。我的性格是比较内向的，但是工作上要是我开始了做一件事情，我肯定会做得成功，因为我喜欢的逻辑是越难越有意思。

2008 年我开始上小学，毕业的很好，然后 2012 年开始读高中，那时候因为青春期，所以不太重视了有一些课，所以只是注意了必修课。我已经很久关注您公司的各种各样的社交账号了，有一天我看到了您的公司在招聘翻译，一看到我就想想要是不是现在主动去应聘、不是现在写给您求职信，那以后我肯定没有机会，所以很快就决定在您的公司工作。我 2019 年一上大学就开始找一找适合我专业的公司，我看到过很多公司，但这些公司不如您的公司，我看了很多您公司的帖子和出版物。然后我开始关注您的公司，经过几个月的研究，我意识到您的公司跟其他的公司相比，您的公司各方面都很完美，而非常适合我的专业。

我的专业是汉俄翻译，虽然您的公司是中国的公司，但是我发现了您多地跟俄罗斯或者独联体国家合作，其中大多数人说俄语，因为是那边国家的矿业资源很丰富。上大学时我掌握了电脑上的 Word，PDF 等等，而且在中国的时候我考上了 HSK6 级。我从小喜欢运动，上高中或者大学的时候我都打排球，锻炼身体，所以公司遇到有一些困难的话，我可以不睡觉地工作。

再感谢您找到了时间看看我的求职信，希望我会来您公司的面试。祝您身体健康，还祝您的公司发展得更好。

为什么汉语作为第二语言学习者写作中会出现通篇“大白话”的现象呢？这是因为汉语作为第二语言教学主要采用通用语进行教学的缘故。在很多情况下，汉语书面语词和口语词常常没有鲜明的界限，更多被我们使用的是既可用于书面语中，也可用在口语中的通用性词语。

在考察中，我们发现，口语词和书面语词主要有两大类：一类是完全口语词或书面语词，一类是不完全口语词或书面语词……所谓不完全口语词或书面语词，指的是那些在众多义项中只有一个或两个词义项是具有口语或书面语色彩的，因此《词典》只予以局部标注的口语词或书面语词。①

口语与书面语本是两种不同的语体，语体不同，适用的语境也就不同。在表示同一个意思的时候，有一些词应该用于口语中，有一些词应该用于书面语中。如果用错，就会造成误会或尴尬。

例如见到地位比自己高的人，如领导、老师时，问候他的家人时说：“你老婆好吗？身体怎样？”“老婆”一词就用得很不得体，应该改成“您夫人”。

有一个真实的故事：

中国领导人邓小平爱抽烟。美国前总统老布什对于他爱抽烟的习惯也略有耳闻，有一次邓公接见老布什时，老布什先是询问了邓公夫人卓琳同志的身体是否安康。邓公一边抽烟一边感谢他的关心，“她身体没我好！”老布什一听十分惊讶，继续追问邓公。

“我知道你很喜欢抽烟，你的夫人也抽烟吗？”

听了老布什的疑惑，邓公知道他肯定是误解了，便马上笑着解释道：“她不仅不抽烟，还反对我抽烟。”他笑着对老布什说道，“我夫人时常这样说我，可是她不抽烟身体还没我好。”

老布什听到邓小平同志的解释，立马开怀大笑起来。几十年风风雨雨，那么多人劝诫邓公戒烟，可直到他80多岁高龄才真正戒掉了抽烟。

这个故事中有很多书面表达方式，如词语：略有耳闻、询问、夫人、安康、惊讶、追问、疑惑、误解、劝诫等，这些书面词语的运用，使得这篇有关中外领导人的趣闻就显得很生动，虽是很轻松的话题，但是书面化

① 李培蕾．“汉语教学用书面语词表”的研制［D］．广州：暨南大学，2015.

的表达，分寸拿捏得比较恰当。

在说一个人的样子很好看的时候，我们可以使用“美”，可以用“漂亮”，也可以用“美丽”，但是“美”只能在口语中使用，“美丽”则只能在书面语中使用，而“漂亮”则既可以出现在口语中，也可以用在书面语中。

又如，如果想说春天，口语只需要说“春天真好看！草都出来了。”但是这样写，就显得太直白，难以赢得读者的称赞。如果改成：“小草偷偷地从土里钻出来，嫩嫩的、绿绿的。”（朱自清《春》）那就非常生动感人。这种写作文的方式也不能用于口语，如果两个人面对面交流的时候说：“小草偷偷地从土里钻出来了！”就会让对方感到奇怪，不自然。

那么，有没有一些词是既可以在口语中使用，也可以在书面语中使用的呢？有的。这就是通用词语。口语与书面语其实在很多情况下并没有一个明显的界限，二者时常互有交叉。汉语中的大多数词既可以出现在口语语体中，也可以出现在书面语体中，口语可以用，书面语也可以用，称为“通用词语”。如“盐巴”是方言，通常用于口语，“食盐”是书面语，“盐”则是通用词语。

例如成语，一说成语，人们总会有一种误解，以为它是高度书面化的词语，其实成语中也有很多属于中性的通用语体的词语，以嵌有数字的成语为例：“一分为二”“一清二楚”“三心二意”“不三不四”“四平八稳”“四面八方”“五大三粗”“五颜六色”“五花八门”“七上八下”“乱七八糟”“七老八十”“九死一生”“九牛二虎之力”“十之八九”“十万火急”“十全十美”等，都是中性成语。还有偏口语语体的成语，例如“一时半会”“一来二去”“胡说八道”等。

可见不同成语的书面语化程度也不同。成语可分为常用和生僻两种，而常用的可再分成口语体、通用体和书面体三类。一部成语大辞典所收词条大约 18 000 多条，但只用于口语体的成语数量并不多，大多数是通用体成语，即口语和书面语中都可使用，当然也有一部分比较斯文——书面语程度较高的，只用于书面语。这三者的数量关系是：通用体成语＞书面语成语＞口语体成语。也就是说，通用体成语数量最多。

如前所述，口语与书面语本是两种不同的语体，口语词和书面语词的表达功能各有千秋，各得其所。语体不同，适用的语境也就不同。口语与书面语在表示同一个意思的时候，使用的词语却存在差别。有一些词只能出现在口语中，有一些词只能出现在书面语中。如果用错，就会造成误会或尴尬。

二、怎样分清语体？

口头表达并非都是俚俗的，也可以有不同的语体。用于正式交际场合的口头形式，如正式会议、活动上的主持词，经过加工，合乎标准语规范，体现出庄重典雅的书面语特点，可看作是书面语体的口头表达形式。如果不了解这点，就会表达不得体。例如二语学习者撰写的主持词。

例文：　　×国华虹高中毕业典礼主持词（原文）

亲爱的同学们、父母们、老师们，大家好！

感谢大家来参加我们学校第 15 届毕业典礼。我们学校 1 100 个在学生当中，今年的毕业生为 410 个同学。这届毕业生 2019 年 3 月 4 日入学，去年 11 月 18 日参加高考。通过这三年的喜怒哀乐，大家今天要毕业高中，走在进入美好社会的第一个地步。请大家为毕业的未来多祝福一下。

首先，请大家站起来向国旗敬礼。

（播放音乐）

结束！请大家齐唱爱国歌。

（播放音乐）

结束！请大家为殉国先烈而追悼。默念！

（播放音乐）

请大家坐下来。下列就是校长的祝辞。请校长上台。

（校长的祝辞……）

请大家给校长鼓掌。下列就是副校长的祝辞。请副校长上台。

（副校长的祝辞……）

请大家给副校长鼓掌。下列就是三年级部长，李老师的祝辞。请李老师上台，给大家讲讲祝辞。

（李老师的祝辞……）

请大家给李老师鼓掌。下列就是颁奖仪式。颁奖仪式会分最优秀奖和优秀奖。请 3 年纪 2 班李××同学和 3 年纪 12 班崔××同学上台！

（颁奖仪式……）

请大家给这两位同学鼓掌。

（掌声……）

下列就是毕业证授予仪式。请毕业生代表 3 年纪 3 班王××同学上台！

（授予毕业证……）

请大家给所有的同学鼓掌！

（掌声）

下列就是表演。首先我们先听一下 2 年纪 8 班吕××同学的吉他声。野菊花的每日与你一起和柳在夏的过去的日子！

（听歌）

请大家给吕××同学鼓掌！

（掌声）

下列就是我们学校学舞社团 D-DAY 的表演。请 D-DAY 同学上台。

（上台后）

那我们先看下 D-DAY 的跳舞表演！TWICE 的 LIKEY 与 SECHSKIES 的学院别曲！

（跳舞）

请大家给 D-DAY 鼓掌！

（掌声）

下列就是魔术表演。请 1 年纪 10 班 张××、朴××、孙××、金××、金×同学上台！

（魔术）

请大家给张××、朴××、孙××、金××、金×同学鼓掌！

（掌声）

下列就是唱歌表演。请 2 年纪 7 班 李××、吴××、2 年纪 3 班 姜××、2 年纪 4 班 南××、2 年纪 15 班 李××同学上台！李笛的水、全仁权的你不要担心！

（唱歌）

请大家给 李××、吴××、姜××、南××、班 李××同学鼓掌！

（掌声）

下列就是唱校歌。请大家站起来！

（唱校歌）

毕业典礼结束了。请大家回教室，授予毕业证书。再见！

这篇主持词虽然也用了一些书面语词，但可惜还没有充足地体现出正式活动主持词应有的庄重典雅的风格，甚至还出现了不少口语词，如“请大家为毕业的未来多祝福一下”“站起来”“给大家讲讲祝辞”“那我们先看下 D-DAY 的跳舞表演”“给大家讲讲祝辞”等。

我们对其进行了修改，并适当增添了主持词注重前后连贯衔接的句子。

×国华虹高中毕业典礼主持词（修改后）

亲爱的同学们、家长们、老师们，大家好！

感谢大家来参加华虹高中第 15 届毕业典礼。我是主持人×××。我们学校共有 1 100 名同学，今年毕业 410 人。挥洒了三个春秋的汗水，历经了三年里寒来暑往的拼搏，今天，这些同学就要毕业了。这真是一个值得纪念的时刻，这是毕业同学成长的一大步，也是他们即将步入社会的第一步。请大家为毕业同学将来能够拥有美好的未来，多多地祝福他们吧！

首先，请大家起立，向国旗敬礼！

（播放音乐）

礼毕。请大家齐唱爱国歌曲《×××》。

（播放音乐）

下面，请大家对为国献身的先烈们表达我们的哀思。默哀三分钟！

（播放哀乐）

请坐。下面，请让我们以热烈的掌声欢迎尊敬的校长发表重要讲话。

（校长致祝辞……）

感谢校长为我们分享他的智慧和见解，请大家再次以热烈的掌声向校长致谢。

……

学生的成长离不开老师的教诲。现在，我们诚挚地邀请三年级部长李××老师上台，给大家讲讲老师们想对毕业生说的心里话。

（李老师的祝辞……）

老师的教诲如同春风化雨，滋润我们的心田。请大家再次为李老师的精彩演讲鼓掌。

下面是颁奖仪式。表彰在高中学习生活中表现出色的班级和个人，他们是……（名单略）。请 3 年级 2 班的李××同学和 3 年纪 12 班的崔××同学作为代表上台领奖！

（颁奖仪式……）

辛勤的劳动终于赢来丰收的喜悦。请大家为获奖的班级及同学鼓掌。

（掌声……）

下面是毕业证书授予仪式。请毕业班代表××、×××、×××同学上台，代领本班毕业证书！

（授予毕业证书……）

祝贺今年毕业的所有同学，愿你们在新的旅程中展翅高飞，前程似锦！亲爱的学弟学妹们，让我们为学长们送上最热烈的祝福吧！

（掌声）

为了欢送学长们毕业离校，学弟学妹们精心排练了精彩的文艺节目。

首先，让我们欣赏 2 年级 8 班吕××同学的吉他演奏。他要演奏的曲目是：野菊花的《每日与你一起》和柳在夏的《过去的日子》!

（演奏）

吕××同学的表演太精彩了！表达了我校同学们的深厚情意。

（掌声）

下面是我们学校舞蹈社团 D-DAY 的表演。请 D-DAY 同学上台。D-DAY 的舞蹈节目是 TWICE 的《LIKEY》与 SECHSKIES 的《学院别曲》!

（跳舞）

……

感谢这些多才多艺的同学们的精彩表演。最后，请唱响我们的校歌。全体起立！

（唱校歌）

毕业典礼到此结束。请大家回教室，毕业班班主任会给毕业同学颁发毕业证书。再见！

在语音上，口语的语调更加自然，一般不需要刻意去关注。但是有些口语词语音语调上变化丰富，停顿较多，儿化叠音也出现较多。常常会出现语流音变，有表现感情色彩的后缀成分、表现情态作用的重叠成分和表现语气口吻的语气词与感叹词这些形式。

例如，俗称“京片子”的北京方言，儿化音多，还有一些独有词语。普通话虽然以北京语音为标准音，但是北京语音和北京话不是一回事。如北京口语中“办公室”的“室”、“在这儿”中的“在”，口语中读作上声，而在书面语中，则读作去声。

口语最突出的特点是使用儿化音，比如“菜为什么这么贵？原来是今天下雨了”和“菜咋的这么贵？敢情是今儿个下雨了”[①]，很容易就能区分开来，前者是接近白话的书面语，后者是方言口语。

可见，口语词语更多受到方言的影响，从而与更规范和通用的书面语词读音出现差异。

语音是语言物质外壳，语音携带信息被人的听觉感知。口语和书面语最显著的外在差别在于二者是否以语音为表现形式。语音是口语外部表现形式，口语的内容和意义通过语音表现出来，书面语则以文字为传达意义的工具。书面语虽然以文字为载体，但并不意味着书面语不具备语音特色。

书面语和口语在语音上还是有较大的不同。

口语语体自然、亲切、活泼、生动，所以口语词语通俗诙谐，常用于日常谈话，表达有随意性、创新性。口语多用“啊”“嗯”“哦”“呀”“啊”“嘞”等，是口语中独有的语气词，而这些语气词常被书面语体排除。郭锐根据对两万字语料的分析，发现语气助词、叹词和拟声词都是典型的口语词汇。[②]

①“敢情”在这里表示发现先前没有发现的情况。

② 郭锐. 现代汉语词类研究［M］. 北京：商务印书馆，2002.

汉语中存在文白异读现象，书面语色彩偏向于选择“文”，即所谓读书音；而口语色彩偏向于选择“白”，即口语发音。汉语普通话与方言都存在文白异读现象，而以方言中的表现更突出。读书音更多是受强势方言或普通话标准音的影响而形成，文读一般比较接近官方标准语言。历史上以文读音为基础的官话充当共同语，可以达到简单的跨方言交流作用。白读则是当地方言的发音。普通话中的文白异读，文读常是作为语素构成双音词时的发音，而白读则是作为单音词时的发音。如“露”字有两种读法，一般作为比较正式的书面语的时候读“lù”，比如揭露、暴露、露水及成语中比如“崭露头角、藏头露尾、抛头露面”等；而作为口语的时候一般读“lòu”，比如“露出马脚、露富、露面”等。“剥”的文读“bō”，用于“剥削”“剥离”“剥落”“剥夺”等双音词，白读“bāo”，用于“剥花生”“剥橘子”“剥香蕉”等。

在不同的人群中，文白异读的现象不太一样。一般而言，年轻人、教育水平高的人、会说普通话的人更多使用文读。在不同的环境中，文白异读也不一样。正式场合多用文读，日常生活则多用白读。

不少口语词语音语调上变化丰富，停顿较多，儿化叠音也出现较多。常常会出现语流音变，有表现感情色彩的后缀成分、表现情态作用的重叠成分和表现语气口吻的语气词与感叹词这些形式。

三、“词穷”怎么办？

学习者想用汉语书面语交流，但是不了解怎样才能更好地表达，问题在于“词穷”，也就是在表达时找不到合适的书面语词，只能来回重复一些简单的话。

例文：　　　　　　　　失而复得（原文）

［韩国］金智慧

以前有一个老爷爷。有一天他想买一个东西。但现在手中没有钱，所以他决心了取钱。

他去银行以后，等了自己的循序，以后才到了循序，他去工作人员的前边，以后说了。“我要取钱。”工作人员说：“要多少？”“1千块钱。”终于，老爷爷取了钱。但很担心了忘钱。所以他很仔细地在包里躲起来。他放心以后出去了银行。

出来外边以后，他觉得很累。因为他是已经老，还有他的心、身体一直紧张的样子。所以他要休息。他突然发现了一个公园。他决定了公园里有的椅子上休息。

他坐椅子以后，他的包也放在椅子上。他很累了。所以在椅子上体息了大概30分钟。他30分的时间内一边要想买的东西，一边想回家体息。所以他决定了‘快买东西以后回家吧。’

他站起来就走了。但包是还在椅子上了。他舍不得忘记了包。

过了20分钟后，一个年轻人发现了这个包。他看起来这个包是年轻人的。所以他马上去警察居，把警察想找主人。警察说：“当然，这是我的事。”听了警察的话，年轻人回去了。

警察看这个包，但包很熟悉了。所以他想了想。忽然他想起来了老爷爷。下午，他也那个银行取钱了。这时候，他看见了老爷爷。

警察去老爷爷的家，给老爷爷的包。老爷爷取了包以后，对警察说：“谢谢，真的感谢你。”老爷爷这样一个劲儿地说。

老爷爷找了包以后，就去商场买到了东西。

从上面这篇作文，我们看到学习者很想表达丰富的思想感情，但是苦于不知道应该怎样说。老爷爷丢失了钱包，当失而复得的时候，他一定非常高兴和感动，说了好多激动的话语，而不只是“老爷爷这样一个劲儿地说”。可见，写作者因为掌握的词语不太多，尤其是书面化词语不够丰富多彩，所以不知道怎样才能写出老爷爷复杂而丰富的思想感情。换言之，这是“词穷”导致的现象。

根据输入—输出理论，如果没有高效的模拟母语者习得过程的输入，二语学习者就不可能有高质量的输出。古今中外的母语学习者无不是对其母语文化中耳熟能详的经典诗文进行长期学习—理解—背诵—默写—应用，才涵养出运用自如的表达能力的。Pawley＆Syder（1983）对母语使用者的语言生成能力的研究发现，母语使用者记忆中存储了大量的语块，在表达时可直接提取，那么如果二语学习者大脑中存储了大量的语块，在写作时就可以减轻从思维到词汇提取、加工、表达整个认知过程的负荷，提高语言表达的自动化和丰富程度，从而达到提高文本质量的目的。其实，中国人习得书面语的方式也印证了语块教学法的有效性。

据此，我们可以假设缺乏与写作专题相关的语块输入性教学是留学生写作的一大障碍。支持该设想的事实论据有二。

一是我们发现对外汉语教材中的选文基本上都选自现当代语篇，偶尔虽也有如《静夜思》这样的零星古典诗篇，被选入阅读教材作为副课文供留学生欣赏，然而事实上，不少教师教学时常常弃之不讲。可见，国际中文教材编写者乃至教师都在尽量回避关于古典经典诗文内容的教学——无疑，古典诗词语言艰深、结构刻板、内容难懂，对留学生而言无异于“对牛弹琴”，结果很可能是失败。

二是写作课与阅读课各自为政，导致写作课失去许多宝贵的学习写作的素材，这是造成写作语块输入不足的重要原因。Truax（2000）认为，母语教学中阅读和写作的分离教学是学生读写技能发展不平衡的原因所在[①]。仅为了提高阅读理解能力而进行的阅读训练往往只满足于学生掌握一些阅读技能，在读完材料后能迅速地回答相关问题，缺乏将所读语篇的语言、结构、内容引入写作的意识；而脱离阅读训练的写作课往往干巴巴地进行一些写作技巧、写作套路的训练，求量不求质，使得写作课成了枯燥乏味、压抑沉闷、令人望而却步的课程。从语言学角度看，这种语言运用上的障碍，说明在阅读接受信息与运用写作表达思想的教学过程中的确有脱节现象。

写作之前留学生开展相关阅读的选文是向其输入书面语语块的关键，因此我们设想，假如我们选用一些语言相对浅显、寓意丰富、堪称代表汉语精华的古今经典诗文提供给留学生进行写前阅读，并通过练习的方式强化其习得效应，然后促使他们将所习得的语块运用于写作，那么，留学生汉语书面语表达质量不高的情况就有可能得以改善。

写作理念固然能起到指导的作用，但毕竟是抽象的，看不见，摸不着。

---

① 马新芳. 对第二语言阅读能力和写作能力关系的实证分析［D］. 北京语言大学，2004：13.

要做到理论与实践的最佳结合，最好的途径就是将设想进行实验求证。某一年的初春时节，我们设计了安排留学生写前阅读关于“春天”的古今经典诗文并进行相关练习的方式来开展教学实验，然后通过实验结果观察留学生写作质量是否因此获得提高。实验证明我们的设想是符合事实的，写前的输入对学生写作实践的正面影响显而易见。相关实验数据和效果参见第四章第二节。

第二节　汉语书面语中的不成词语素及“合偶词”

所谓不成词语素，一般也称为黏着语素。就是在现代汉语中，这些语素只能与其他语素构成复音词，而不能单独作词用。不成词语素大部分来源于古代汉语，他们一般在古代汉语中是独立的单音词，而伴随着语素化的发展过程，他们逐渐在口语中失去独立成词的地位，成为黏着语素。

这些不成词语素，主要可以构成双音词，以及一些固定短语，是汉语书面语的标志性词语之一。它们只出现于书面语中，前后搭配的也一般是双音节的书面语词，构成“双＋双”的格式。我们下面呈现部分不成词语素及其构词情况。

哀：悲哀、哀痛、哀悼、默哀。

固定短语：喜怒哀乐、呜呼哀哉、贫贱夫妻百事哀。

隘：狭隘、山隘、关隘、隘口、隘路。

固定短语：闯关夺隘、攻关夺隘、修关设隘。

罢：罢工、罢市、罢官、罢免、罢休、作罢。

固定短语：欲罢不能、善罢甘休、休兵罢战。

谤：诽谤、毁谤、谤书、谤议。

固定短语：无端诽谤、造谣生事、腹非心谤。

胞：细胞、同胞、侨胞、台胞、胞兄、胞弟、胞妹、胞叔、胞衣。

固定短语：双胞胎、多胞胎、一母同胞、海外侨胞。

惫：疲惫、倦惫、困惫。

固定短语：身心俱惫、疲惫不堪。

壁：墙壁、壁垒、井壁、壁虎、壁画、壁灯、壁炉。

固定短语：铜墙铁壁、家徒四壁、坚壁清野。

毕：毕业、毕生、完毕、毕竟。

固定短语：毕恭毕敬、毕其功于一役、群贤毕至。

惭：惭愧、羞惭、惭色、惭颜、惭怍。

固定短语：大言不惭、自惭形秽、惭愧自责。

苍：苍老、苍白、苍苍、苍龙、苍劲、苍茫、苍生、苍天、上苍。

固定短语：苍松翠柏、苍翠欲滴、苍白无力。

崇：崇高、推崇、崇敬、崇尚、崇拜。

固定短语：崇山峻岭、崇洋媚外、推崇备至。

晨：早晨、清晨、晨光、晨报。

固定短语：一日之计在于晨、晨钟暮鼓、寥若晨星。

础：基础、础石、柱础。

固定短语：础润而雨、云蒸础润。

储：仓储、储能、王储、储藏、储备、储量、立储。

固定短语：高息揽储、北粮南储、经岁之储。

畜（chù）：牲畜、家畜、六畜、畜力、畜生。

固定短语：六畜兴旺、兼收并畜、六畜不安。

聪：聪明、聪慧、聪颖。

固定短语：耳聪目明、聪明过人、聪明睿智。

匆：匆忙、匆匆、匆促。

固定短语：匆匆一别、行色匆忙、来去匆匆。

措：举措、筹措、措施、措辞、措意。

固定短语：手足无措、措手不及、茫然不知所措。

蹈：舞蹈、蹈海、蹈袭。

固定短语：手舞足蹈、赴汤蹈火、循规蹈矩、重蹈覆辙。

导：导弹、导购、导航、导游、指导、领导、导演、导师、导语。

固定短语：导淮入海、因势利导、教导有方。

腐：豆腐、腐烂、腐蚀、腐朽。

固定短语：流水不腐、化腐朽为神奇、贪污腐败。

辅：辅导、辅助、教辅、辅路、辅音。

固定短语：相辅而行、相辅相成、××为主××为辅。

惠：惠存、惠顾、惠及、惠民、恩惠、惠赠。

固定短语：小恩小惠、施惠于民、平等互惠、受惠无穷。

规：规定、家规、规划、规格、规律、帮规、规制。

固定短语：陈规陋习、萧规曹随、规规矩矩、循规蹈矩。

毫：丝毫、羊毫、挥毫、毫米、毫末。

固定短语：毫无头绪、毫不戒备、毫不利己、分毫不值。

访：来访、访问、访学、采访、访谈、走访。

固定短语：遍访专家、途中顺访、走亲访友、明察暗访。

勤：出勤、勤劳、勤奋、勤俭、勤务、勤勉。

固定短语：人勤地不懒、勤学苦练、勤工俭学、勤劳勇敢。

现代书面语中，这种黏着的语素还有很多，如：碧、餐、耽、归、闺、迹、疾、积、基、击、际、技、寂、歼、艰、疆、介、诫、径、骏、峻、凯、康、恳、垦、恐、郎、廊、朗、黎、力、律、屡、旅、虑、脉、络、蔓、芒、盲、茂、贸、貌、弥、密、秘、眠、勉、蔑、敏、铭、谬、魔、摩、末、漠、默、谋、目、牧、睦、慕、暮、纳、囊、畔、庞、脾、僻、辟、譬、贫、频、颇、魄、剖、朴、妻、凄、戚、歧、企、启、洽、谦、潜、遣、歉、侨、茄、侵、钦、芹、禽、勤、顷、丘、驱、趋、趣、扰、韧、任、辱、锐、瑞、丧、森、擅、裳、绍、奢、绅、慎、施、示、侍、势、饰、士、释、逝、誓、寿、兽、售、授、殊、疏、蔬、暑、述、衰、司、思、斯、伺、似、饲、肆、诵、讼、苏、肃、速、隧、态、滔、惕、突、徒、屠、袜、顽、惋、枉、妄、危、威、微、违、维、伟、畏、慰、蚊、翁、乌、屋、诬、侮、晤、析、息、牺、惜、溪、袭、隙、峡、辖、纤、羡、宪、宵、销、淆、晓、肖、效、协、谐、辛、欣、薪、型、幸、雄、徐、叙、绪、宣、旋、穴、巡、询、迅、逊、崖、岩、遥、研、颜、谣、钥、耀、冶、液、遗、艺、异、役、抑、毅、翼、姻、隐、泳、勇、忧、悠、犹、娱、愉、愚、舆、羽、语、预、域、御、裕、遇、愈、誉、援、缘、悦、蕴、瞻、彰、障、诊、政、执、职、植、旨、挚、终、衷、宙、骤、逐、瞩、酌、拙、咨、姿、资、滋、宗、综、踪、阻、遵、昨。

有些字，有的义项是不成词语素，也有的义项是成词语素，需要根据其语义进行区分。如“世”，指人的一生、时代、社会等义，都是不成词的语素，可以组成“世代”“世交”“世人”“一生一世”“公之于世”等词语；而指有血统关系的辈分，则是成词语素，可说“第十世孙”等。“缓”表慢义，是不成词语素，组成“迟缓”“缓慢”等词；但表延迟、恢复正常生理状态等义时，是成词语素，可说“这事可以缓几天”。“精”，经过挑选提炼的、精细、最好的，这些义项都是不成词语素，可以组成“精彩”“精细”“精密”“精练”“精华”“精益求精”等词语；而机灵、精通、妖精这些义项则是成词语素，可以说“这个孩子太精了”“精于算计”“修炼成精”等。餐，表“吃”“饭食”语义时，是不成词语素，可组成“聚餐”“餐食”“餐厅”等词；作“一顿饭”的量词时，是成词语素，可以说“一日三餐”。“力”，表“力量”“尽力努力”义时是不成词语素，可组成“力保”“力持”“力道”“力气”等词；表物理的“力”“体力”等义项时，是成词语素，可说“力的三要素”“用力推车”等。

有多音字，有的音代表的是成词语素，有的是不成词语素，比较典型的就是文白异读。一般文读音，表达的是不成词语素，而白读音是成词语素。如：薄、畜、削、血、色、剥、逮、给、露、落等。

也可见一个词形表多个词的，即所谓“同形词”。如“肆”，表任意妄为义时，是不成词语素，可组成“肆意”“放肆”“大肆攻击”等词语；而作为数字“四”的大写形式时，则是成词语素。“维”，表“连接、保持”“思考”这两个语义，都是不成词语素，组成“维系”“思维”等词；而作为几何学空间概念时，则是成词语素，可以说“二维平面”“三维空间”等。

这些不成词语素，多来源于古代汉语，常有同义近义的口语词，有些古今同义词可以组成复音词，如：缓慢、岩石、乌黑、驱赶、旋转、辛辣、知晓、遥远、婚姻、隐藏、游泳、羽毛、语言、富裕、高峻等。

冯胜利提出“嵌偶单音词”的说法，[①]所谓“嵌偶单音词”就是现代汉语书面语中必须组单成双之后才能独立运用的单音节文言词。这些就是现代汉语书面语中来源于古代汉语的不成词语素，从古汉语来说，它们是“词”，从现代汉语来说，它们并不是“词”，只是构词语素，所以严格地

① 冯胜利. 论汉语书面正式语体的特征与教学［J］，世界汉语教学，2006（4）.

说，还不能称为现代汉语书面语的“嵌偶单音词”。我们还是沿用学界常用的“不成词语素”或“黏着语素”这样的概念。

李培蕾在《“汉语教学用书面语词表”的研制》[①]一文中发现，在教材用超纲书面语中有 297 个高频词。其中“嵌偶单音词”有 53 个，该部分单音词并未被收入《汉语水平与词汇等级大纲》和《对外汉语用音节、汉字与词汇等级划分》中，比如：挫、窃、觅、惧、薪、欺、鼻、狱、尘、畅、孤、嗜、频、镜、俱、桌、纵、徒、晨、刊、宜、忽、趋、符、诚、勇、概、幸、暴、途、悉、尤、彩、衣、固、恐、永、简、巨、互、奇、校、语、承、速、突、职、备、择、确、资、今、明。它们在现代汉语中已经不能单独使用，只能和其他的词组合在一起使用，且构词能力强。

由“嵌偶单音词”组成的词语，即由单音节文言词和其他单音词组成的词语，一共有 50 个。如：特许、相聚、两难、单行、高薪、酷暑、余力、重温、无害、佳作、互为、亲临、室外、不妥、未知、前行、外省、不畏、细看、改写、无须、无视、无愧、相近、剧中、不善、不乏、不快、肩上、明知、不甘、暂行、有余、身为、洗衣、窗外、此案、特写、深感、大为、桌上、门外、较为、新增、最为、大战、本国、外商、更为、知情。

在这 50 个词中，“嵌偶单音词”组成双音节词的组合方式有以下两类：

（1）单音节文言词和单音节文言词组合，即两个部分都是文言词，如：特许、酷暑、亲临、未知、相近、明知、暂行、此案、本国、知情、深感。这些词语的组成部分都是文言词，这些词相比于“单音节文言词＋一般性单音节词”形式更加典雅、正式。

（2）单音节文言词和一般性单音节词组合，即一个部分是文言词，另一部分是一般性单音节词，如：不善、不乏、新增、外商。对于这由“嵌偶单音词”组合而成的词语，我们建议可以加入词表，并在教学中重视这类“单＋单”形式的双音节词的教学。

对于这部分汉语书面语中的不成词语素，还需要加强研究，特别是汉语教学方面的研究。它们是汉语学习者掌握汉语书面语表达的重要部分，也是目前包括汉语词汇等级大纲等汉语教学中依据的词汇表所忽视的，或

① 李培蕾.“汉语教学用书面语词表”的研制［D］. 暨南大学，2015.

是说处理得不恰当的部分。

汉语教学中，一般都是以词为单位进行教学的，因此“不成词语素”的教学，常得不到应有的重视。在生词表中，在词汇等级大纲中，都没有其位置。这种状况需要改变。其教学，一是要学习语素的语义，有时须分清楚哪些语义是可以成词的，哪些语义是不成词语素；二是，要掌握其构词情况，以及在成语、固定短语、固定结构中的使用情况。

冯胜利还提出“合偶词”的概念：

现代汉语书面语体还自己发展出一批“双音节”书面语词汇。譬如“进行、加以、从事、埋葬、损害、种植、阅读、伟大、光荣”等……这批双音节词汇古代没有，口语里也不用，它们只在书面正式语体里出现，因此，我们称之为“书面语词汇”。书语词汇是书面语体的主要词汇。在这批书语词汇里面，有一些成员必须在严格的韵律制约之下才能使用，因此特别值得注意。

这些双音词全都要求和另一个双音词组织成一个“[双+双]”的韵律格式，只有这样才能合法使用。我们把这种“双配双”的双音词，称之为合偶双音词。①

合偶词，在汉语书面语表达中是常见的。例如“进行”“予以”“给予”“加以”“从事”等所谓形式动词，后加双音节动词，组成述宾结构，如：进行讨论、进行计算、进行处理、进行探索，予以回击、予以奖励、予以保护、予以关注，给予帮助、给予援助、给予重视、给予支持，从事教学、从事写作、从事翻译、从事研究、从事服务。

安排、保持、采取、发表、防止、改变、继续、坚持、加强、开展、克服、适应、失去、实现、受到、推动、完善、需要、争取、主持、举办、传达、促进、发起、发布、符合、改善、缓解、落实、难以、清除、清理、深化、实施、推行、违反、投入、无法、相应、消除、延续、增加、遭受、遵守，这些常用的动词都倾向于带双音节的词语作为宾语，从语义上看，这些动词虽然不像形式动词那样抽象虚化，但也有抽象化的倾向。

这部分双音节动词，倾向于带双音节的词语做宾语，形成“双+双”

① 冯胜利. 论汉语书面正式语体的特征与教学［J］. 世界汉语教学，2006（4）.

的结构。但这种结构上的倾向性并不是绝对的，在书面语中，一般句子比较长，比较复杂，这些动词后所带的宾语常常是一个多词语的结构或小句，其核心的部分可能是双音节的词语，也可能不是。如“从事”在句子中的使用情况：

自愿从事100小时无偿的公益性社会服务。

从事1万亩香蕉的开发与生产、农业综合开发以及竹业加工。

从事IT制造业。

业余时间从事“第二职业”。

像这样后跟“制造业”“农牧业”等三音节词语的宾语，也是正常的。

再如“面临”在句子中的用法：

面临“千年一遇”的新低温。

国家奥林匹克队将面临1996年奥运会预选赛。

未来两年LNG航运市场将面临“大屠杀”。

白宫竞选班子可能面临“大洗牌”。

上千万适龄男性可能面临“娶妻难”。

“面临”的使用情况与“从事”类似，总的来看，其后的宾语多为双音节的词语，或是其宾语的中心成分是双音节词语，但也存在“面临娶妻难”“面临大洗牌”等“2+3”的结构。这样的例外并不妨碍“合偶词”的成立。合偶词“双+双”的格局是存在明显倾向性的，这种骈偶的结构是汉语书面语从文言到现代书面语共有的。除了部分动词以外，还有部分名词、形容词、副词的句法结构，有骈偶的倾向。

名词，一般其前有双音节词语作为修饰语，组成“双+双”的结构。如，意识：政治意识、组织意识、大局意识、忧患意识、责任意识、法律意识、廉洁意识、学习意识、上进意识、管理意识等；主义：社会主义、共产主义、理想主义、独身主义、英雄主义、女权主义、贸易保护主义、理性主义、古典主义、民粹主义等；思想：学术思想、战略思想、教学思想、封建思想、指导思想、哲学思想、功利思想、辩证思想、政治思想等。这种以名词为中心语的偏正结构词语，前面的修饰语也多是名词，“名+名”的偏正结构，中间一般不需要表偏正关系的结构助词“的”。汉语名词的这种特点，早已为汉语语法研究者所关注。

形容词，一般其后跟被修饰的名词或动词，组成“双+双”的结构。如，新兴：新兴产业、新兴学科、新兴行业、新兴产品、新兴力量、新兴阶层等；公共：公共卫生、公共事业、公共服务、公共权力、公共产品、公共汽车、公共领域、公共意识、公共设施等；共同：共同完成、共同出席、共同面对、共同发展、共同努力、共同应对、共同利益、共同市场、共同好友、共同富裕。

副词，一般其后跟被修饰的动词，组成“双+双”的结构。如，公然：公然挑衅、公然挑唆、公然为敌、公然作对、公然叫板；极其：极其匮乏、极其不满、极其危险、极其潇洒、极其热情；日益：日益复杂、日益恶化、日益拥挤、日益火爆、日益膨胀、日益上升。

与动词的情况类似，这种“双+双”的格式也是一种倾向性的结构，并非绝对。如，日益：日益世俗化，郊区公路也日益“平、畅、绿、美”，以色列日益“胆大妄为”；共同：可以共同到第三国投资，我们能够共同对它说不。

第三节　汉语书面语中的词缀、类词缀和虚词

一、汉语书面语中的词缀、类词缀

汉语的派生词并不丰富，相应的，词缀也不多。真正的前缀、后缀，像是“阿—”、“老—”“—子”“—儿”“—头”这些，组成的词如“阿姨”“老虎”“桌子”“石头”等。这些派生词一般是通用语体，有的甚至偏向口语词。也就是说，真正虚化的词缀多出现在通用语体、口语语体，像一般提到的中缀“里”，组成“花里胡哨”“稀里糊涂”等词，就是口语词。

汉语书面语中，存在一些语义并没有完全虚化的词缀或类词缀，它们位置固定，语义单一抽象，构词能力强，甚至有一定的能产性，即有生成新词的能力，是书面语词语的一个重要标志。

1. 后缀或类后缀

前面加双音词，组成三音节词，以名词性的为主，也有动词性的。如

“—性”“—感”“—化”“—点”“—力”等，举例如下。

（1）—性，组成名词性的派生词：重要性、紧迫性、自觉性、主动性、坚定性、民族性、时代性、实践性、针对性、全局性、前瞻性、战略性、积极性、创造性、长期性、复杂性、艰巨性、鼓动性、计划性、敏锐性、有效性、必要性等。

（2）—感，组成名词性的派生词：责任感、紧迫感、危机感、认同感、荣誉感、成就感、使命感、空间感、焦虑感、温馨感、恐慌感、历史感、紧张感等。

（3）—化，组成动词、名词：法制化、规范化、制度化、程序化、集约化、正常化、有序化、智能化、优质化、常态化、科学化、年轻化、知识化、专业化、现代化、工业化、产业化、机械化、格式化、网络化等。还可以跟单音节词根组成“×化”的双音节派生词：内化、虚化、氧化、气化、碳化、绿化、类化、软化等。相对来说，“×化”的构词能力不如“××化”那么强。

（4）—点，组成名词性的派生词：出发点、切入点、突破点、落脚点、着眼点、结合点、关键点、着重点、着力点、根本点、支撑点等。其前常用双音节动词，与“××点”组成述宾结构：找准出发点、把握切入点、抓住切入点、找准切入点、把握着重点、把握着力点、明确落脚点、找准落脚点、抓好落脚点等。

（5）—力，组成名词性派生词：影响力、创造力、凝聚力、战斗力、感染力、亲和力、统治力、想象力、攻击力、抵抗力、反抗力、公信力、杀伤力、约束力等。

（6）—员，组成名词性派生词：售货员、售票员、检票员、讲解员、潜水员、教导员、指挥员、运动员、消防员、收银员、试睡员、督查员、航天员、巡防员、司号员、领操员、管理员、播音员、驾驶员等。

（7）—家，组成名词性派生词：科学家、艺术家、书法家、资本家、理想家、文学家、雕塑家、企业家、歌唱家、舞蹈家、冒险家、战略家、翻译家等。

（8）—师，组成名词性派生词：拍卖师、药剂师、理疗师、理发师、录音师、魔术师、魔法师、品酒师、营养师、调音师、理财师、茶艺师等。

（9）—风，组成名词性派生词：英伦风、民族风、中国风、日韩风、吃喝风、单干风等。

（10）—心，组成名词性派生词：上进心、公仆心、进取心、责任心等。

2. 前缀或类前缀

词缀后面加上双音节的词根，组成派生词。形成三音节的书面语词语。如：

（1）多—：多层次、多方面、多途径、多渠道、多措施、多力量、多元素等。

（2）新—：新水平、新境界、新举措、新发展、新突破、新成绩、新成效、新方法、新成果、新形势、新要求、新期待、新关系、新体制、新机制、新知识、新本领、新进展、新实践、新风貌、新事物、新高度等。

（3）无—：无差别、无意识、无例外、无下限、无原则等。

（4）准—：准专业、准军事、准贵宾、准贵族、准球星等。

（5）未—：未成年等。

（6）非—：非核心、非典型、非主流、非传统等。

二、汉语书面语中的虚词

虚词是汉语表达语法意义的一种重要手段。文言与白话各有一套完整的虚词系统，而现代书面语中的虚词多是继承了文言的虚词系统。文言虚词系统与现代白话虚词系统的一个系统性的差异是，代词在文言中属于虚词，在白话中属实词。我们这部分的内容包含了文言中的代词部分，如“之”“其”等。

现代书面语的虚词系统是文言虚词与现代白话虚词的混合体，即包括部分文言虚词和部分白话中的虚词，从总的方面说，其中的文言虚词偏正式典雅的语体，白话口语虚词偏通用语体。二者的有机结合构成了现代书面语的虚词系统。我们这里着重分析书面语中使用的文言虚词。书面语中的文言虚词只是文言虚词的一部分，一般是常用的文言虚词，也有常用文言虚词而少见于现代书面语体中的，如人称代词“吾”，书面语中少见。那些不太常用的文言虚词，现代书面语体就基本不用。

1. 代词

文言中的代词有疑问代词、人称代词、指示代词，书面语中常用的有疑问代词“何”“孰”，指示代词“之”“其”，其余的就用的不多了。

“何”在文言中既可用于事物，也可用于人。现代书面语中一般只用于事物，表“什么”，作定语、状语、宾语。如：

“天价”幼儿园缘何“天价”？

小偷何以能在没有留下任何痕迹的情况下把房门打开并盗走物品的？

兄弟因何到此？

书面语中，代词“之”“其”使用普遍。“之”的动词义在现代书面语中已经不用，结构助词义偶见，最常见的还是其代词义，指事物，指人，都常用。如：

本文试论述剖析之。

如资方不接受抗议，得依本办法第二十七条解决劳资争议手续处理之。

两拍哼成四拍、停顿拖长音、低音吼成高声，谓之“跑调”。

中国人民政协全国委员会设秘书长一人，由全国委员会选举之。

“其”字用得也很多，作定语、宾语、主语为主。如：

但机械厂的翻砂工人，因其不能按照个人计算，就以实行集体奖为好。

高考在中国的重要性不言而喻，其一举一动，都备受关注。

对患者需按其不同病情给药。

《就业保障法》对残疾雇员给予特别保护，使其不受雇员可被开除或解雇这一规定的约束。

2. 介词

介词，常用的是“于”“以”“自”等。

“于”，在现代书面语中用法较多，引介时间、处所，引介比较对象等。如：

在全国16个省、自治区贫困地区组织推广的粮食增产项目，于1989年正式启动。

从三驾马车角度来讲，出口的外部环境是2015年肯定会好于2014年。

“以”，主要引介工具、比较对象等。如：

十九岁的我国选手李玉伟以587环荣获冠军。

以人为本，构建和谐社会。

以“互惠互利、真诚合作”的原则与新老客户携手共进，开创双赢双利的新局面。

汉朝时以瘦为美，唐朝时以丰满为美，所以有环肥燕瘦的说法。

我们要以大局为重，不要贪图蝇头小利而损害集体的利益。

一家军事法庭以“叛国罪”和“恐怖罪”判处古斯曼等人无期徒刑。

“自”，引介行为的起点，如：

自一月到六月，职工提出的合理化建议，实行的有九十件。

该地全体居民人均可支配收入自2018年的53 296元，上升到63 712元。

3. 连词

连词的数量较多，如“而”“以”“若”“倘若”“与其”“不如”等。

“而”，书面语常用的文言虚词之一。可以连接动词、形容词，文言有“美而艳”，现代书面语中沿用，其他如：少而精、伟大而艰巨、敏感而不失分寸、围而不打等。而更多的是用于句法的连接，状语与谓语动词的连接，分句间的连接，这些都是典型的书面语的表达方式。像“动＋宾＋‘而上’”“为……而……”都是常见的紧缩句式。如：

需要我们乘势而上、奋发有为。

我们有责任再接再厉，迎难而上。

14亿中国人正在为实现中国梦而不懈奋斗。

这种学习不仅仅是由于外部压力而不得不进行的适应性学习，而应是为了领导和预见未来而进行的学习。

由发达国家主导的国际经贸规则，本质上是有利于发达国家而不利于发展中国家的。这种不公正的国际经贸规则，导致国际收入差距进一步拉大。

仅仅叫他穿西服、住高楼、吃西餐，而不叫他独立思考。

连词“以”，大致相当于口语体中的连词“来”。如：

创造一个有利于儿童发展的环境，以达到2000年的目标。

把中国市场当作自己的内需市场，致力于当地化、高新技术化，以实现“双赢”。

“若”“倘若”“如若”等，都是表假设关系的书面语连词。如：

若10月底还发不出薪资，真的会“暴动”。

倘若“为富不仁”，见利忘义，违法悖理，那这“富”就实为“祸”之根。

无论制度多么严密，执纪多么严格，公务员如若不加强内省，总想着“钻空子”，结果就好不到哪里去。

“与其……不如……”是书面语中表选择关系的一组连词。如：

觉得与其十年苦读，不如一次整容彻底改变命运。

自己懂得果树嫁接技术，与其“烂”在肚里，不如发挥余热，多帮几位乡亲。

4. 助词

书面语中典型的结构助词有“所”“者”等，都是动词、形容词等谓词性词语连用，组成一个名词性的结构。

“所”，用在动词前，组成名词性结构。从句法结构上分析，有时“所”似乎可以删除，不影响语义的表达，“所积蓄的能量”，意思就是“积蓄的能量”。但书面语这种结构中，“所”仍然常用，好像只是书面语的一个标志，表意功能渐趋弱化。如：

这种友谊所产生的力量是无穷无尽和真正无敌的。

所不同的是，随着他们面临的困难的深化，他们之间的勾结也越来越紧。

据统计，1886 至 1923 年，华人所交人头税总额达约 2 400 万加元。

和群众打成一片，做到互相推心置腹，无所不谈，广泛听取各方面的意见。

“者”，用在谓词性结构后面，组成名词性词组。如：

有的介绍奥林匹克获胜者，有的则介绍本国对奥运会的参与和成就。

有 5.1 万多尊石雕像，高者 17 米，小者 0.2 厘米。

这些百岁寿星中，男性最高龄为 114 岁，105 岁以上者 19 名；女性最高龄为 115 岁，105 岁以上者 116 名。

第四节　书面语词和口语词在其他构词方法上的差异

汉语词语构成的方式十分丰富，其中一些构词方式非常倾向于产出书面语词，而有一些则倾向于产出口语词。例如“统统”和“通通”都是形容词，两者意思都表示：一律都，全都。但“统统”较为正式；“通通”则比较口语化，朗朗上口。两者意思一样，可以通用。

那么，书面语词在构词方法上有什么特点呢？书面语词主要包括成语和固定短语，以及现代汉语书面化的词语。

一、成语和固定结构短语中的文言语法

有些书面语词在文言中基本属于句法构造，在现代汉语中却成为构词手段的一些结构类型。成语中就保留有一些文言语法的规则，如果学习者掌握古代汉语语法知识，无疑有助于准确了解这类成语的结构和意义。

郭绍虞先生（1981）指出了汉语书面语词构词的特殊性，发现汉语书面语词在构词的方法上和造句的方法是一致的。

采用拼音文字国家大都不能使构词法与造句法相一致，而汉语则是二者比较一致。尤其是汉语中所谓“成语”“词组”之类，一方面能衔接构词法，一方面又能衔接造句法，造成这三者的一致性，使之成为灵活变化的整体机构，表情达意的良好工具，而且简直成为不容易分割也不容易割断的我国历史的特殊文化。①

他特别强调四言成语在汉语中的地位：“汉语的四言成语，可以成为词和句中间的桥梁，构成词、语、句三级的同一结构形式。”

文言词语无疑是典型的汉语书面语词语，它的构词方法有什么特点呢？下面介绍几种文言词语的构词方法。②

1. 可构成四言结构的框架能产出大量书面语词

汉语中有不少可构成四言结构的框架，具有高度的能产性。

（1）[A 而 B 之]

例如：总而言之、笼而统之、推而广之、战而胜之、取而代之、大而化之等。

（2）[有（无）N 可 V]

例如：有利可图、有空可钻、有法可依、有话可说、有账可查、有据可查等。

---

① 郭绍虞．语义学与文学［J］．学术月刊，1981（03）．

② 孙德金．对外汉语语法及语法教学研究［M］．北京：商务印书馆出版，2006．

（3）［VN 于 X］

例如：取信于民、造福于民、赋权于民、寓教于乐、归功于你、有鉴于此等。

这类结构不同于一般成语，不具有意义凝固的特点，郭绍虞先生认为应将其视为句法构造。

2. 由“其”“之”“于”等构成的固定短语

由“其”“之”“于”等构成的一些短语较为固定，在书面语中也有很高的使用频度。

（1）“其”

例如：不得其所、二者必居其一、紧随其后、美其名曰、若无其事、大行其道、万变不离其宗、百思不得其解、静观其变、顺其自然、任其自然、任其发展、听其言，观其行、徒有其表、虚有其名、究其原因、追其本源、哀其不幸，怒其不争、确有其事、终其一生、深受其害、有其师才有其徒、其痛无比、任其宰割、直呼其名、致其死命、毕其功于一役、反其道而行之等。

（2）“之”

例如：知之甚少、取之不尽、言之无物、少之又少、为之一新、等闲视之、继之而来、放之四海而皆准等。

（3）“于”

例如：利（弊）大于弊（利）、无敌于天下、立于不败之地、血浓于水、受制于人、烂熟于心、了然于心等。

二、现代汉语书面词语的结构形式

1.“数＋名/动/形”式构词

现代汉语中，数词一般不能直接加在名词前面，这是一条句法规则，而文言中相应的规则是数词可以直接加在名词前，这一条规则在现代汉语构词法中保留下来。例如：

一带一路、一国两制、二老、一卡通、一站式服务、二人世界、三人行等。

两纵、两横、零利率、三维动画、四维空间、单飞、双飞、双轨制、双向选择、双休日、双赢等。

2.“动（双）+名（单）”式构词

“动（双）+名（单）”式构词法在汉语书面语词中被广泛应用，也是一种能产的结构式。陆志韦等（1964：39）说：

这个格式不只是最常用的，并且是滋生得最快的，一出现就结合得很紧，时常用到不独立的成分。这也许是受了文言的影响，但是造词的人也不一定是“文人”。①

他的最后一句话启示我们，造词者不可能是有意识地按照“动双+名单”结构造词，很可能是其头脑中有自古沿用下来的某种“机制”在起作用。

例如：研究生、办公楼、终点站、写字楼、期望值、起搏器、入场券、署名权、特长生、特招生、透明度、兴奋剂、预警机、增长点、增值税、震撼价、知名度、知情权、专卖店、追星族等。

3. 使动用法在构词法中的沿用

使动用法是文言中普遍存在的一种语法现象，在现代汉语中也有一定程度的沿用。例如构成的新词“减肥药”，就是“把身上的肥肉减掉之药”，“爽身粉”是“使身体感到清爽舒服之粉”。

方光焘（1954—1955：141）曾指出：

古汉语中这种结构的使用很多见，看今日的汉语，这种结构已比较少了，但在构词法中仍保持这种法则。这说明研究汉语语法应注意词的构成，从构词法中可以见到一些语法结构。西洋语法中 word formation 确实和组合、结构有密切关系，构词法与语法是有密切联系的。②

例如：干杯、美容、落泪、留客、热饭、骄人、净身、跑马、凝血剂、去皮、止血、精兵简政、富国强军、温酒、愚民等。

其中某些形容词带上了宾语，产生此种功能的动因也是来自文言的“使动”。例如“丰富词汇”，就是“使我们的词汇量变得更加丰富”，“繁荣市场”“端正态度”等也是同理。

史存直（1986：30－31）把这种现象看作词性转换，认为“词性转换这一手段的采用从上古起，到现代止，一直都没有停止过”。并谈到了“词

① 陆志韦，等. 汉语的构词法［M］. 北京：科学出版社，1964.

② 方光焘. 语法学原理［G］//方光焘语言学论文集. 北京：商务印书馆，1997.

性转换”的作用：“因为词性转换不仅能把原来无法表达的意思表达出来，同时还能把原来有表达方法的意思表达得更简洁有力些。”[①]

这实际上谈的就是使动的表达功能问题，是为了使语言简洁精练。

4. 名状结构在新词构造中的沿用

名词在古代汉语中经常做状语。这一句法构造在现代汉语中不仅活在句法中，而且活在构词法中。

北京师范学院中文系汉语教研组（1959：107）认为：

五四以后，许多文言格式凝定下来，许多根据文言格式创造的新词大量产生，这种结构（指包括名状、动状在内的状动结构——引者注）的构词能力，就大为提高，到目前也成为能产的类型之一了。[②]

下列新词就是用名词做状语这种方法构造的。

网销、函授、秋招、海葬、家教、家装、经援、内退、尿检、海选、上传、上扬、下载、外卖、网恋、网婚、晨练、戏说、氧疗、药检、上浮、笔试、口试、口述、口授、步行、瓜分、风行、鬼混、规定、梦想、面谈、意料、日产、月产、中转、油炸、油印等。

暗箱操作、阳光操作、文化扶贫、电子对抗、电子防御、电子干扰、电子进攻、恶意炒作、恶意诉讼、法律援助、风险管理、基因诊断、基因治疗、技术移民、绿色消费、绿色营销、目标管理、双向选择、网络出版、网络营销、网上录取、协议离婚、心理咨询、行为干预、行政处罚、友情出演、政府采购、风险投资、口诛笔伐等结构也是名状结构。

这些新词语沿用了名状结构的构造方法。

5. 动状结构在新词构造中的沿用

动词做状语，在古代汉语中是一种基本的句法结构类型。

在现代汉语中，动词做状语的方式不仅可以用于造句，还可以用来构词，这一结构始终是一种“活着”的构词形式，举例如下。

品读、限行、追访、追捧、传销、返聘、委培、签售、捐献、回收、轮休、抢救、嫁接、随迁、兜售、清洗、挺进、盗采、盗猎、盗印、分流、

---

① 史存直. 汉语语法史纲要［M］. 上海：华东师范大学出版社，1986.

② 北京师范学院中文系汉语教研组. 五四以来汉语书面语言的变迁和发展［M］. 北京：商务印书馆，1959.

滴灌、分销、回读、回放、回馈、回迁、捐建、考聘、联展、磨合、陪读、赔付、贿选、弹升、超前消费、承诺服务、换位思考、投资移民、缺席判决、融资租赁等。

6. 常用的书面语结构

（1）动词+形容词+名词（V+A+N）

例如：激发巨大热情，凝聚无穷力量，催生丰硕成果，展现全新魅力等。

（2）……要有……

例如：当前工作要有新水平，队伍建设要有新面貌，廉政建设要有新举措，自身建设要有新发展，内部管理要有新突破等。

（3）名词+“的”+名词（N 的 N）

例如：历史的必然，现实的选择，未来的方向，数学的王国等。

（4）为/被 NP 所 V

文言被动句式的沿用，如：为盛名所累，为俗事所困，为当时正直人士所不齿，已经被革命化的政治内容所代替。

（5）动+宾+处所

属于一种缩略的句式，处所词前不用介词，表达简洁明快。如：过境美国，讲学中南海，火爆北京城，收徒山神庙，待命城外等。

（6）有些副词表现出较高的书面化程度

副词是用来区别或限制事物的动作、形态、性质，常附加于动词、形容词或其他副词之上，以表示时间、频率、范围、语气、程度的词。副词往往表现出较高的书面语感。

有些同样意思的副词表现出不一样的语体色彩，例如“好”和“很”都可用来表示程度高，例如“好热”和“很热”，但“好”多用于口语，更口语化、生活化一些，是口语中表示程度的副词，如“好热！”而“很”是书面语中表示程度的副词，如“很热！”与朋友交谈如果说“今天很热”，就显得有点掉书袋。

尤其是有很多两个字的副词常常用于书面语，体现出较高的书面化语感，例如“极度、十分、忽然、竟然、首先、其次、再次、另外、最后、已经、曾经、尽快、尽早、整体、充分”等。在口语中，如果一般说话时用这些副词，就会显得有点不自然，好像很造作，“酸溜溜”的，但是书面语中应用这些副词，则显得很恰当，而且用这些副词，更增强了表达的准确性。

（7）加上“进一步”“积极推进”等，构成排比句

可用上述词语，加上“进一步”“积极推进”等，构成三至五个排比句，如：

以求真务实的态度，积极推进××工作制度化。

以优化服务为目的，积极推进××工作正常化。

以提质加速为责任，积极推进××工作程序化。

以畅通安全为保障，积极推进××工作智能化。

以立此存照为借鉴，积极推进××工作规范化。

以解决问题为重点，积极推进××工作有序化。

以服务机关为宗旨，积极推进××服务优质化

以统筹兼顾为重点，积极推进××工作常态化。

（8）“一是……，二是……，三是……”“一……，二……，三……”增强书面语感

当应用“一是……，二是……，三是……”或“一……，二……，三……”来论说时，可以起到增强书面语感的作用。例如：

一是建立体系，统筹兼顾，周密细致，积极推进××工作程序化。

二是注重质量，求真务实，高效规范，积极推进××管理规范化。

三是各司其职，强化责任，紧跟进度，积极推进××工作正常化。

又如：

一、理思路，定制度，着眼全局，不断提高服务新水平

二、抓业务，重实效，提高质量，努力开创工作新局面

三、重廉洁，抓学习，协调推进，促进队伍素质新提高

7. 书面语常用词语

（1）动词

抓、搞、上、下、出、想、谋、订、定、给、出、打……

推进、推动、健全、统领、协调、统筹、转变、提高、实现、适应、改革、创新、扩大、加强、促进、巩固、保障、完善、加快、振兴、崛起、分工、扶持、改善、调整、加强、强化、优化、细化、解决、宣传、教育、

建设、依法实行、良性互动、优势互补、率先发展、互惠互利、全面分析、全面贯彻、持续推进、全面落实、全面实施、逐步扭转、基本形成、普遍增加、基本建立、更加完备、逐步完善、明显提高、逐渐好转、逐步形成、不断加强、持续增效、巩固深化、大幅提高、显著改善、不断增强、日趋完善、比较圆满等。

这些短语可以进一步组合扩展成句子，用作新闻报纸的标题、例如：

立足当前，着眼长远，自觉按规律办事；

抓住机遇，应对挑战，勇敢顺潮流而为；

突出重点，分步实施，找准切入点实施。

固定使用的词组短语常常呈现出浓厚的书面语色彩，主要包括四字熟语、专有名词与结构对称的习惯语。

成语是汉语中定型的词组或短句，意思精辟，结构紧密，有固定的结构形式和固定的说法，一般不能任意变动词序，或抽换增减其中的成分，形式以四字居多。在语句中是作为一个整体来应用的，承担主语、宾语、定语等成分。成语是使用程度相当高的用语，是中国传统文化的一大特色。有些成语本就是一个微型的句子。

成语具有以下基本特征。

成语的构成成分和结构形式都是固定的，一般不能随意更变或增减语素。例如“胸无点墨”，不能增加成“胸中无有一点墨”。而成语里的语序也有固定性，不能随意更改。例如“来龙去脉”不能改为“去脉来龙”。

成语具有意义整体性，成语在意义上往往不是其构成成分意义的简单相加，而是在其构成成分的意义基础上进一步概括出来的整体意义，例如：“狐假虎威”“兔死狗烹”“废寝忘食”的实际含义是倚仗别人的权势去欺压人、为统治者效劳的人事成后被抛弃或杀掉、极为专心努力等意思。

成语具有语法的多样性，从汉语语法的角度来看，汉语成语在句子里相当于一个短语，因为短语在一个句子中能充当不同的成分，所以成语的语法功能也具有多样性。

成语一共有 5 万多条，其中 96%为四字格式，另外也有三字、五字、六字、七字、八字成语。成语一般所以用四个字，这与汉语本身句法结构和古汉语以单音词为主有关系。

组成上，四字成语是汉语成语的主要形式，例如“青出于蓝”“欢天喜地”等都是四字成语。少于四字的成语，有“敲门砖、莫须有、想当然”等。多于四个字的如“桃李满天下、日久见人心、真金不怕火炼、百变不离其宗、心有余而力不足、放之四海而皆准”等，这些在成语中占绝对少数。

成语具有典型的书面语风格，表现在：

首先，成语的结构是多种多样的，反映了丰富的汉语语法结构，简单举例如下：

主谓式成语：杞人忧天、胸有成竹、愚公移山、万象更新。

联合主谓式成语：草长莺飞、天翻地覆、手舞足蹈、水落石出。

联合动宾式成语：知己知彼、发号施令、提心吊胆、破釜沉舟。

联合名词式成语：南辕北辙、镜花水月、粗心大意。

联合动词式成语：勇往直前、突飞猛进。

动补式成语：青出于蓝、爱不释手、重于泰山、心乱如麻。

并列式成语：万水千山、吹拉弹唱、琴棋书画、喜怒哀乐。

偏正式成语：窈窕淑女、倾盆大雨。

承接式成语：见异思迁、先斩后奏。

因果式成语：水滴石穿、水落石出。

其次，成语应用了丰富的修辞方法。成语在语言表达中有生动简洁、形象鲜明的作用。它的本身就有不少比喻和对比以及强调的修辞方法。如“阳奉阴违、外强中干、患得患失、顶天立地、一知半解、七嘴八舌、五光十色”等各有妙用。

另外，成语呈现出典雅的风格，成语多来自古代文献或俗语中，由于取自历史故事、寓言故事、小说诗歌、典籍文章等，语言多为文言，书面色彩较浓，语体风格显得庄重而典雅，例如“天涯海角、白驹过隙、事半功倍、一泻千里、国色天香、雍容典雅”等无不表现出书面语庄重、典雅的风格特点。

第四章　汉语作为第二语言书面语教学实验研究

汉语学习者在了解了汉语书面语的基本知识以后，还需要通过实践来掌握语言技能，以达到利用汉语书面语进行交际活动的目的。在教学实践中，主要通过阅读课及写作课来熟练掌握汉语书面语的基本技能。当然，诸如报刊阅读、新闻听力、科技汉语、中医汉语等课程也承担着汉语书面语教学的任务。本科高年级及研究生阶段，书面语教学的比重会逐渐增大。我们这里通过相关教学实验，重点讨论本科高年级的写作课、阅读课的教学方法。这个阶段是汉语作为二语学习者由汉语口语学习向汉语书面语学习过渡的关键时期，处理好这个阶段的书面语教学和学习，可起到事半功倍的效果。

第一节　留学生汉语写前构思活动对其作文质量的影响①

一、问题的提出与假设

写作不仅是汉语学习者的一种重要的书面交流方式，而且体现了学习者的汉语水平。以汉语为第二语言的学习者在运用汉语进行写作之前常常

① 该文曾发表在《世界汉语教学》2011年第1期上，写作中得到《世界汉语教学》匿名审稿专家和编辑部的指导，谨致谢忱。当时限于篇幅，对实验过程有一些删减。这里为了便于读者能够更加详实地观察到实验的真实经过，故根据实验的情况做了一些补充。

感到非常苦恼，似乎一离开母语环境，就常常会处于一种思维困顿、回忆断层、语言表达受到束缚的境况而无话可说，故而写作时深感文思苦涩。语言是大脑思维的工具，留学生在采用母语进行写作时，无疑是用母语进行思维的，那么，他们在进行汉语写作时，假如引导他们从写前开始就运用汉语进行构思，使汉语尽快成为其大脑熟悉的语言，那么，在母语干扰减弱和汉语影响增强之下，我们推想，汉语就会逐渐成为留学生汉语写作过程中自然使用的思维符号，而汉语思维能力也就会由此提高。

“支架式”教学理论是一种基于认知心理学研究基础上的教学理论，该理论为这一设想提供了理论支持。在支架式教学中，通过搭脚手架——进入情境——继续攀升——独立探索等环节，对教师组织写作课堂活动、设置不同层次教学环节给予了有效的指导。

理论是需要实证的，由此我们设计了采用汉语进行写前构思可能有助于留学生写作质量提高的实验。

二、汉语写前构思实验

（一）实验目的

本研究探索在汉语作为第二语言的写作中，汉语构思活动的有意介入对汉语写作质量的影响。

（二）实验对象

汉语写作基础课程主要从一年级下学期起开设，因此本实验的 32 名受试者均为北京语言大学汉语学院选修“汉语写作入门”课程的一年级来华留学生，分别来自韩国、日本、古巴、哈萨克斯坦、越南、刚果（金）、苏丹、安提瓜和巴布达、俄罗斯、泰国等国家，共 32 人，男生 17 人，女生 15 人，平均年龄 23 岁。他们是两个自然平行班的留学生，在学院举行的汉语分班考试中处于同一分数段而被随机安排在两个一年级的平行班级里，其所使用的汉语教材（包括汉语写作教材）完全一样，写作教师均由作者担任，写作教学时数也完全一样。

（三）测量工具和实验过程

本研究采用写作测试和问卷调查两种方式进行，实验过程见表 4－1。

表 4－1　　　实验过程

组别	前测	实验处理	后测
自然实验班	√	√	√
自然对照班	√	（无）	√

1. 写前活动和写作测试

（1）随机分班

从这两个平行班中随机确定一个班作为对照班，按照原有教学方式即结果式写作方式进行教学，教师布置写作内容和要求后，完全由学习者自行写作、完成任务，教师不介入写前构思过程；另一个班作为实验班，接受写前汉语构思训练，即教师在布置写作内容和要求后，引导学习者进入用汉语构思的游戏活动，在活动中教师只进行活动引导，不评价学习者的具体构思内容。为使活动的开展能落实到每一位学习者，我们把实验班分为五个小组，每个小组由一名汉语国际教育专业研究生担任主持人[①]。

（2）写作前测

下面两篇作文（见图 4－1、图 4－2）是来自实验班和对照班的写作成绩最低分作文，其作者写作时的共同特征是均感文思窘困。

自我介绍

我叫李大建。我从韩来的。我来了中国二年了。我家有五口人，妹妹，爸爸，妈妈，妹妹。爸爸是一个公司的头，妈妈是没有庭妇女，我的妹妹是在美国大学毕业后在美国工作。

我来北京以前一句话也不会说汉语。但现在慢慢学了汉语。所以我会说一点儿。

我和中国朋友常常说话慢慢说就我会说了汉语。我想以后学习学习后跟中国人一样的说话。

自我介绍

我是鲁斯兰。我是男孩儿。我是十八岁。我是哈萨克斯坦人。我的家

① 担任小组写前游戏活动主持人的五位研究生是北京语言大学汉语学院汉语国际教育专业研究生林欣薇、王文雯、席莉、张曼和聂昆，特此致谢。

庭有四口人：爸爸，妈妈，妹妹和我。我爸爸商人，妈妈跟爸爸一起工作，妹妹是学生。我还有奶奶，外公和外婆。

我已经工作过。我工作在爸爸妈妈的工作。

现在我学习在北京语言大学，学习汉语和日语。上在语言大学之前，我学习了在中央财经大学，学习了一年。

我的爱好是踢球。我还喜欢听音乐，看电影也喜欢看足球比赛。

我是内向的和真诚的人。

今后我打算大学毕业以后，回国找工作。

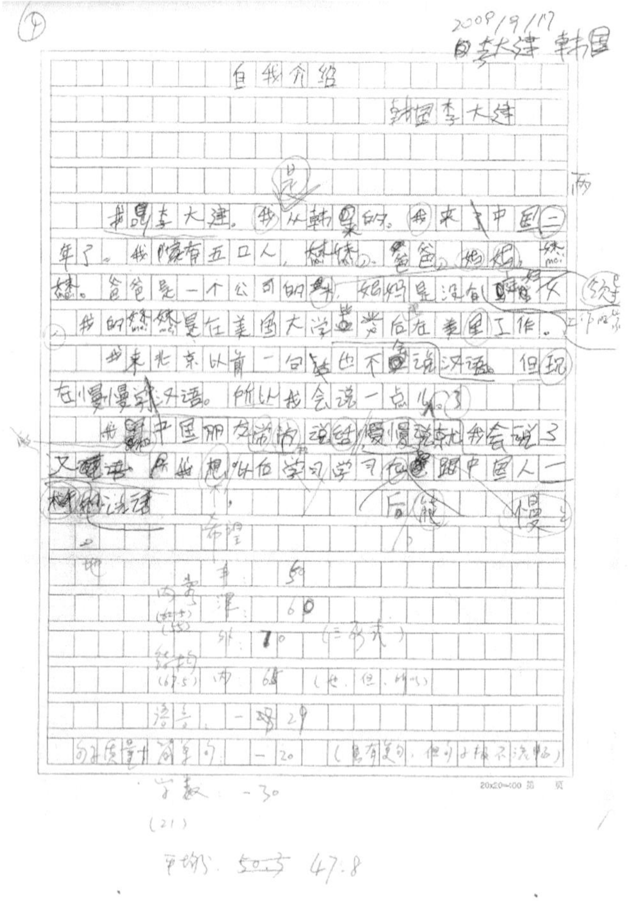

图 4-1　来自实验班韩国留学生李大建同学的《自我介绍》作文原图

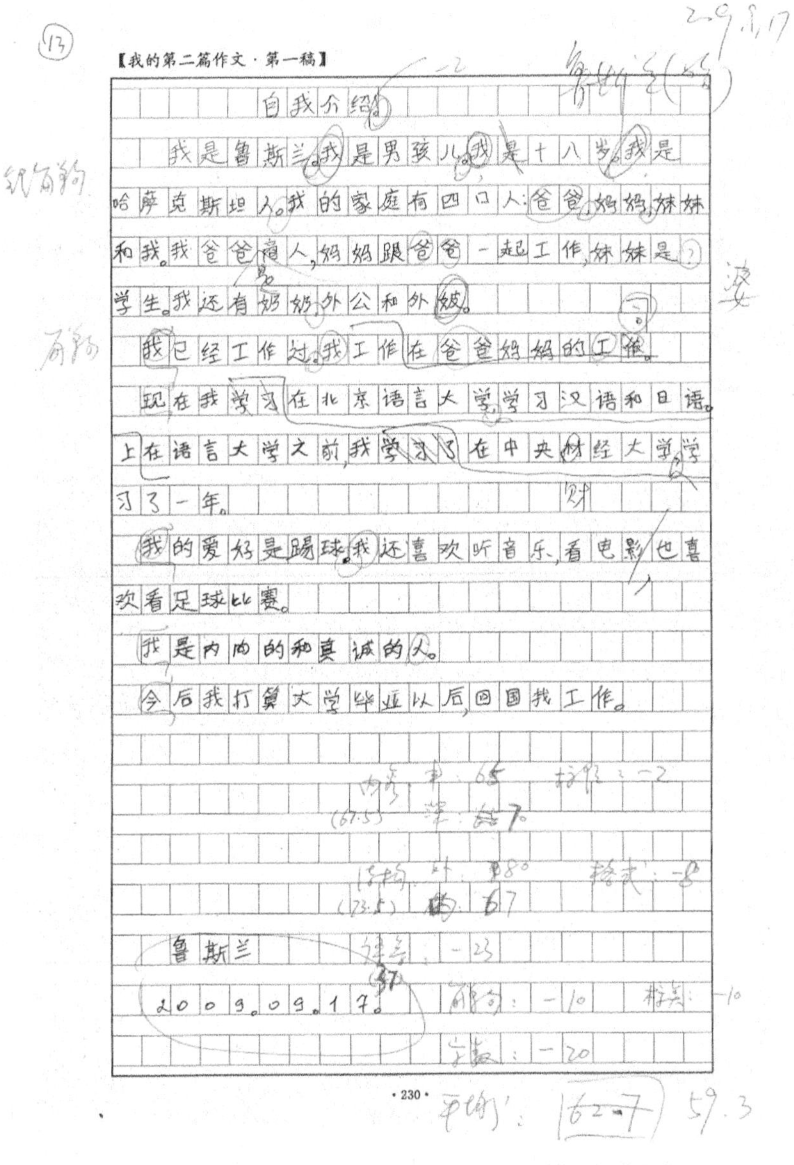
【我的第二篇作文·第一稿】

自我介绍

我是鲁斯兰。我是男孩儿。我是十八岁。我是哈萨克斯坦人。我的家庭有四口人：爸爸、妈妈、妹妹和我。我爸爸商人，妈妈跟爸爸一起工作，妹妹是学生。我还有奶奶、外公和外婆。

我已经工作过。我工作在爸爸妈妈的工作。

现在我学习在北京语言大学学习汉语和日语。在语言大学之前，我学习了在中央材经大学学习了一年。

我的爱好是踢球。我还喜欢听音乐、看电影也喜欢看足球比赛。

我是内向的和真诚的人。

今后我打算大学毕业以后，回国找工作。

鲁斯兰

2009.09.17。

· 230 ·

图 4－2　来自对照班哈萨克斯坦留学生鲁斯兰同学的《自我介绍》作文原图

（3）实验班的写前汉语构思训练

训练过程分为以下四个阶段：

① 活动一："敲击"话题关键词游戏（参考江苏母语课程教材研究所，

2004：281－291）。受试者手拿白纸和笔，写下各自脑海中刚才出现的题目或题目中的关键词语，可写下自己感兴趣的任何内容。要求写得越多越好。图 4－3 为一名俄罗斯留学生所写的关键词语。

秋天　中学　友谊　初恋　聊天　гулять[①]　男孩子　学习　无聊　想睡觉　离开　想念　最好朋友　伤心　上大学　расставание[②]　Разные пути[③]

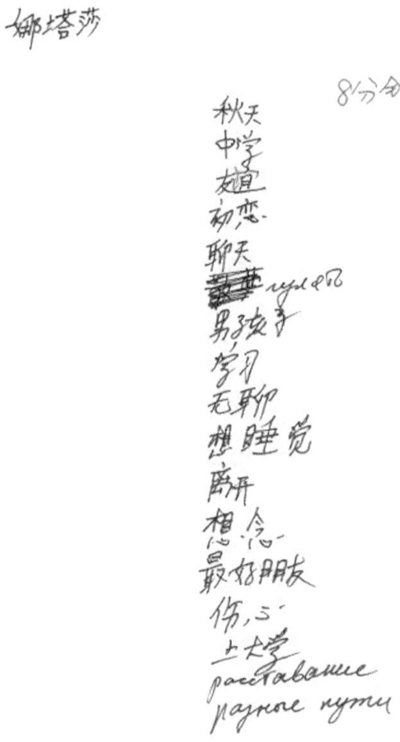

图 4－3　俄罗斯留学生娜塔莎同学撰写的关键词语原图

② 活动二：进行发散思维，网式联想游戏。受试者从以上关键词语（或其他）中选出一个自己最感兴趣的写在纸中央，将这个核心词（句/表达）

① Гулять 意即“散步”。

② Расставание，意即“劳燕分飞”。

③ Разные пути，意即“各奔前程”。

划上圆圈。然后让自己的思想自由驰骋，并写下所有自己认为与此有关联的词语，并用线条将内容相关的词语连接起来，要求越丰富越好。图 4-4 为一名泰国留学生的发散思维联想图。

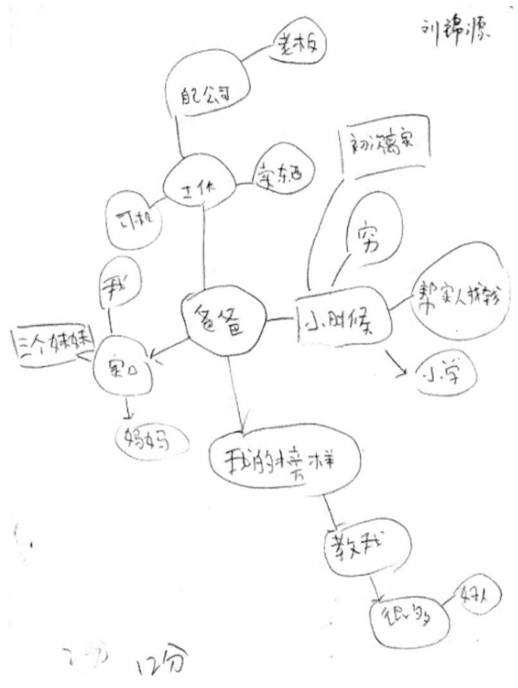

图 4-4　泰国留学生刘锦源同学撰写的网式发散思维联想图原图

图中写了自己的“爸爸”“小时候”只上了小学，因家“穷”，所以不得不“初次离家”去“帮家人找钱”。后来爸爸做过很多“工作”，做过“司机”，还“卖东西”，后来开了“自己公司”。当了“老板”。现在家人（“家口”）除了爸爸，还有“妈妈”“三个妹妹”和“我”。爸爸是“我的榜样”，他常“教我”“很多”，让我做一个“好人”。

③ 活动三：排队归类，编排提纲游戏。活动方法及其操作过程：再拿一张纸，要求受试者根据已经画出的联想图，对联想信息进行“排队”“归类”，整理和编排出清晰的作文提纲（见图 4-5）。

日本留学生河原聪子的提纲：

a. 今年春节我才知道 H1N1 很厉害；

b. 暑假时，有好几个同学感染了 H1N1，以后我也在饭店被隔离了；

c. 我有急事，要求批准我出去；

d. 秋天我终于打疫苗，才放心了。

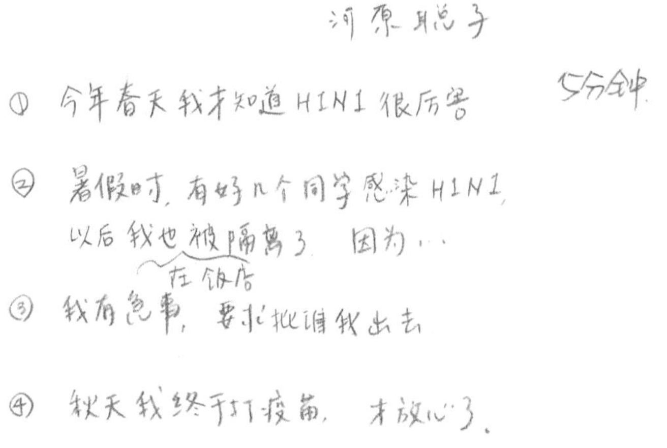

河原聪子

5分钟

① 今年春天我才知道H1N1很厉害

② 暑假时，有好几个同学感染H1N1，以后我也被隔离了，因为…

在饭店

③ 我有急事，要求批准我出去

④ 秋天我终于打疫苗，才放心了。

图 4－5　日本留学生河原聪子同学的提纲原图

④ 活动四：正式写作。学生根据已经整理出来的写作提纲，写一篇汉语作文（使用专供汉语写作用的方格纸），见图 4－6、图 4－7。

酒

酒一个词里边，有很多包括意思。有友情，爱，错误，高兴，悲愁，等等……

人们是高兴的时候喝酒，悲愁也喝酒。所以周末的时候在酒点里很多人。但喝多的时候有醉的事情。喝醉的话有的人高高兴兴，有的人很悲愁。因为喝醉事清是自己心里的心情的长情是很容易。所外可以可以得到友情，爱什么的。

酒是有很多种有韩国的烧酒，中国的白酒，西方的啤酒等等。每个国家的酒是国家的季节，吃的习惯，温度等。随着国家的特性，口道苦不苦，甜不甜这样决定了。

酒是不常常喝的话对身体不好对胃，肠等但是喝一点儿，一点儿的话对身体有好处。所以喝小一点儿点注意身体，很健康。

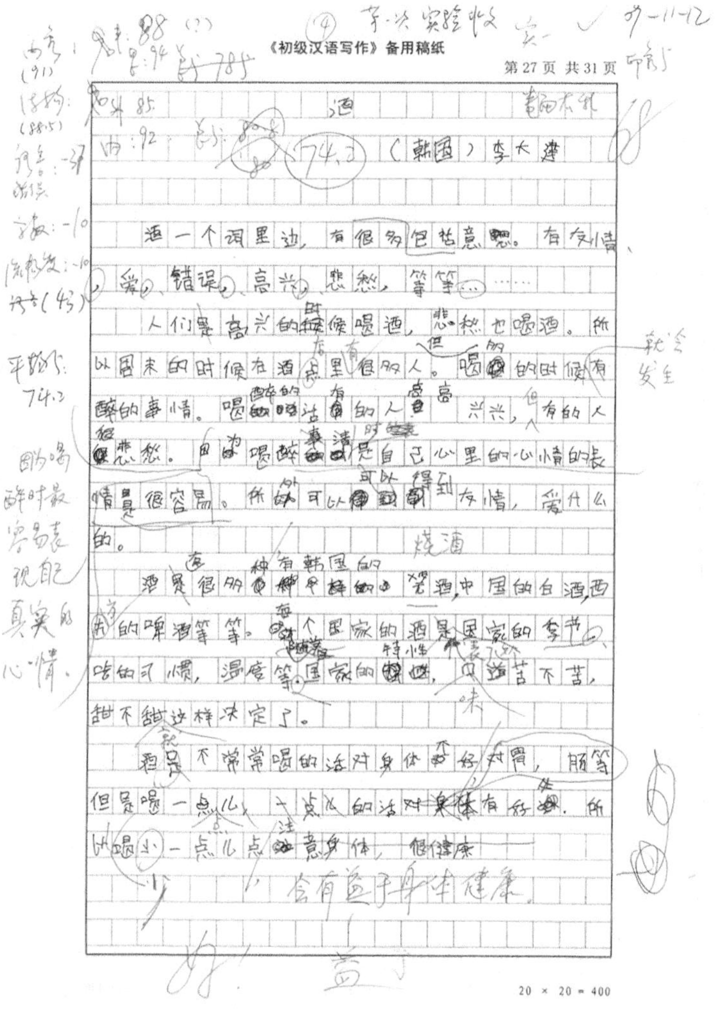
《初级汉语写作》备用稿纸

第 27 页 共 31 页

酒

（韩国）李大建

酒一个词里边，有很多包括意思。有友情、爱、错误、高兴、悲愁、等等……

人们是高兴的时候喝酒，悲愁也喝酒。所以因来的时候在酒店里很多人。喝醉的时候有醉的事情。喝醉的时候有的人高兴兴，有的人很悲愁。因为喝醉是自己心里的心情的表情是很容易。所以可以得到友情，爱什么的。

酒是很多种韩国的烧酒，中国的白酒，西方的啤酒等等。每个国家的酒是国家的季节、吃的习惯、温度等国家的特性，知道苦不苦，甜不甜这样决定了。

酒是不常常喝的话对身体不好对胃，肠等。但是喝一点儿、一点儿的话对身体有好处。所以喝一点儿点注意身体，很健康。

20 × 20 = 400

图 4－6　来自实验班韩国留学生李大建同学在写作后测中写的《酒》作文原图

初到中国

去年九月三十一日，我坐飞机来到北京。

我不习惯地是北京的空气。以前我听说北京的空气污染，但是我没想到哪么严重。还不习惯地是北京的地铁，因为在我们的国家没有地铁。

不好的习惯还有，就是在路上我时候看到有人随便吐口水，我觉做这样的事儿不礼貌。

北京的好方面是交通。我觉得这样因为在我住的城市交通还乱。中国还有一个好方面，就是电器的情况，因为在中国电器还便宜。

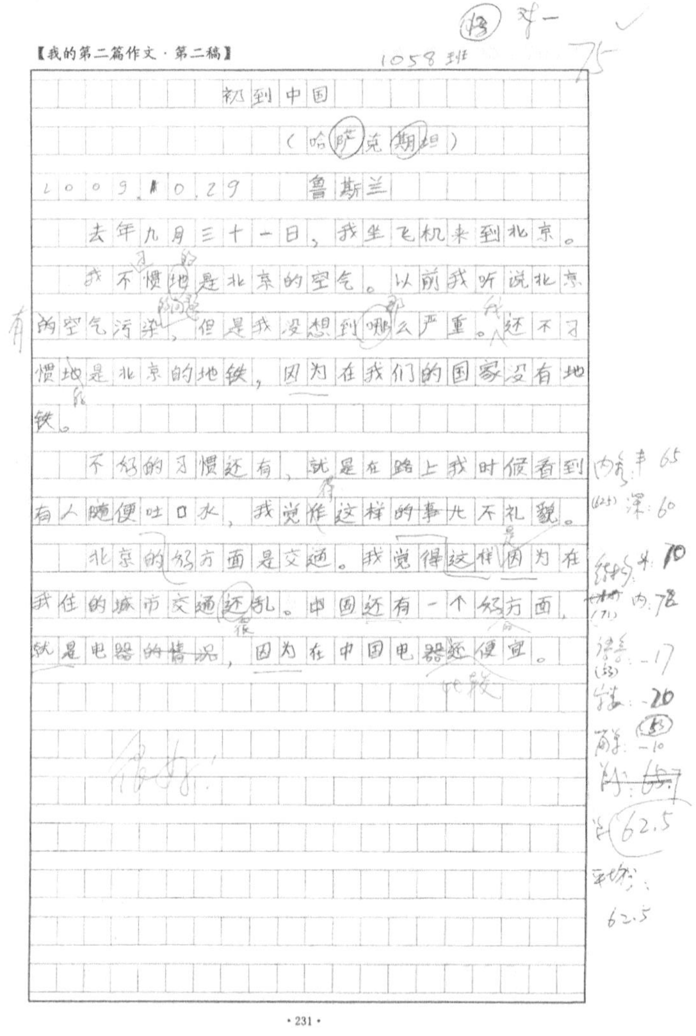

【我的第二篇作文·第二稿】

初到中国

（哈萨克斯坦）

2009.10.29　鲁斯兰

去年九月三十一日，我坐飞机来到北京。

我不惯地是北京的空气。以前我听说北京的空气污染，但是我没想到哪么严重。还不习惯地是北京的地铁，因为在我们的国家没有地铁。

不好的习惯还有，就是在路上我时候看到有人随便吐口水，我觉得这样的事儿不礼貌。

北京的好方面是交通。我觉得这样因为在我住的城市交通还乱。中国还有一个好方面，就是电器的情况，因为在中国电器还便宜。

· 231 ·

图 4－7　来自对照班哈萨克斯坦留学生鲁斯兰同学在写作后测中写的《初到中国》作文原图

2. 问卷调查

写作测试之后进行问卷调查，调查受试者对于汉语构思实验的看法及个人构思习惯。该问卷可作为参考，与测试中得到的结果进行对照。

3. 作文评分

对留学生在构思训练之前和之后的作文，分别从内容思维、篇章组织及句子复杂流利程度三个方面进行评分，即内容分、结构分及语言分，其中内容分主要考察学习者作文中与思想内容有关的思维活动，为了能较全面客观地衡量学习者与内容有关的思维水平，我们从主题是否鲜明准确、内容是否偏离主题要求、内容是否丰富深化、主次是否清楚突出等角度进行考察并评分；结构分主要考察学习者作文中和篇章结构组织有关的思维活动，为了尽可能全面客观地测量学习者篇章结构组织的质量，我们主要从内在层次推理是否清晰严密，以及组句水平（简单句句数、复合句句数）、分段水平、构篇水平、承接水平（通过表示过渡、关联、衔接的段、句、词对全文予以上下承接）等方面考察并评分；语言分考察文本输出，即有关遣词造句的思维活动，我们主要从词语水平，以及语法错误、用词错误、错别字、标点符号错误、格式错误、字数等方面考察衡量语言的准确度，采取根据语言形式错误的扣分原则来评分。

以上三项的平均分即为总分，用以测量留学生汉语作文的质量。

三、汉语写前构思实验的结果

（一）前测和后测中作文成绩统计与分析

1. 前测中的作文成绩统计与分析

为了保证参加研究的两个班写作学习的原始水平相似，实验前，我们对这两个班进行了前测，把本学期第一次写作的内容《自我介绍》，作为对两个自然班的基础衡量。两个班的写作要求完全一样，统计结果见表 4-2。

表 4-2　　实验前测中两个班作文成绩的描述统计

班级	平均值	中值	标准误差	标准差	偏斜度	方差	峰态	最大值	最小值	全距	观测数	置信度（95.0%）
实验班	72.40	73.80	3.08	12.71	-0.35	161.62	-0.85	89.50	47.80	41.70	17	6.54
对照班	72.11	75.00	3.13	11.70	-0.55	136.84	-0.80	85.80	49.00	36.80	14	6.75

从表 4－2 我们可以看出，在前测中，这两个刚开始学习汉语写作的自然班，在汉语写作学习上总体水平非常相近，平均成绩基本相同。实验班成绩的平均值、中值较为接近，说明其呈近似正态分布；而对照班的该 2 项值有一定的偏差，说明成绩呈不完全对称分布。

但是成绩的分布却不很相同，两个班的分数都比较分散，标准误差、标准差、最大值、最小值和全距的数据说明实验班中高分和低分差距比对照班更加明显，离散程度较大，对照班成绩的离散较小。表 4－2 显示两班成绩分布在偏斜度、峰态数值上均为负偏态分布，均呈平阔峰。

2. 后测中作文成绩的统计与分析

前测完毕后，我们对实验班和对照班同时开展了写作活动，要求是：自由写作，题目自拟，写得越长越好。我们对实验班开展了写前汉语构思游戏活动，而对照班没有实行该项活动的干预，只是任凭留学生个人完成缄默构思后写作。

对这两个班在后测中的汉语作文进行评分，两班成绩对比结果见表 4－3。

表 4－3　　实验后测中两个班作文成绩的描述统计

班级	平均值	中值	标准误差	标准差	偏斜度	方差	峰态	最大值	最小值	全距	观测数	置信度（95.0%）
实验班	79.05	81.20	2.00	8.23	－0.56	67.79	－0.02	93.50	63.50	30.00	17	4.23
对照班	69.19	68.55	2.08	7.80	－0.70	60.82	1.06	80.50	50.80	29.7	14	4.50

表 4－3 显示，无论是实验班还是对照班，作文成绩的平均值、中值较为接近，说明其呈近似正态分布。实验班、对照班偏斜度都小于零，呈负偏态分布；实验班峰态小于零，呈平阔峰。而对照班峰态大于零，呈尖峭峰。我们还可看出，实验班的平均成绩为 79.05，对照班的平均成绩为 69.19，实验班比对照班几乎高出 10 分。两个班已经出现显著差异。

假设这两个班后测的成绩总体服从正态分布，方差相等，那么，这两个班相比，是否有显著差异呢？我们采用Excel进行独立小样本的t-检验，结果为：自由度df=29，p值（单尾）=0.000 993远小于0.05，p值（双尾）=0.001 985也远小于0.05，表明这两个班的作文成绩存在显著差异。这种差异说明，采取汉语思维的写前干预这一教学活动导致两个组的作文成绩出现了差异，实验组的作文成绩显著高于对照组。

为什么对照班在后测的作文平均分（69.19）相较前测平均分（72.11）下降了呢？主要原因是后测作文难度比前测有所加大，而对照班留学生在缺乏写前构思的情况下，出现思维受困的现象，因此写作成绩不太理想。而实验班在汉语写前构思活动的引导下，较顺利地通过了难关，普遍取得了进步。

（二）留学生对写前构思活动认识的问卷调查

该项实验及调查也在中高年级同时施行，以考察三个年级留学生对该项写作实验活动的认识。其中一年级18人，二年级18人，三年级20人。

在问题涉及留学生自己的汉语写作水平与母语写作水平的比较时（见表4-4），一年级分别有38.9%和16.7%的留学生认为自己的汉语写作水平比母语写作水平“差远了”和“差一些”，共计55.6%，可见，从一开始留学生普遍对用汉语作为第二语言写作感到力不从心，值得注意的是，这种感觉随着年级的升高而增强，二年级该两项之和上升为61.1%，三年级则升至75%，表明随着留学生表达欲望的增强，其汉语书面表达愈感窘困。

表4-4　“我觉得我的汉语写作水平比母语写作水平______”

不同选项人数的百分比

年级	A. 好得多	B. 好一些	C. 一样	D. 差一些	E. 差远了
一年级	11%	5.6%	27.8%	16.7%	38.9%
二年级	0	11.1%	27.8%	44.4%	16.7%
三年级	5%	15%	5%	50%	25%

在问及留学生在汉语写作课堂上的构思用语习惯时（见表4-5），调查统计的数字随着年级的升高有所变化，即使用“汉语”者（22.2%→5.6%→0）、“有时用母语有时用汉语”进行构思者（44.4%→33.3%→30%）呈越来越少

的趋势，而选择“多半是汉语”者却呈递增趋势（0→11.1%→15%），另外，使用“母语”者和“多半是母语”者则不呈规律性表现。这反映了留学生在用汉语写作时不仅不可避免母语的参与，而且似乎对自发地采用汉语构思颇感困难，但对汉语中介语的使用随年级增高有递增趋势。

表 4-5 “我通常习惯用______进行构思”不同选项人数的百分比

年级	A. 母语	B. 有时用母语有时用汉语	C. 多半是母语	D. 多半是汉语	E. 汉语
一年级	16.7%	44.4%	16.7%	0	22.2%
二年级	5.6%	33.3%	44.4%	11.1%	5.6%
三年级	20%	30%	35%	15%	0

当问及感觉在哪种情况下“写作更有灵感”时（见表 4-6），选择“做写前计划”的学生占主流，一年级占 66.7%，二年级占 44.4%，三年级占 65%。可见写前计划（运用汉语思维活动），对留学生采用目的语作为思维用语的确有所增益。与此相反，选择“不做写前计划”的学生呈递减态势（22.2%→16.7%→15%），但仍有一部分学生认为“做不做都无所谓”，其中尤以二年级留学生居多，可能因实验者为陌生人，带来了一定的消极影响。

表 4-6 “我感觉在______情况下，写作更有灵感”不同选项人数的百分比

年级	A. 做写前计划	B. 不做写前计划	C. 做不做都无所谓	D. 其他
一年级	66.7%	22.2%	11.1%	0
二年级	44.4%	16.7%	38.9%	0
三年级	65%	15%	20%	0

当问及在过去一开始写作时，能否很快回忆起以前的见闻、生活经验和思想时（见表 4-7），一年级、二年级、三年级分别有 77.8%、83.3%、85%的留学生感到“有点想不起来”或“几乎都想不起来”，这一随年级升高而呈递增的趋势反映了一个重要现象，即低年级开展的记叙文写作思维活动中由于常伴随强烈情感和鲜明形象，较容易写作，而进入高年级则理

性思维比重逐渐加强，写作内容愈来愈抽象（记叙文→说明文→议论文），随着写作难度的加大，写作时遗忘遂成为常见现象。其实，这往往就是造成学生缺少写作灵感的一个重要原因。

表 4－7　“以前，刚开始写作的时候，我______以前的见闻、生活经验和思想”不同选项人数的百分比

年级	A. 几乎都想不起来	B. 有点想不起来	C. 不能确定	D. 记得还比较清楚	E. 记得非常清楚
一年级	38.9%	38.9%	0	16.7%	5.5%
二年级	38.9%	44.4%	0	16.7%	0
三年级	25%	60%	0	10%	5%

有意思的是，我们发现几近半数的留学生在实验后明确感到“能比以前想出更多的写作内容”（三个年级分别为 50%、44.4%、50%，见表 4－8），同时也有几近半数的留学生感到“和以前一样”，而且还有个别留学生表示因不太适应这项活动导致“反而想不出来什么内容”，这也反映了写作思维个性化的特点。仅从这一次实验活动的成效看，写前构思游戏的确有助于留学生临写时唤起长时记忆，为作文构思提供基本内容，但我们也看到，如果多开展几次这样的活动，一定会有更多的留学生适应该项活动并文思泉涌。

表 4－8　“写前构思游戏活动时，我写作时______”不同选项人数的百分比

年级	A. 能比以前想出更多的写作内容	B. 和以前一样	C. 反而想不出来什么内容	D. 其他
一年级	50%	44.4%	5.6%	0
二年级	44.4%	55.6%	0	0
三年级	50%	45%	5%	0

留学生的写作素材虽然比以前增多了，可写作思路是否也比以前更加清楚呢？当问及写作思路情况的前后对比时，我们发现，年级越低，写作思路愈加清楚（55.6%→50%→35%，见表 4－9），可能跟低年级写作内容

较简单、易规划有关，而高年级留学生在“写作思路”的明晰性上则情况较为复杂。

表 4-9　“写前构思游戏活动时，我的写作思路＿＿＿”不同选项人数的百分比

年级	A. 比以前更清楚	B. 和以前一样	C. 反而没有以前清楚	D. 其他
一年级	55.6%	44.4%	0	0
二年级	50%	38.9%	11.1.%	0
三年级	35%	40%	5%	20%

当问及留学生对三项写前思维活动的具体感受时（见表 4-10、表 4-11、表 4-12），关于“第一个活动：写作关键词”，一年级、二年级、三年级留学生中认为“非常有用”和“比较有用”的分别为 61.1%、27.8、60%[①]；关于“第二个活动：发散思维，网式联想”，一年级、二年级、三年级留学生中认为对自己的写作“非常有用”或“比较有用”的分别为 55.6%、50%、65%；关于“第三个活动：归类排对，编写提纲”，一年级、二年级、三年级留学生中认为对自己的写作“非常有用”或“比较有用”的分别为 55.5%、44.5%、65%，而年级且在各项调查中，选择“比较有用”者占绝大多数，且三年级的选择率明显高于一年级，显示了高年级留学生面临写作构思复杂程度的提高，对写前构思活动的重视程度也随之提高。

表 4-10　“我认为第一个活动：写作关键词，对我的写作＿＿＿”不同选项人数的百分比

年级	A. 非常有用	B. 比较有用	C. 一般	D. 不太有用	E. 完全没有用
一年级	16.7%	44.4%	38.9%	0	0
二年级	11.1%	16.7%	66.6%	0	5.6%
三年级	10%	50%	20%	10%	10%

① 现场观测显示，二年级在开展第一项活动时，由于二年级的实验是在非笔者的教学班上做的，受试双方关系陌生，一些留学生一开始没能集中注意力，可能因此影响了他们对第一项活动的感受。

表 4-11　　“我认为第二个活动：发散思维，网式联想，对我的写作_____”不同选项人数的百分比

年级	A. 非常有用	B. 比较有用	C. 一般	D. 不太有用	E. 完全没有用
一年级	22.3%	33.3%	33.3%	11.1%	0
二年级	5.6%	44.4%	44.4%	5.6%	0
三年级	10%	55%	30%	5%	0

表 4-12　　“我认为第三个活动：归类排对，编写提纲，对我的写作_____”不同选项人数的百分比

年级	A. 非常有用	B. 比较有用	C. 一般/不确定或说不清	D. 不太有用	E. 完全没有用
一年级	22.2%	33.3%	38.9%	5.6%	0
二年级	16.7%	27.8%	44.4%	5.6%	5.6%
三年级	0	65%	30%	0	5%

关于对这次活动的态度（见表 4-13），一、二、三年级分别有 72.2%、61.1%、50%的留学生认为“非常有好处”或“比较有好处”，呈递减趋势。其中，认可“比较有好处”的人占主流。还有，在做写前游戏时，一年级留学生的心理感觉普遍是：“有趣”（33.3%）、“担心”（22.2%）、“自信”（22.2%）、“一般可以适应”（22%）等（见表 4-14）。由于二年级的实验不是在笔者的教学班上做的，所以部分学习者对实验产生了“很难适应”的表现。

表 4-13　　“你认为这次写前构思游戏活动对这次写作_____”不同选项人数的百分比

年级	A. 非常有好处	B. 比较有好处	C. 无所谓	D. 没什么必要	E. 完全不必要
一年级	33.3%	38.9%	27.8%	0	0
二年级	22.2%	38.9%	33.3%	5.6%	0
三年级	10%	40%	40%	10%	0

表 4-14　“在做写前游戏时，我感到______”不同选项人数的百分比（注意：可以填写多项）

年级	有趣	愉快	担心	紧张	自信	没信心	一般可以适应	很难适应
一年级	33.3%	11.1%	22.2%	5.6%	22.2%	11.1%	22.2%	0
二年级	33.3%	22.2%	16.7%	22.2%	5.6%	16.7%	16.7%	22.2%
三年级	30%	25%	5%	20%	0	15%	20%	0

关于语言表达和写作速度（见表 4-15、表 4-16），有半数以上的留学生（55.6%、66.7%、50%）认为自己语言表达的水平仍“和以前一样”，这可能与该项实验的目的及设计有关，因为该实验关注的重点在于留学生汉语构思能力的增强而不在语言表达的准确性上。但也有不少留学生（44%、22.2%、50%）认为实验后，“我的语言表达比以前更加流畅了”，有的留学生（27.8%、38.9%、45%）认为写作速度比以前“变快了”，且统计数字随年级增高呈递增趋势，这也许是文思打开后，文意畅达所产生的效果。但也有半数及以上留学生（66.6%、50%、50%）感觉写作速度依然“和以前一样”，还有个别留学生在问卷上写下了疑问：“写作之前的活动花了较多时间，因而写作时我很着急地写”。

表 4-15　“写前构思游戏活动之后，我的语言表达______”不同选项人数的百分比

年级	A. 比以前更加流畅	B. 和以前一样	C. 反而没有以前流畅	D. 不好说
一年级	44.4%	55.6%	0	0
二年级	22.2%	66.7%	11.1%	0
三年级	50%	50%	0	0

表 4-16　“写前构思游戏活动时，我的写作速度______”不同选项人数的百分比

年级	A. 变快了	B. 和以前一样	C. 变慢了
一年级	27.8%	66.6%	5.6%
二年级	38.9%	50%	11.1%
三年级	45%	50%	5%

同时我们也看到有半数以上的留学生“希望以后多做这样的教学游戏活动”（见表 4-17）。具体数据为：一年级占 55.6%、二年级占 55.6%、三年级占 50%。这些回答与我们进行该项实验的初衷是一致的。可以看出，该实验在留学生心理上所产生的结果与写前构思实验的出发点是相同的，即实验达到了预期的效果。如果该活动反复再开展几次，使留学生更加适应，效果应该会更好。

表 4-17　“希望以后＿＿＿做这样的教学游戏活动”不同选项人数的百分比

年级	多	无所谓	少
1 年级	55.6%	44.4%	0
2 年级	55.6%	44.4%	0
3 年级	50%	40%	10%

（三）实验后教师日记分析

实验后，教师发现实验班和对照班学生有明显差异。下面摘自作者所写的教学日记。

在几次活动后，实验班的写作水平有明显进步，体现在：

首先，实验班作文在思想深度、内容丰富上明显好于对照班，也更富于条理性，对于所描述的对象充满了感情和观察回味的精神，例如李大建同学，在实验班前测中是最低分，以前总是逃避写作，即使写作也内容贫乏，构思简单，可是经过这次构思训练，他频频进入专注、凝神的构思状态，写出了生动、有韵味的文章内容，而且层次也清楚了很多，虽然尚未达到要求的字数，但与以前相比，字数大大增加了。

其次，实验班学生写作热情普遍高涨。过去，当教师点名让学生上来演讲作文时，上来的学生总爱遭到哄笑、打趣，上来的学生只得急急忙忙应付差事，小声尽快地读完。然而，现在不一样了，泰国学生刘锦源同学提前给教师打了招呼，要求第一个先朗读他的作文。他才一读完，从来都坐在最后边角落里，戴着严实的大风雨帽子，总爱埋着头，也不让开教室后排灯的韩国女学生权美英同学就举手上来朗读作文，虽然仍戴着大帽子，右手拿着文稿，左手翻起来遮住眼帘，但是她充满激情，抑扬顿挫的朗读，赢得了热烈的掌声。留学生们争先恐后地举手上来朗读，掌声和笑声充满了真诚、友善和欣赏。

而对照组呢？这个班比较沉闷，教师也要求学习者向全班同学“发表”——朗读，但是相对而言，这个班显得有些问题。

首先，这个班的作文在内容上明显不及实验班丰富，思想表达上也较肤浅。例如教师问鲁斯兰同学：“你能不能写得再丰富一点？”他摇摇头微笑着说：“一直就这样，找不到什么可写的。”在作文内容上没有太多进展。

其次，这个班的留学生学习态度不是很积极，虽然没有嘲笑打趣声，但也没有太多的欣赏热情。朗读声音特别小，没有要让别人欣赏自己作文的愿望。

从教师的教学日记中可以看到，在写前运用过汉语进行构思活动的实验班的留学生的作文质量明显好于对照班。

四、该实验的理论依据

写作能力是智能（思维能力和心理活动能力）和技能（掌握和运用各种技巧的能力）的综合反映，包括遣词造句、布局谋篇的能力（语言表达能力）以及观察事物（生活感知能力）、分析事物的能力（认知能力）。留学生要想把汉语变成能自如表达自己思想感情的工具，无疑需要经过思考、质疑、探索和将思路条理化的过程，而“良好的思维方式包括一套发达思维（Developed Thinking）和学习技巧（Learning Skill）”。（斯腾伯格、史渥林，2001：33－34）那么，在采用了写前运用汉语构思的方法之后，为什么能取得一定的成效呢？作者认为基于认知心理学研究基础上的“支架式”教学理论为这一实验提供了理论支持。

“支架”式教学法指围绕当前的学习主题，为学习者提供一种概念框架（即搭建一个便于登攀的脚手架），一个模拟的真实情景，然后将学生引入一定的问题情境中（即概念框架中的某个节点），让学生独立探索，并且进行小组协商、讨论，使学生自己在概念框架中不断攀升，最终通过支架把管理调控学习的任务逐渐由教师转移给学生自己，最后撤去支架的教学方法。它对教师组织课堂活动、设置不同层次教学环节给予了有效的指导。（张建伟、陈琦，1996）“支架”式教学法包括以下步骤。

第一步，搭支架。支架（Scaffolding）本意是建筑行业所使用的“脚手架”，建构主义者借用它来形象比喻学习中所须理解知识的概念框架。在本实验写前构思的第一个活动——“敲击”话题关键词游戏中，留学生写下各自脑海中刚才出现的题目或题目中的关键词语或自己感兴趣的任何内容，就是给留学生设置了一个使其感兴趣的真实经验的情境，使其在情境内部产生真实问题，将其思路引入问题情境。该活动有利于培养留学生对写作信息策略的运用。

第二步，进入情境。在第二个活动——进行发散思维，网式联想游戏中，受试者从关键词（或其他）中选出一个自己最感兴趣的写在纸中央，将这个核心词/句/表达划上圆圈。然后让自己的思想自由驰骋，并记下所有自己认为与此有关联的词语，并用线条将内容相关的词语连接起来，符合按“最邻近发展区”的要求建立框架的理论。我们支持和鼓励留学生打破平时合乎逻辑的严谨思维方式，不从“概念”“形象”进行逻辑推理，而是发挥其思维的直觉能力，进行开放式探索，将构思过程中忽然闪现但转瞬即逝的思想火花记录下来，促使他们从思考问题时呈连续垂直形式的习惯性思维方式转入脱离固定概念的侧、反面进行思考，不断探求新的出发点。

第三步，继续攀升。在第三个活动——排队归类，编排提纲游戏中，要求受试者根据已经画出的联想图，给其“排队”“归类”，整理和编排出清晰的作文提纲，这是一个观念产出与信息组织的过程，也是一个继续攀升的过程。教师引导学习者从冗杂的信息中提炼出结构清晰的写作提纲，决定探索的方向和主题，该活动有利于培养留学生对作文意义的建构和安排文本形式结构的能力。

第四步，独立探索（Excursions）。在第四个活动——正式写作中，写作者根据已经整理出来的写作提纲，写作汉语作文，体现了教师通过脚手架的支撑作用（或曰“支架作用”），使留学生沿“脚手架”一步步攀升，最终完成对书面语言的建构。

值得注意的是，由于写作者的实际写作水平与教师指导下进一步提升时潜在的发展水平之间存在着距离，教师在进行写作指导时，应按学生写作能力和语言能力来“创造最邻近发展区”，合理搭建“脚手架”，才能有效提高写作者写作能力。

五、结语

以上基于认知心理学研究基础上的“支架式”教学理论，为我们进一步了解本实验及调查的结果提供了理论视角。使用目的语——汉语进行写前构思活动会对留学生汉语写作质量产生好的影响，而这种活动在汉语作为第二语言写作教学中是可以实现的。

该实验尚存许多有待完善和探讨的空间，例如当留学生在写前构思的三张图上写下自己头脑中呈现的念头时，可要求他们用最先在脑中呈现的语言形式（母语、汉语或其他语言）进行记录，并分别量化，就能更清楚地了解留学生构思中的用语情况；还可对写前构思时间的长短及写作速度与作文质量进行量化，观察其中是否存在一定的关系。该实验尚无法量化留学生汉语写作过程中汉语思维能力的高低，以及构思水平的高低与作文质量是否成正比；也还不能回答汉语参与比例相对大的学习者，其汉语写作水平是否比母语参与量较多的学习者高等问题。总之，本论文意在抛砖引玉，期待同行在此基础上进行更加深入和有效的研究。

第二节　二语学习者仿写对偶修辞格对其汉语作文影响分析①

一、缘起

孔子曰：“辞达而已矣。”《礼记·表记》云：“言以足志，文以足言。”揭示了语言表现是写作的根本所在。母语学习者的“辞达”，往往指用语

① 部分内容曾分别发表在《北京语言大学第十届科研报告会论文选》（北京语言大学出版社，2016年）、《台湾华语教学研究》（2015年第1卷）、《第十一届国际汉语教学学术研讨会论文集》（四川出版集团巴蜀书社，2013年）。这里为了便于读者能够更加翔实地观察到实验经过，故根据实验情况做了补充。

的精准和创意，所谓“意深笔工”，然二语学习者由于语言基础比母语学习者欠缺更多，即使意深也未必能辞工，所以我们常常看到，虽已经过一段时间的学习，留学生写作仍难以“辞达”，或即使能达意，却普遍缺乏句式变化，没有文采——这说明留学生对于汉语修辞的学习和运用非常缺乏。中国传统写作理论认为“剖情析采”（刘勰 1958）是让表达变得精彩的重要手段，而“修辞”正是语言形式调整与运用的关键，刘勰曰：

建言修辞，鲜克宗经。(《文心雕龙·宗经》)

及乎春秋大夫，则修辞聘会。(《文心雕龙·才略》)

强调了修辞在语言运用中的重要性。对偶，正是传统的汉语写作中运用最广泛、意蕴最丰富的修辞方式，也是沉淀汉民族审美心理最深厚、最能体现汉语美的一种表达方式。

就文体而言，对偶在中国被广泛应用，尤其在古代诗歌、散文、新体赋、小说、说唱文学中运用频繁，其实，当代青年也非常喜欢用网络语言对对子，微信中对偶句仍然风行。流行歌曲也深受来华留学生喜欢。以周杰伦的歌词举例如下。

手牵手一步两步三步四步望着天，看星星一颗两颗三颗四颗连成线。(《星晴》)

秋刀鱼的滋味猫跟你都想了解，初恋的香味就这样被我们寻回。(《印第安老斑鸠》)

又如：

绿草苍苍，白雾茫茫。有位佳人，在水一方。(《在水一方》)

对偶不仅在叙事、抒情等文艺类文体中产生特殊的程序化审美效果，即使用于当今客观平实的说明文，对偶也可产生言简意赅、通俗易懂的效果，如：

a. 耐擦洗；b. 防静电；c. 花色多；d. 视觉清。(墙纸广告)

小身材，大味道，只溶在口，不溶在手。(巧克力广告)

而这些显然是会常出现在汉语作为二语学习者眼帘中的句子。

在不同语体中，对偶形式多样，语言风格因需而定，或典雅，或通俗，但都很有感染力和说服力——口头语体中的对偶有着独特的韵味，可叠字或加衬字，通俗流畅，结构宽松，自由灵活，表现力强，如：

吃得苦中苦，方为人上人。（俗语）

高高兴兴上班去，平平安安回家来。（公益广告）

（男唱：）什么水面打跟斗呢，什么水面起高楼呢，什么水面撑阳伞，什么水面共白头？（女唱：）鸭子水面打跟斗呢，大船水面起高楼，荷叶水面撑阳伞，鸳鸯水面共白头。（电影《刘三姐》）

书面语体中的对偶运用得最为广泛，表情达意最为丰富，工稳细致，结构完整，或声色高华，描绘形象、准确，以情感人；或用语典重，说理周详、透彻，使人信服，如：

一日三餐，何须八珍九鼎；三餐之盘，定要一干二净。（北京语言大学食堂标语）

嚼得菜根，做得大事。（南京大学食堂标语）

呜呼！以赂秦之地封天下之谋臣，以事秦之心礼天下之奇才，并力西向，则吾恐秦人食之不得下咽也。（苏洵《六国论》）

因此，对学习汉语的留学生开展有针对性的修辞教学无疑具有重要意义。

汉语修辞格有很多种，其中对偶具有特别重要的意义，而且易于仿写生成。宗庭虎、邓明以说：

对偶又称俪辞或对子，是运用字数相等、结构相同或相似的一对词组或句子，来表达相似、相连或相对内容的一种修辞方式。它借助于形式上的齐整与对称，显露出来，以增强语言的表达效果。（宗庭虎，邓明以，1988）

丽辞，即骈俪之辞。骈，《说文·马部》："骈，驾二马也。从马，并声。"段玉裁《说文解字注·马部》："骈之引申，凡二物并曰骈。"所以，"骈"有两物并列之意。《说文·鹿部》："丽，旅行也。"古文作丽，象两两相比之形，鹿之旅行谓结伴旅行，有骈行之意。《小尔雅·广言》："丽，两也。"郑玄曰："丽，耦也。"因此，丽有偶对之意。由此可见，丽辞大体上相当于今天所说的对偶之辞或对仗之辞。在自然界和社会生活中，人们无时无刻不在感受着对称所带来的美感，这便是对偶修辞格产生的原因，正如刘勰所言：

造化赋形，支体必双，神理为用，事不孤立。夫心生文辞，运载百虑，

高下相须，自然成对。(《文心雕龙·丽辞》)

既然造化在赋予生灵形体时，肢体都是双的，那么人在作文运思时，也自然会使各种想法两两配合，最终形成对偶句式。

对偶是中国社会运用最为传统和普遍的修辞形式，也是汉语修辞中的重点辞格之一。唐·刘知几《史通·杂说下》:

自梁室云季，雕虫道长，平头上尾，尤忌于时；对语俪辞，盛行于俗。

何凌风《试析〈史记〉对偶艺术》一文，共统计了《史记》130 篇，对偶句竟高达 4201 句。即使是不同体裁的汉语篇章也都呈现出对偶贯用其中的特征，正如黎运汉先生所言：

例如汉语诗行排列方式的“对称体”，小说的章回体和一些公文的程序以至用对偶式构成的标题等都显示出（汉语）不同于其他民族语言的风貌。（黎运汉，2000）

古代中国人学知识的第一步就是学对对子，看上联，仿下联。

中国民间流传着无数关于对偶的佳话，迄今依然盛行对对子的风俗。无疑，对偶是“民族语言的精华，是民族语言高度发达的标志，是一个民族使用语言成熟的体现”（黎运汉，2000），体现了“同一民族的人，在使用本民族语言上所表现出的同该民族心理、风尚、习俗等文化因素相适应，同民族语言的构成特点相联系的一系列为该民族的人共同具有的言语特点的综合”特征。（郑远汉，1998）

对偶修辞格对于汉语作为二语教学的意义并不仅于此，更在于它自身蕴含着强大的语言习得和生成功能，有助于二语学习者快速习得汉语字词句。在汉语作为第二语言教学的历史上，对偶早就作为一种重要教学手段被长期应用。以在日本开展的汉语写作教学为例：公元 804 年，日本僧人空海（774—835 年）到中国留学。归国时，空海将很多汉籍带回日本：

“携回书籍甚多，颇有论诗文写作者在其中，回国后，撰成《文镜秘府论》六卷，即大量援引这些著作。”（王运熙、杨明，1994）

空海大约在 817—820 年之间编写的《文镜秘府论》，虽然取材于《文心雕龙》等中国传统写作理论的论著，但在编排体例及教学原则上充分体现了汉语作为二语教学的鲜明特色，折射出在中国古代汉语作为二语写作教学的特点。

平安初期，日本人盲目地写了中国古诗。他们写诗也不晓得规律。空海一定是为教日本人写诗而编著了《文镜秘府论》。该书到江户时代，作家们，包括儒家的人，一直用来当做学习写诗的课本。（[日]渡辺照宏，1969）

在我国第一次明示了中国诗文的规范规则。到明治、大正时代（1868—1926年）一直用来学中国古诗古文的入门书。（[日]莲生観善，1981）

《文镜秘府论》是创作中国古诗古文的入门书。不仅对诗文，后来还对歌论（和歌的评论）产生了影响。（[日]岸田知子，2003）

而《文镜秘府论》最大的特色之一便是强调对偶修辞格的学习和运用。空海说：

夫为文章诗赋，皆须对属。（《文镜秘府论·论对属》）

其不对者，止得一处二处有之。若以不对为常，则非复文章。（若常不对，则与俗之言无异。）……故援笔措辞，必先知对，比物各从其类，拟人必于其伦。（《文镜秘府论·东卷·二十九种对》）

文词妍丽，良由对属之能；笔札雄通，实安施之巧。若言不对，语必徒申；韵而不切，烦词枉费。（《文镜秘府论·东卷·论对》）

都申明了对偶的重要性，甚至还强调："此之不明，未可以论文矣。"高度重视对偶在作文中的意义。为什么对偶教学如此受到重视呢？乃是因为生动简单的对偶训练可以作为提高汉语学习者阅读和写作能力的基础训练手段。

二、对偶在汉语作为第二语言教学中的功用

汉字圈国家学子们创作的若干优秀汉语诗文在该国历史长河中曾经灿若星辰，有的至今仍家喻户晓，而这些诗文的突出特点便是熟练地应用了对偶。在《文镜秘府论》中，空海精心编排了大量的对偶内容，这种安排其实用意深远，可见，中国古代延续了一千多年的教学对偶的方法凝聚了汉语教学与研究的科学道理，对汉语作为第二语言教学具有重要的启示意义。那么，对偶对于二语学习者有何意义呢？

1. 有利于学习者有机构建和扩展汉语词汇网络

文字是构成文章的最基本单位，如何排列组合表达何种意思都具有

一定的规则与方法。刘勰认为文字是语言外在的表现形式，是构成文章的基本材料，他在《文心雕龙》中专门用《练字》一篇来谈写作中的用字：

斯乃言语之体貌，而文章之宅宇也。(《文心雕龙·练字》)

在文章写作技巧中，字法是极其重要也是最为基础的。用字的方法多种多样，明代李腾芳认为：

字法甚多，有虚实、深浅、显晦、清浊、轻重、偏满、新旧、高下、曲直、平仄、生熟、死活各样。([明]李腾芳，2007：2490)

学习对偶不仅可以有效帮助学习者习得汉语词语，还能促使其有机地构建和扩展汉语词汇网络，有助于促使他们树立词类观念，对于训练学习者注意概念、分类、比较等逻辑关系很有帮助。

古代汉语词汇以单音词为主，通常一个字就是一个词，所以在古汉语中，字、词基本上是相同的。字是音、形、义的统一体，音是字的语音，形是字的形体，义是字的内容，而音、形是字的形式。字法：在文章写作技巧中，文字是构成文章的最基本单位，用字的方法多种多样。学习者需要通过习得过程建立一个记忆中的词语库，把语义关联的词放在一起，形成一个完整的、在语义上相关联的词语网络，而对偶教学正是可以快速扩大学习者汉语词汇量的最佳渠道，这就是为什么不管是母语者还是二语者，都需要学习对偶。

《文镜秘府论》是过去长期流行于日本开展汉语写作教学的教材，其中的《东卷·文二十九种对》详细介绍了教日本学习者掌握对偶句的方法和内容，例如第一种“的名对”(“的”，即准确、恰切、正好之意)，这是由明确的实体性语词在上下句相同位置上构成的对偶形式，是一种比较工整的对仗，要求不能错位，而且相对的语词的词性必须相同，且内容范畴也相同，是最基础的一种，故空海云：

初学作文章，须作此对，然后学余对也。

为了简明易懂，作者根据《文镜秘府论·东卷·文二十九种对·的名对》一节内容，整理如下（见表4－18)。

表 4－18　《文镜秘府论·东卷·文二十九种对·的名对》

写作指导	解说	举例	例文释意
“第一，的名对。（又名正名对，又名正对，又名切对）。”	“的名对者，正也。凡作文章，正正相对。上句安天，下句安地；上句安山，下句安谷；上句安东，下句安西；上句安南，下句安北；上句安正，下句安斜；上句安远，下句安近；上句安倾，下句安正：如此之类，名为的名对。初学作文章，须作此对，然后学余对也。或曰：天、地，日、月，好、恶，去、来，轻、重，浮、沉，长、短，进、退，方、圆，大、小，明、暗，老、少，俯、仰，壮、弱，往、还，清、浊，南、北，东、西。如此之类，名正对。”	“诗曰：‘东圃青梅发，西园绿草开；砌下花徐去，阶前絮缓来。’”	“释曰：上二句中：‘东’‘西’是其对，‘圃’‘园’是其对，‘青’‘绿’是其对，‘梅’‘草’是其对，‘发’‘开’是其对。下二句中：‘砌’‘阶’是其对，‘下’‘前’是其对，‘花’‘絮’是其对，‘徐’‘缓’是其对，‘去’‘来’是其对。如此之对类，名为的名对。”

由表 4－18，我们了解到初学者须掌握“天、地”“日、月”“梅、草”“砌、阶”等名词，“好、恶”“去、来”“发、开”等动词，“轻、重”“大、小”“壮、弱”等形容词，这些都是最基础的汉语词汇及分类，“初学作文章，须作此对，然后学余对也”，有助于促使学习者树立词类观念，对于训练学习者注意概念、分类、比较等逻辑关系很有帮助。

由表 4－18，我们看到空海所指“相对”的范畴有两种：一种是反义性对比，即“反对者”，“‘东’‘西’是其对”“‘前’‘下’是其对”“‘来’‘去’是其对”，由“事义各相反”的词汇组成；另一种是同类性、同义性对比，所谓“东西南北，方之类也”“鸟兽草木，物之类也”等，故“‘园’‘圃’是其对”“‘青’‘绿’是其对”“‘梅’‘草’是其对”“‘开’‘发’是其对”“‘阶’‘砌’是其对”“‘花’‘絮’是其对”“‘徐’‘缓’是其对”。进而由单音节相对，发展到双音节相对，再到单双音节搭配组合相对，如“善木”与“恶草”，直至复杂韵律组合，如“东圃青梅发，西园绿草开”，能快速扩大学习者汉字（词）量和增强学习者掌握汉字（词）运用的能力（见表 4－19）。

表 4－19　　《文镜秘府论·东卷·文二十九种对·互成对》

写作指导	解说	举例	例文释意
“第五，互成对。”	“互成对者，天与地对，日与月对，麟与凤对，金与银对，台与殿对，楼与榭对。两字若上下句安之，名的名对；若两字一处用之，是名互成对，言互相成也。”	“诗曰：‘天地心间静，日月眼中明；麟凤千年贵，金银一代荣。’” “又曰：‘岁时伤道路，亲友念东西。’”	“释曰：第一句之中，‘天地’一处；第二句之中，‘日月’一处；第三句之中，‘麟凤’一处；第四句之中，‘金银’一处：不在两处用之，名互成对。”

开始学习对偶，学习者就须要学会判明词性、词义的类别，培养良好的语言学习习惯，主动搜集、习得所学相关词语的反义词、同义词、近义词等，并琢磨怎样将它们铺排应用，从而不仅大大拓展了词汇量，还活学活用了这些词汇，强化了习得效果。词汇量增大的好处，便是有助于学习者在表达时不必捉襟见肘，而是能够宽裕地选择恰当的字词使表达更加贴切、绵密、谨严。

传统写作理论非常重视对语言知识的教学，空海既然重视通过教学对偶来培养学习者准确把握识字选词造句的能力，也就不少言及如何避免语病，减少偏误。《文镜秘府论》论述了作文中容易出现的用语失误：

夫为文章诗赋，皆须属对，不得令有跛眇者……何者？风与空则无形而不见，山与水则有踪而可寻，以有形对无色：如此之例，名为眇。或云：景风心色等，可以对虚，亦可以对实。今江东文人作诗，头尾多有不对。（东卷·二十九种对）

《文章典》论述了用字的问题：

构文之道，不外积字，用字一乖，判若秦越……一字之失，一句为之模糊；一句之误，通篇为之梗塞。（［清］来裕恂，1993：131）

如表 4－20 中，“两‘相’对于两‘空’，隔以‘沾衣’之句，‘夜夜’偶于‘朝朝’，越以‘空叹’之言：从首至末，对属间来，故名隔句对。”其中假如增加、减少或更换一个字，都会影响该诗的风格和神韵，正如刘勰所云：

句有可削，足见其疏；字不得减，乃知其密（《文心雕龙·熔裁》）

捶字坚而难移，结响凝而不滞，此风骨之力也。（《文心雕龙·风骨》）

续表

写作指导	解说	举例	例文释意
“第三，双拟对。”	是‘秋’，二‘秋’拟第二字；下句亦然：如此之类，名为双拟对。”	凉消凉易追。’” “或曰： 春树春花，秋池秋日； 琴命清琴，酒追佳酒； 思君念君，千处万处： 如此之类，名曰双拟对。”	‘阴’字； 第三句中，两‘炎’字拟一‘至’字； 第四句中，两‘凉’字拟一‘消’字： 如此之法，名为双拟对。”

表 4-21 说明，双拟对的做法是，在上下两句中，第一字和第三字都应该是同一个字，如“春树春花，秋池秋日”，这种已经形成固定化的语用程序，为学习者提供了许多可供套写的，与各种情景相应的词语搭配和句子框架，可视为“一串预制的连贯或不连贯的词或其他意义单位，它整体存储在记忆中，使用时直接提取，无须语法生成和分析。”（Wray，2002）随着学习者对对偶句形式和用法熟悉程度的增加，其大脑存储的词语搭配和句子框架更加丰富，便于学习者有意记忆和即取即用，促使他们交际时表达更加流利，准确性更高。

3. 对偶有助于学习者快速掌握汉语字词并学会造句

对偶可以是字词，也可以是句子，即对对子。

蔡元培早就认识到：

对课与现在的造句法相近……这一种功课，不但是作文的开始，也是作诗的基础。（蔡元培，2010）

明末清初戏曲学家李渔仿照《声律启蒙》写成的《笠翁对韵》，包罗天文、地理、花木、鸟兽、人物、器物等，内容、词藻十分丰富，而且这些富有文采的对偶均按韵分编，以平水韵的三十个韵部为目，把常见的韵字都组织进了韵语，读起来声韵协调，琅琅上口，如唱歌一般，尽显中国文字韵律的精妙和优美。例如：

晨对午，夏对冬。

海角对天涯。

茶解渴，酒消愁。

密云千里合；新月一钩弯。

风定落日闲不扫；霜余残叶湿难烧。

陌上芳春，弱柳当风披彩线；池中清晓，碧荷承露捧珠盘。（李渔，2009）

学习者从中得到语音、词汇、修辞的训练，从而熟悉对仗、用韵、组织词语的方法，最终能自由地遣词造句。清朝道光年间的米东居士评价《笠翁对韵》说：

其采择也奇而法，其搜罗也简而该；其选言宏富，则曹子建八斗才也；其错采鲜明，则江文通五色笔也。班香宋艳，悉入熏陶；水佩风裳，都归剪裁。或正对，或反对，工力悉敌；或就对，或借对，虚实兼到。揆之诗苑类格、上官仪六对之法，无不吻合。洵初学之津梁，而骚坛之嚆矢也。（米东居士，1992：443）

确如此言，李渔的《笠翁对韵》就是为了满足初学者学习对仗、平仄、用韵、组织词语等知识的需要而编写的，而它的流传与应用反映了传统汉语教学格外重视传授对偶写作技法的观念。

汉语作为母语教学尚且如此，作为二语教学汉语也有异曲同工之妙。身为二语学习者的日本人遍照金刚在为同胞编写汉语教材时，就极其重视对偶学习的功能：

凡为文章，皆须对属；诚以事不孤立，必有配疋而成。至若上与下，尊与卑，有与无，同与异，去与来，虚与实，出与入，是与非，贤与愚，悲与乐，明与暗，浊与清，存与亡，进与退：如此等状，名为反对者也。（事义各相反，故以名焉。）除此以外，并须以类对之：一二三四，数之类也；东西南北，方之类也；青赤玄黄，色之类也；风云霜露，气之类也；鸟兽草木，物之类也；耳目手足，形之类也；道德仁义，行之类也；唐、虞、夏、商，世之类也；王侯公卿，位之类也。及于偶语重言，双声迭韵，事类甚众，不可备叙。（《文镜秘府论·北卷·论对属》）

将优秀的对偶句作为范句的好处，是因为对偶兼有语篇功能和语篇意义，还兼有修辞和逻辑训练的功能。

（1）扩词成句体现出语言学习的层级性

对偶有利于开展字→词→句→篇的基础教学，体现出语言学习的层级性。“语块不仅包括多词的搭配、句子框架，还可以扩大到句子甚至语篇”（段士平，2008），《文镜秘府论》便介绍了长短不同的各种句式（见表 4－22）。

表 4-22　《文镜秘府论·东卷·〈笔札〉七种言句例》

名目	举例
“一曰，一言句例。”	“‘天’‘地’‘阴’‘阳’‘江’‘河’‘日’‘月’是也。”
“二曰，二言句例。”	“‘天高，地下’，‘露结，云收’是。”（“又‘翼乎，沛乎’等是。”）
“三曰，三言句例。”	“‘斟清酒，拍青琴’，‘寻往信，访来音’是也。”“又云：‘春可乐，秋可哀’。”
“四曰，四言句例。”	“‘朝燃兽炭，夜秉鱼灯’，‘宋腊已歌，秦姬欲笑’是也。”
“五曰，五言句例。”	“‘雾开山有媚，云闭日无光’，‘燥尘笼野白，寒树染村黄’是也。”
“六曰，六言句例。”	“‘讶桃花之似颊，笑柳叶之如眉’，‘拔笙簧而数暖，促筝柱而劬移。’”
“七曰，七言句例。”	“‘素琴奏乎五三拍，绿酒倾乎一两卮’，‘忘言则贵于得趣，不乐则更待何为。’”
“八曰，八言句例。”	“吾家嫁我兮天一方，远托异国兮乌孙王。”
“九曰，九言句例。”	“嗟余薄德从役至他乡，筋力疲顿无意入长杨。”
“十曰，十言句例。”	—
“十一曰，十一言句例。”	“《文赋》云：‘沈辞怫悦，若游鱼衔钩而出重渊之深；浮藻联翩，犹翔鸟缨缴而坠层云之峻。’下句皆十一字是也。”

《笠翁对韵》也是从单字对、双字对、三字对、五字对、七字对，到十一字对，如：

天对地，雨对风。大陆对长空。山花对海树，赤日对苍穹。雷隐隐，雾蒙蒙。日下对天中。风高秋月白，雨霁晚霞红。牛女二星河左右，参商两曜斗西东。十月塞边，飒飒寒霜惊戍旅；三冬江上，漫漫朔雪冷渔翁。（［清］李渔，2009）

这些句例，由易到难，由短到长，总结了当时对偶句写作实例中的各种句式，具有词句学习的扩展性，符合“因字而生句，积句而为章，积章而成篇”（《文心雕龙·章句》）的规律。《文镜秘府论》云：

篇既连位而合，位亦累句而成。然句无定方，或长或短：长有逾于十……短有极于二……至于四言，最为平正，词章之内，在用宜多，凡所结言，必据之为述……至如欲其安稳，须凭讽读，事归临断，难用辞穷……然大略而论，忌在于频繁，务遵于变化。

这体现了传统写作对“文本”的关注。

（2）“扩词成句”有利于学习者习得汉语语法

“扩词成句”教学法是中国传统的语文教学法，也是汉语作为二语教学中的常用方法。

将词语扩展成句子进行教学，并将相关语法融入其中，既教词语，又教语法，一举多得。（陈燕玲，2009：4）

为什么仿写对偶时扩词成句的方式有利于学习者习得语法呢？这是因为：汉语的词、词组、句子的结构关系具有很强的一致性，一种规则可三处使用。学习者只要记忆一种规则，就能识别或产出不同的词组和句子。如表4－22中，除了“天，地”，是名词对名词外，其余为：

主谓式：“‘天高，地下’，‘露结，云收’”，前后都是主谓式词组；“春可乐，秋可哀”“宋腊已歌，秦姬欲笑”“雾开山有媚，云闭日无光”“燥尘笼野白，寒树染村黄”“素琴奏乎五三拍，绿酒倾乎一两卮”，前后两句都是主谓式句子。

动宾式：“斟清酒，拍青琴”“寻往信，访来音”“讶桃花之似颊，笑柳叶之如眉”“拔笙簧而数暖，促筝柱而犓移”，前后都是动宾式句子。

偏正式：“朝燃兽炭，夜秉鱼灯”，前后都是偏正式句子。

复句：

忘言则贵于得趣，不乐则更待何为。

沈辞怫悦，若游鱼衔钩而出重渊之深；浮藻联翩，犹翔鸟缨缴而坠层云之峻。

前后两句都是复句，功能词——虚词，就成了表达语法意义的主要语法手段。由于汉语是缺乏形态变化的语言，助词、介词、连词以及副词、能愿动词在构成句子的格式时便起到了非常重要的作用。刘勰云：

夫惟盖故者，发端之首唱；之而于以者，乃劄句之旧体；乎哉矣也，亦送末之常科。据事似闲，在用实切。巧者回运，弥缝文体。（《文心雕龙·章句》）

即相对于实字而言，虚字没有实在意义，但句意中的起、接、叹等万千变化都要借助虚字来完成，巧妙的运用会使文章语言更为严密。

同时，我们也看到对偶也有“总不对对式”，如“吾家嫁我兮天一方，远托异国兮乌孙王”，前句是主谓式，后句是动宾式；“嗟余薄德从役至他乡，筋力疲顿无意入长杨”，前句是述宾式，后句是主谓式。正如《文镜秘府论·东卷·第二十九种对》所云：

第廿九，总不对对。如：“平生少年日，分手易前期；及尔同衰暮，非复别离时。勿言一樽酒，明日难共持；梦中不识路，何以慰相思？”此总不对之诗，如此作者，最为佳妙。

（3）扩词成句有利于学习者习得汉语句子的语序与节奏

扩词成句的过程中，由于对偶句的构成具有语块组合的性质，而“语块是一种兼具词汇与语法特征的语言结构，通常有多个词构成，并具有特定的活动功能”（王立非、张大凤，2000：5），因而能够按照表达的需要，按照词语的性质、特点，把词语有规律地组合在一起，构成需要的具有一定结构形式、能够表达一定意思的句子。

这是由于汉语极少有形态变化，所以汉语的语法结构形式比较简明，组词成句的一个重要手段是靠语序。汉语没有严格意义上的“性、数、格、时、态”之类的形态变化，在很多情况下只须把词按一定的顺序排列就行了，无须添加任何附加成分，不需要任何变化。从表 4-22 中我们看到，从一言句到十一言句，虽然句子随着字（词）的增加越来越长，但其安排词语的位置关系即顺序十分合理。“春可乐，秋可哀”“吾家嫁我兮天一方，远托异国兮乌孙王”，主语“吾家”可以改为“我友”；时间可以加上“明日”，而谓语可换成相应的动宾式“离乡”等，名词不用变格，动词不用按人称、性、数、时、态来变化，便于掌握和运用。

扩词成句的规律还体现在结构上。对偶讲究节奏，一般两字一拍，也可一字、三字一拍，五言句的对联，一般是每句三拍，七言对联每句四拍。例如：

“露/结，云/收”“斟/清酒，拍/青琴”“朝/燃/兽炭，夜/秉/鱼灯”“雾开/山有媚，云闭/日无光”“讶/桃花/之/似颊，笑/柳叶/之/如眉”“素琴/奏乎/五三拍，绿酒/倾乎/一两卮”。

不难发现，这些对偶句都是由字词构成的，构成时，只要掌握结构相同、词性一致、节奏相同即可。初学者极易仿拟，又如联绵对的作法一看就会（见表 4-23）。

表 4-23　《文镜秘府论·东卷·文二十九种对·联绵对》

写作指导	解说	举例	例文释意
“第四，联绵对。”	“联绵对者，不相绝也。一句之中，第二字、第三字是重字，即名为联绵对。但上句如此，下句亦然。”	“诗曰：‘看山山已峻，望水水仍清；听蝉蝉响急，思乡乡别情。’”	“释曰：一句之中，第二字是‘山’，第三字亦是‘山’；余句皆然：如此之类，名为联绵对。”
		“又曰：‘嫩荷荷似颊，浅河河似带，初月月如眉。’”	“释曰：两‘荷’连读，放诸上句之中；双‘月’并陈，言之下句之腹：一文再读，二字双来，意涉连言，坐兹生号。”
		“又曰：‘烟离离万代，雨绝绝千年。’又曰：‘望日日已晚，怀人人不归。’又曰：‘视日日将晚，望云云渐积。’或曰：‘朝朝，夜夜，灼灼，菁菁，赫赫，辉辉，汪汪，落落，索索，萧萧，穆穆，堂堂，巍巍，诃诃：如此之类，名连绵对。’”	“释曰：情起多端，理暧昧难分，情参差迢述；且自无关赋体，实乃偏用开格。”

表 4-23 中，“看山/山/已峻”“嫩荷/荷/似颊”“望日/日/已晚”，我们看到对偶句型框架虽有一定的变化性，但语序和节奏十分鲜明，有很强的规律性，学习者可根据自己想要表达的信息，从大脑词汇库中调出预制短语，只须进行简单操作便能写出符合语法规范的汉语句子，建构出形式统一、内部完整的对偶句，极大地加快了初学者根据句法结构、词汇用法而生成句子的过程。

可见，仿写对偶句不仅可以帮助留学生有机地构建和扩展汉语词汇网络，有助于促使他们树立词类观念，了解和掌握汉语短语的基本构造和句法规律，而且对句又兼有修辞和逻辑训练的功能，对于训练留学生注意概念、分类、比较等逻辑关系很有帮助。空海的编排显然有利于学习者建立和积累大量程序化语块并保持套语体系，并且因“近似本族语的词语选用”

（native-like words selection），而使其汉语书面语的输出变得地道、快捷和流利。

仿写对偶句对当今教学有许多启示：一方面，对于解决学习者表达时普遍存在的“话不连贯”“语无伦次”等偏误现象颇有好处；另一方面，现在教学中，学习者往往脱离语境去学习，例如离合词“见面”，学习者常会写出这样的错句：“我昨天见面那个人了。”这说明只学习有关动词而不知道用哪一个介词与之搭配来形成固定的句型是远远不够的。而对偶句却是连同应用语境、词语搭配和句子语序一起来学的，无疑，学习者能更快、更全面地习得遣词用句、谋篇布局的技巧。

三、实证

留学生是否需要学习汉语修辞？事实上，不少留学生作文从头到尾都使用简单句，整篇文章平淡无味；又有不少留学生表现出“茶壶装汤圆，有苦倒不出”——缺乏有效的表达形式和手段，难以表达思想感情深层的喜怒哀乐，甚至令母语者难会其意。

可见，二语写作这项话语交际活动并非“词汇+语法”就能简单完成，只停留在“对不对”上是不够的，还须思考“好不好”才能真正提高教学质量。而修辞有助于学习者在对于深层的行事目的的表达上，进行适切得体的表达。

而修辞格是具有特定表达效果（或作用）的语言结构格式，“辞格的研究是以语料为基础的类型化研究，最具结构语言学的实证精神”[①]，但可惜实证研究却并不多。

修辞学具有社会学、心理学、传播学属性，理所当然也应该运用实证研究方法。然而目前看到的成果却鲜有实证性研究。[②]

为了了解二语学习者在学习对偶修辞格后，他们的写作活动是否受到影响，我们设计了相关实验。

① 濮侃．浅谈辞格运用的原则［J］．当代修辞学，1982（03）。

② 曾毅平．修辞与社会语用论稿［M］．北京：中国社会科学出版社，2005：53.

（一）实验目的

本研究意在探索汉语作为二语写作教学过程中对偶修辞格的输入对学习者汉语写作质量的影响。

（二）有关变数的界定

自变量：以阅读和练习方式习得对偶修辞格并用于学习者汉语写作教学活动。

因变数：学习者作文中的语言质量。

（三）实验对象

因本实验意在考察不同汉语水平学习者在实验前后写作质量的变化，而且该专题的阅读及写作可能具有一定难度，故实验对象选择了二、三年级，即具有中、高级水平的留学生。用于资料分析的 46 名受试者分别为北京语言大学汉语学院选择“汉语写作”课程的留学生，分别来自韩国、日本、葡萄牙、意大利、巴西、瑞典、芬兰、古巴、俄罗斯、哈萨克斯坦、吉尔吉斯斯坦、印度尼西亚、老挝、泰国、蒙古等国家，其中二年级 22 人都来自一个随机选择的班级，三年级 24 人分别来自两个随机选择的班级。男生 14 人，女生 32 人，平均年龄 23 岁。

他们是分别通过一二年级所有的考试并处于同一分数段而得以升级的，被随机安排在二三年级相应的平行班级里，均已受过一定的写作训练。为了便于比较，我们对两班同时采用了相同的步骤进行实验，即实验前测作文题目及写作要求、汉语对偶教学及练习内容，实验后测作文题目及写作要求都完全一样，采用同一原则下的评分标准，写作教师均由作者担任，写作教学时数也完全一样。

（四）测量工具和实验过程

本研究采用写作测试和访谈两种方式进行。实验过程见表 4－24。

表 4－24　　　　实验过程

组别	前测	实验处理	后测
二年级	√	√	√
三年级	√	√	√

1. 按年级分组

该实验采用了两个单组前后测然后比较的设计方式，即对两个年级实验组都先进行前测，然后实施实验处理，再进行后测，并通过比较前后两次测验的成绩来确定实验的效果。即教师在布置关于春天话题的写作内容和要求后，引导学习者进入关于春天的经典诗文学习和运用的活动，在活动中教师只进行活动引导，不评价学习者的具体写作内容，然后将两组前后测的结果进行对照和分析。

2. 写作前测（110 分钟）

为了便于从前后测试平均成绩的差异中看出实验产生的效果，学习对偶之前我们对留学生进行了写作前测。两个年级实验组的前测写作要求完全一样，都是要求看完七幅图后对图画内容进行连续构思，然后写作 400－600 字记叙文《失而复得》。教师布置写作内容和要求后，完全由学习者自行写作、完成任务，教师不介入写作过程。

（1）三年级韩国留学生崔文贞前测作文如下。

失而复得

中国哪个地方有一个从以前传下来的感动的故事。一个村子有一双恩爱如初的老两口儿。有一天，老爷爷打算在这次结婚五十周年纪念日跟自己的妻子去世界旅行。所以他去银行取了一些自己一生努力地挣钱的钱，然后把钱放在预先准备的包去。他脸上在回家的路上总是挂着微笑。因为想起来很开心的老婆样子。他赶快回家中，看到一个公园长椅，决定暂时坐在这儿休息。因为他其实 3 年以前得了胃癌，所以容易走累了。一会儿，他再想起来很高兴的老婆样子，一点儿也不觉得累，赶快回家。但是，因为赶快回家，把包丢在公园长椅上了。过了半个小时，一个男人在椅子上捡了一个包子，看到包里面的很多钱想了又想。因为他家人的生活现在很困难，所以他想把这个包子带走。可是，他一刹那想起来自己的家人不满意的样子，他在椅子站起来去公安局，然后给警察那个包子回了家。一个善良的警察找看了在包子里面的老爷爷的身份证。他毫无顾忌地去老爷爷的家。因为他早就知道那些钱很贵重，就是老爷爷送给老奶奶的最后礼物。最后那个警察把那个包子转给老爷爷。每个人都听到这个故事的话，他们都会感到很幸福，因为这个社会仍然有爱。

3. 写前指导——开展学习对偶修辞格实验活动（110 分钟）

时值仲春，北京的春天非常美丽而感人！所以我们选择了与春天有关的话题开展实验，首先告诉留学生下次课将写作一篇关于春天的作文。

写前指导课上，为了强化留学生习得对偶，教师选用了一些关于春天的古今经典诗文（如《春江花月夜》和一些唐诗名句，以及《文镜秘府论・地卷・九意・春意》中经典四字对偶句），通过阅读、视听及多种练习方式向留学生作“输入”式熏染。教学与练习过程为：A. 视听唐代诗人张若虚的《春江花月夜》诗歌配乐朗诵音像并朗读，然后做填空练习，及用其中诗句替换相同意思的口语语段。B. 朗读“唐诗选读”中的诗句，要求选用“唐诗选读”中诗句填空，并选用合适诗句替换相应的描述语段。C. 观察范例中逐渐增字的对偶句，进行创造性仿写练习。然后写作一篇关于春天的作文。

4. 写作后测（110 分钟）

练习之后，两个年级实验组的后测写作要求完全一样：要求留学生根据自己对春天的观察和感悟，充分利用上次课所学的描写春天的经典语句，写作一篇关于春天话题的汉语作文。

（2）三年级韩国留学生崔文贞后测作文如下。

适合开始谈恋爱的北京的春天

春天来了，北京的春天来了。滴答地下了一场春雨以后，蓝天上漂着白白的云。我坐着公园长椅看熙熙攘攘的行人、美丽的春天的风景。“蜂歌树里，蝶舞花前”春天这季节我认为正好适合开始谈恋爱的时期。

北京的春天是怎样的？有的人觉得让皮肤是因为干燥而没有光泽，鼻子、嘴唇有一种干巴疵咧的感觉。但是有的人觉得北京的春天是生气勃勃的，如果外面春风微微地吹着，光芒四射，你一直在房间里面的话，一定会不知不觉地出去。因为一串串的迎着花早已在枝条上了。不久天，婷婷的玉兰开了，好像棉花糖；樱花盛开了，好像雪花儿飘；桃花也开了，好像游着云。春天这季节我认为正好适合开始谈恋爱的时期。

北京也春天到了。春天是动物门爱情的季节。春天在野外的清新的空气中，人们感受着美丽的鲜花，鲜嫩的绿叶，各种各样的鸟儿的啼叫。在这种无限幸福之中，在这种无限安静之中，在这种无限温和之中，迷到在这大自然的美景中，什么都不要想，什么都不要说，什么都不要做。人们默默的人生中可以感受这天然的很浓郁的芳馨，可以极目远眺，可以听春天的溜溜春风。这让人们感到快乐和满足，还有幸福。春天这季节，是适合开始谈恋爱的时期。

春天中北京的春天，是生机，是温柔，是妩媚，就是北京的春天。我来这样的北京过了半年了，一方面很高兴、舒服。但是另一方面我很孤独，因为一看很美丽的北京的春天就我不知不觉地想念住在韩国的男朋友。正如王维所说：“红豆生南国，春来发几枝。愿君多采撷，此物最相思，这首诗中作家抒写的是思念朋友的心情。因此，首诗中主人公的感觉跟现在的我的感觉一样。

北京的春天让人们都开始激动起来，有恋人、没有恋人的人们都变成心情开始激动起来。春天是适合开始谈恋爱的时期。

（五）访谈

写作测试之后进行访谈，了解受试者对于对偶修辞格阅读并操练后写作实验的看法及个人汉语写作用语习惯，作为参考，与测试中得到的结果进行比照。

四、留学生练习中仿写对偶句情况分析

关于学习者仿写的对偶句情况，统计如下（见表 4－25）。

表 4－25　　对偶句仿写情况统计表

年级	人数	仿写出对偶句人数	3 字以上对偶句	5 字以上对偶句	7 字以上对偶句
二年级	22	13	13	6	1
三年级	24	17	17	13	9

从表 4－25 中我们发现，二年级学生 22 人，写出 3 字以上对偶句的有 13 人，但写出 7 字以上对偶句的只有 1 人，可见中年级阶段留学生相对写得较短较少，在进行完全自由的仿写练习和将口语改写成书面语上比较困

难；三年级参加实验的 24 人中，写出 7 字以上对偶句的有 9 人，显然，高年级学习者仿写出的对偶句数量比中年级学习者更多，难度也更高，对对偶习得应用范围的训练收效更好。这进一步证实了高年级留学生对于学习并使用对偶修辞格是完全能胜任的。

正式写作前，我们要求留学生观察范例中逐渐增字的对偶句，进行创造性仿写练习①。我们发现很多留学生把仿写增字对偶句当作游戏，非常喜欢“玩”这项从“一字对”到“多字对”（二、三、四、五、六、七、八、九字等）的语言“游戏”，写出了很多有创意的句子②，表现出强烈的异域色彩，如：

（3）白，黑。/幸福，悲哀。/蜜可甜，药可苦。/花香进蜂，草香进蝶。”（二年级·韩国·任昌荷）

（4）日，月。/日光，月亮。/朝活跃，夜寂静。/海洋宽深，山脉崇高。/妈唱摇篮曲，爸看睡面容。”“晴，阴。/晴明，阴暗。/年青学，老人教。/鸟鸣村里，车开城里。/樱含苞待放，树叶落秋风里。/家里围着饺子，在泰山看日出。（二年级·日本·松元敬美）

（5）山，水。/山高，水深。/日高兴，月痛苦。/鸥声水上，燕声山里。/我心里不安，她脸上笑容。”（三年级·俄罗斯·林娜）

（6）夜，日。/黑夜，月亮。/冬可冷，夏可热。/鸟唱树里，狗舞草上。/三春花事早，为花须及早。/父看树之如虎，母唱歌之似鸟。/江流宛转绕芳甸，月照花林皆似霰。”（三年级·俄罗斯·安娜）

（7）他们俩个完全不一样，跟天地差不多/不知道天高地厚的家伙/黑，白，大，小/你我，我你，爱情，憎恨/爱可喜，恨可悲/红桃似颊，碧柳如眉，完儿着早园，恋爱温室/父母手中钱，儿女身上衣，/爱情得到亲福，

---

① 原题为：“对偶句是一对字数相等、词性相对（即相同），句法结构相对（即相同），意义相关和相同、相近、相反或相关的短语或句子。下列句子的特点是上下句句式相同，对应词词性相同。读后，请你用自己的语言对下列对偶句进行仿写，写得越多越好。范例：天，地。/天高，地下。/春可喜，秋可悲。/蜂歌树里，蝶舞花前。/慈母手中线，游子身上衣。/讶桃花之似脸，笑柳叶之如眉。/山重水复疑无路，柳暗花明又一村。/吾家嫁我兮天一方，远托异国兮乌孙王。/春在乱花深处鸟声中，秋时落叶飘零寒风至。”本实验意在了解学习者在接触对偶修辞格后，能否积极习得并自觉应用，为保证实验的有效性，教师未对题目、对偶特点及仿写方法作详细讲解，主要由学习者自己阅读、观察和仿写。

② 所举留学生写作中出现的范例，全部来自真实的留学生作文，基本保持了原貌。

憎恨得到悲惨/无路找不到村，一动脑子找到路/儿女依靠父母的爱，首长依靠公司的钱。（三年级·蒙古·乌根巴亚尔）

（8）春，秋。/金钱，爱情。/起得早，睡得晚。/学好三年，学坏三天。/夜来风雨声，花落知多少？/我感到很疼苦，他感到很愉快。/细雨湿衣看不见，闲花落地听无声。/我的外表像小花吊，我的内心像大海洋。（三年级·蒙古·金河爱）

（9）日，夜。/日白，夜黑。/夏可热，冬可冷。/蚂蚁工作，纺织娘玩。/富人手中钱，乞丐身上虫。/玫瑰花之似主，六月雪之似客。/生活困难疑无路，黄金得从佛口出。/太阳一出兮满天红，星星一出兮满天黄。/夏天在绿林木森郁中，冬天时落叶一无所有。（三年级·韩国·崔文贞）

（10）黑，白。/黑暗，白亮。/夏可热，冬可冷。/水果好吃，啤酒好喝。/组汽车族行，换汽车休息。/流汗水似瀑水，停口水如冻水。/外边太阳热雨爽，里边家暖和灯亮。/西瓜已经熟了准备，柿子还没熟很发涩。/夏人们在海边玩儿来，冬动物在树里去睡觉。（三年级·韩国·陈松怡）

（11）日，月。/日明，月阴。/夏生动，冬枯躁。/山里变绿，水里变清。/树穿绿衣服，人穿新衣服。/昼的阳光明媚，夜的月光明亮。/春天带来蓬勃，秋天带来浪漫。/三月春风似剪刀，四月春风似情人。/到了春天樱花盛开，到了秋天树叶落味。/以前他的性格似冬天，目前他的性格似春天。（三年级·韩国·金善永）

（12）夏，冬。/炎夏，寒冬。/夏可喜，冬可悲。/夏树里绿，冬树里空。/冬树叶落下，心里亦空虚。/瞧湛蓝的天空，想远处的父母。/冬在空白之处中，我在想念着他们。（三年级·韩国·全柔善）

上述留学生的仿写的认知过程显然表现出鲜明而独特的个性。因为来自世界各地的每位留学生都具有自身强烈的民族色彩、历史色彩和时代色彩，他们对世界的一些看法、对人生的体验、对周围事物的情趣等都会间接投射到仿写的言语及形式中。

对偶分很多种类。关于对偶的分类，刘勰奠定了最初的基础：“丽辞之体，凡有四对”，即“言对事对，各有反正”。（《文心雕龙·丽辞》）。唐时日本僧人遍照金刚在《文镜秘府论》中把对偶归纳为 29 种：的名对（亦名正对）、隔句对、双拟对、联绵对、互成对、异类对、赋体对、双声对、迭韵对、回文对、意对、平对、奇对、同对、字对、声对、侧对、邻近对、交络对、当句对、含境对、背体对、偏对、双虚实对、假对、切侧对、双声侧对、迭韵侧对、总不对对（[日] 弘法大师原撰，王利器校注，1983）。现在对仗又可分为工对、宽对、借对和流水对。可见人们对于对偶的认识和对偶自身的体系发展是有很大变化的。

那么，留学生较乐于接受哪种形式的对偶教学呢？反言之，哪类对偶教学较适于在汉语作为二语教学中开展？

通过留学生写出的对偶句，我们发现其中工对、宽对和流水对较多，而构成属于借义或借音的借对，一例也没有出现过，因为学习者不及母语者熟知目的语的传统文化典故和与语音相关的民族情结。

留学生仿写的对偶句主要呈现出下列几个特征。

1. 出现很多仿“蜂歌树里，蝶舞花前”的四字“工对”

工对就是工整的对仗，既要词性相对，又要词类相对。如：

“男，女。/男帅，女美。”“幸福，悲哀”“夏，冬。/炎夏，寒冬”“山高，海深”“夏天下雨，冬天下雪。男人健壮，女人美丽”“日，月。/日明，月阴。/夏生动，冬枯躁”“昼的阳光明媚，夜的月光明亮”“日，夜。/日白，夜黑。/夏可热，冬可冷。……富人手中钱，乞丐身上虫。/玫瑰花之似主，六月雪之似客。”“父看树之如虎，母唱歌之似鸟。”

在这些对句中，留学生做到了不同意义类别的词语分类正反相对，如名词对名词，动词对动词，形容词对形容词。“昼的阳光明媚，夜的月光明亮”，构成了偏正复句的格式。

尤其是练习中出现的“蜂歌树里，蝶舞花前”（摘自《文镜秘府论·地卷·九意·春意》），留学生“产出”的模仿句非常精彩：

（13）鸟鸣村里，车开城里。（二年级·日本·松元敬美）

（14）鸟唱树里，狗舞草上。（三年级·俄罗斯·安娜）（注：“草”，作者意指草地）

（15）鸟歌森里，花舞风中。（三年级·日本·盐野勇辅）（注：“森”，作者意指森林）

（16）鸥声水上，燕声山里。（三年级·俄罗斯·林娜）

（17）花香进蜂，草香进蝶。（二年级·韩国·任昌荷）

（18）夏树里绿，冬树里空。（三年级·韩国·全柔善）

（19）山里变绿，水里变清。（三年级·韩国·金善永）

有的留学生在作文中直接引用了这个对偶句：

公园里的花都开了。“蜂歌树里，蝶舞花前”，好像人以外也高兴的样子。（三年级·日本·加藤三佳）

我去了日坛公园。公园里的花都开了。“蜂歌树里，蝶舞花前”，好像人以外也高兴的样子。（三年级·日本·加藤三佳）

我坐着公园长椅看熙熙攘攘的行人、美丽的春天的风景。“蜂歌树里，蝶舞花前”春天这季节我认为正好适合开始谈恋爱的时期。（三年级·韩国·崔文贞）

一些留学生还在作文中化用了“蜂歌树里，蝶舞花前”这一意象：

鸟儿高兴起来唱春天的歌，蝴蝶飞来飞去跳舞在花前。（三年级·古巴·德燕）

蝴蝶出来了在花草中你追我，我追你一块儿快乐地共舞。（二年级·意大利·魏德礼）

草园上一大片一大片满是的花，红的像火，粉的像霞，白的像雪，蓝的像天，花丛中蝴蝶翩翩飞舞。（三年级·蒙古·乌根巴亚尔）

小孩儿在天空上放风筝。老人在树下享受着花的花香。（三年级·葡萄牙·苏珊娜）

春风吹动着树叶，阳光抚摸着花儿。叶在春风中，花在阳光里（三年级·俄罗斯·安娜）

这些句子虽未沿袭原诗文词句，却“水中着盐，饮水乃知盐味”，化用了“蜂歌树里，蝶舞花前”的意象。

仿写、引用、化用原汁原味的对偶修辞格，更增添了文章委婉含蓄、意境深远的汉语魅力。

2. 出现很多“宽对”

宽对不那么严格，只要词性相同即可。

（20）春天开花，秋天花谢。（二年级·韩国·李有美）

（21）男运动，女打扮。/男找工作，女找丈夫。/儿童有梦想，青年有目标。/儿童经常开心，青年经常烦恼。/青年好像刚发芽，老人好像刚开

花。/青年经常想将来事，老人经常想过去事。/青年是将来的大希望，老人是后代的参谋人。（三年级·韩国·李新芽）

（22）夏树里绿，冬树里空。（三年级·韩国·全柔善）

（23）东风来，南风出……风软悄悄的，草软绵绵的。（三年级·吉尔吉斯斯坦·塔提亚娜）

（24）山里变绿，水里变清。/树穿绿衣服，人穿新衣服……春天带来蓬勃，秋天带来浪漫。/三月春风似剪刀，四月春风似情人。（三年级·韩国·金善永）

（25）夏天热，冬天冷。/夏天下雨，冬天下雪……男人健壮，女人美丽。（二年级·韩国·梁世喜）

（26）鱼在水里，鸟在天上。/鸟用翅膀飞，车用轮子动。/太阳之似脸，月亮之似眉毛。日出可阳光，日落可阴沉。（二年级·韩国·丁玟先）

（27）蚂蚁工作，纺织娘玩。太阳一出兮满天红，星星一出兮满天黄。/夏天在绿林木森郁中，冬天时落叶一无所有。（三年级·韩国·崔文贞）

（28）流汗水似瀑水，停口水如冻水……西瓜已经熟了准备，柿子还没熟很发涩。/夏人们在海边玩儿来，冬动物在树里去睡觉。（三年级·韩国·陈松怡）

（29）亮亮的灯，暗暗的夜/优生的书包，非优生的包/像钱包似的亮，象毒药似的暗/出门阳光如天使，出门阳光如恶魔……我在走着成功的路上，你在走失败的路上。（三年级·韩国·金相赫）

（30）你我，我你，爱情，憎恨……完儿着早园，恋爱温室/父母手中钱，儿女身上衣，/爱情得到亲福，憎恨得到悲惨/无路找不到村，一动脑子找到路/儿女依靠父母的爱，首长依靠公司的钱。（三年级·蒙古·乌根巴亚尔）

（31）春天的脚步近了，秋天的脚步近了。（二年级·韩国·梁世喜）

（32）到了春天樱花盛开，到了秋天树叶落味。/以前他的性格似冬天，目前他的性格似春天。（三年级·韩国·金善永）

（33）闪光里，影子里。（二年级·韩国·丁玟先）

（34）学生在前，老师在站。/学生在学校，员工在公司。（三年级·韩国·朴钟源）

（35）青年是将来的大希望，老人是后代的参谋人。（三年级·韩国·李新芽）

3. 出现了不少流水对

流水对指相对的两句，只一个单句意思不完整，要合起来才构成一个意思，两句间不是并列关系，而是因果、条件、假设等主从关系，属偏正复句，内容串联，似流水而下。

（36）父母养育我，我养老送终。（二年级·韩国·李有美）

（37）日光射入，风雨如晦。（三年级·日本·盐野勇辅）

（38）冬树叶落下，心里亦空虚。/瞧湛蓝的天空，想远处的父母。/冬在空白之处中，我在想念着他们。（三年级·韩国·全柔善）

（39）到了春天樱花盛开，到了秋天树叶落味。/以前他的性格似冬天，目前他的性格似春天。（三年级·韩国·金善永）

（40）公共气车像兵马俑，走着走着不知干吗。（三年级·韩国·金相赫）

（41）他们俩个完全不一样，跟天地差不多。/不知道天高地厚的家伙……无路找不到村，一动脑子找到路。/儿女依靠父母的爱，首长依靠公司的钱。（三年级·蒙古·乌根巴亚尔）

（42）生活困难疑无路，黄金得从佛口出。/太阳一出兮满天红，星星一出兮满天黄。/夏天在绿林木森郁中，冬天时落叶一无所有。（三年级·韩国·崔文贞）

（43）组汽车族行，换汽车休息……外边太阳热雨爽，里边家暖和灯亮。（三年级·韩国·陈松怡）

（44）父母手中钱，儿女身上衣。（三年级·蒙古·乌根巴亚尔）

4. 出现了很多“可字句”

由于练习范例中有“春可喜，秋可悲”，所以留学生写了很多“可字句”，可见“可字句”非常好掌握。

（45）蜜可甜，药可苦。（二年级·韩国·任昌荷）

（46）冰可冷，火可热。日出可阳光，日落可阴沉。（二年级·韩国·丁玟先）

（47）爱可喜，恨可悲。（三年级·蒙古·乌根巴亚尔）

（48）冬可冷，夏可热。（三年级·俄罗斯·安娜）

（49）夏可热，冬可冷。（三年级：日本·加藤三佳、韩国·崔文贞、韩国·陈松怡）

（50）夏可爱，冬可哀。（三年级·日本·盐野勇辅）

（51）红可暖，蓝可冷。（三年级·韩国·朴钟源）

（52）夏可喜，冬可悲。（三年级·韩国·全柔善）

（53）我可喜，你可悲。（三年级·韩国·金相赫）

可见，仿写是造词、造语、造篇的最佳手段，只要对某一现成的言语形式加以合理类推，就可“生产”出各种所需的言语“零件”来。

5. 出现了一些抄写或引用的对偶句

（54）垂松万岁，卧柏千年。（二年级·韩国·韩修贤）

（55）红桃似颊，碧柳如眉。（三年级·蒙古·乌根巴亚尔）

（56）学好三年，学坏三天。/夜来风雨声，花落知多少……细雨湿衣看不见，闲花落地听无声。（三年级·蒙古·金河爱）

（57）（日光射入），风雨如晦。（三年级·日本·盐野勇辅）

（58）云生似盖，雾起如烟。（三年级·吉尔吉斯斯坦·塔提亚娜）

（59）三春花事早，为花须及早……江流宛转绕芳甸，月照花林皆似霰。（三年级·俄罗斯·安娜）

6. 对偶句仿写出现诸多偏误

还有仿写出现错误的，或是前后字数不相等，或是词性不相同、句法结构不相同、意义不相关，或是用词造句本身不合情理，还有写不出汉字的，例如：

（60）太阳，云。（二年级·韩国·梁世喜）

（61）日光，月亮……妈唱摇篮曲，爸看睡面容。年青学，老人教……樱含苞待放，树叶落秋风里。/家里围着饺子，在泰山看日出。（二年级·日本·松元敬美）

（62）太阳之似脸，月亮之似眉毛。/闪光里，影子里。/日出可阳光，日落可阴沉。（二年级·韩国·丁玟先）

（63）现代化，古代化。（二年级·韩国·韩修贤）

（64）白，红。/高，ai3./高兴，悲哀。（二年级·老挝·苏龙，“ai3”

为不会写的“矮”字）

（65）阳，月。水，火。/上升，下降。（二年级：泰国·林金英、日本·高桥佳子）

（66）小年轻，大老人。/春天开花，秋天花谢。（二年级·韩国·李有美）

（67）勤务员，犯罪人。/慈悲之心，罗织罪名。（二年级·韩国·郑在佑）

（68）四大发明，贤妻良母。（二年级·韩国·李相勋）

（69）吃，喝。/饺子，馄饨。/羊肉串，美年达。/京酱肉丝，可口可乐。（二年级·韩国·金镇雄）

（70）日上，月下。/东风来，南风出。（三年级·吉尔吉斯斯坦·塔提亚娜）

（71）学生在前，老师在站。（三年级·韩国·朴钟源）

（72）夏树里绿，冬树里空……冬在空白之处中，我在想念着他们。（三年级·韩国·全柔善）

（73）山里变绿，水里变清……/到了春天樱花盛开，到了秋天树叶落味。（三年级·韩国·金善永）

（74）长，短。/厚，细。/夏热，东冷。/软，硬。（三年级·哈萨克斯坦·爱格琳）

（75）夜，日。/黑夜，月亮……鸟唱树里，狗舞草上……父看树之如虎，母唱歌之似鸟。（三年级·俄罗斯·安娜）

（76）父母手中钱，儿女身上衣……无路找不到村，一动脑子找到路。（三年级·蒙古·乌根巴亚尔）①

（77）组汽车族行，换汽车休息。/流汗水似瀑水，停口水如冻水。/外边太阳热雨爽，里边家暖和灯亮。/西瓜已经熟了准备，柿子还没熟很发涩。/夏人们在海边玩儿来，冬动物在树里去睡觉。（三年级·韩国·陈松怡）

（78）我高，你底……亮亮的灯，暗暗的夜。/优生的书包，非优生的

① 注：作者想借用“慈母手中线，游子身上衣”的形式，及“山重水复疑无路，柳暗花明又一村”的意思。

包。/像钱包似的亮，象毒药似的暗。/出门阳光如天使，出门阳光如恶魔。/公共气车像兵马俑，走着走着不知干吗。/我在走着成功的路上，你在走失败的路上。（三年级·韩国·金相赫）

（79）他们俩个完全不一样，跟天地差不多。/不知道天高地厚的家伙……爱情，憎恨……完儿着早园，恋爱温室。/父母手中钱，儿女身上衣。/爱情得到亲福，憎恨得到悲惨。/无路找不到村，一动脑子找到路。/儿女依靠父母的爱，首长依靠公司的钱。（三年级·蒙古·乌根巴亚尔）

（80）风软悄悄的，草软绵绵的。（三年级·日本·盐野勇辅）

（81）我感到很疼苦，他感到很愉快……我的外表像小花吊，我的内心像大海洋。（三年级·蒙古·金河爱）

（82）蚂蚁工作，纺织娘玩。/富人手中钱，乞丐身上虫。/玫瑰花之似主，六月雪之似客。/生活困难疑无路，黄金得从佛口出。/太阳一出兮满天红，星星一出兮满天黄。/夏天在绿林木森郁中，冬天时落叶一无所有。（三年级·韩国·崔文贞）

另外也有乱打油的：

（83）白，红。/白色，红色。/男朋友，女朋友。/四大发明，贤妻良母。/没有男朋友，没有女朋友。/很好的男朋友，很好的女朋友。/我想早点儿回家，请早点儿下课吧。/越来越长是最好的，无论好不好先写吧。（二年级·韩国·李相勋）

虽然所填之词意思不合要求，然而读起来却比较合乎格律要求，颇有朗朗上口的押韵之感，何况留学生本来没有汉语书面语语感，所以出现错误也在情理之中。

五、留学生作文中有关对偶句情况分析

在做完对偶练习后，留学生在作文里是否有对偶的“影子”呢？他们是否会将对偶修辞格自觉应用到作文中呢？

1. 留学生作文中出现对偶句

我们发现不少留学生的作文中出现了对偶句，如：

（84）春天来了，花儿尽情地开放，马路边一片新绿，春风吹动着树叶，阳光抚摸着花儿。叶在春风中，花在阳光里。（三年级·俄罗斯·安娜《春

天来了》)

(85)但是它毕竟要摇落春花，带走春光。(三年级·日本·盐野勇辅《春天里》)

(86)春天像天鹅，来时很高兴，回时很寂寞……恋爱不如春天，春天不如恋爱。①(三年级·蒙古·乌根巴亚尔《春天里》)

(87)白天变长，黑夜变短，孩子们也可以在外边多玩儿。(三年级·哈萨克斯坦·塔提亚娜《北京的春天》)

例(84)中“叶在春风中，花在阳光里”、例(85)中“摇落春花，带走春光”、例(86)中“来时很高兴，回时很寂寞”，以及例(87)中“白天变长，黑夜变短”，都可谓上下两句应字数相等、词性相对、结构相同、意义相关。由于采用了对偶，使得句子整齐，表意凝练，抒情酣畅。

如前所述，一些留学生还在作文中化用了“蜂歌树里，蝶舞花前”这一意象，虽未沿袭原诗文词句，却“水中着盐，饮水乃知盐味”，有的则直接引用。仿写、引用、化用增添了文章委婉含蓄、意境深远的汉语魅力。

2. 留学生作文中出现大量排比句及“准排比句”

仿写对偶句的结果是，留学生在写作中出现了很多排比句及“准排比句”。标准的排比句往往由三个或三个以上意义相关或相近、结构相同或相似、语气相同的词组或句子并排在一起组成。但留学生作文中往往只有两句，可能是因为受到对偶句都是两句的影响所致。如：

(88)他们有的人在湖中划船，有的人在花下拍照。还有人在路上散步，更有一些人坐在树下野餐，人们都开心极了。(二年级·泰国·林金英《在植物园春游》)

(89)一吹风，就花飞起来，就让人更芬芳。哪儿有香的花，哪儿有美丽的树，人们就去哪儿。(二年级·韩国·任昌荷《公园的春天》)

(90)桃花开了，迎春花开了，梨花也开了。北语风景都穿了五彩缤纷的衣服。太阳是红灿灿的，天空是湛蓝的，树梢是嫩绿的，迎春花是娇黄

---

① 关于“春天像天鹅，来时很高兴，回时很寂寞……恋爱不如春天，春天不如恋爱”的文化意象，作者专门访谈过作者。乌根巴亚尔介绍，在蒙古，天鹅是春天到来的象征，而且天鹅具有爱情专一的特点，深受人们的喜爱。春天与天鹅到来时，人们都很高兴；而春天和天鹅离去时，大家当然都心情落寞。恋爱似乎也不及春天这么美丽，然而春天里最美的事便是恋爱。

的，梨花是雪白的。（三年级·韩国·金善永《北语的春天》）

（91）草园上一大片一大片满是的花，红的像火，粉的像霞，白的像雪，蓝的像天，花丛中蝴蝶翩翩飞舞。（三年级·蒙古·乌根巴亚尔《春天里》）

（92）大家都在外边坐着，躺着，玩儿着，享受着春天的风……大自然几乎成了花的世界，红的艳，白的娇，黄的嫩，构成了一幅五彩缤纷的图画……燕子从温暖的南方飞回来，小鸟开始叽叽喳喳叫不不停，小青蛙从冬中醒来了，呱呱的叫，白灵鸟唱着动人的歌，小蜜蜂早早出来采蜜了。（三年级·葡萄牙·苏珊娜《春天》）

（93）春天好像动画片一样。动画片里画家画用很变清的颜色画了小小的、嫩绿的树叶、黄色的、粉红色的、白色的……颜色丰富的花、非常好看。（二年级·韩国·丁玟先《春天来了》）

（94）轻风细雨……要摇落春花，带走春光……小草偷偷地萌芽，嫩嫩的，绿绿的……春天还是代表新的季节，新的生命，新的一年，新的生活。（三年级·日本·盐野勇辅《感悟春天》）

（95）春天里的树都开满了赶趟儿，红的像火，粉的像霞，白的像雪。（三年级·吉尔吉斯斯坦·塔提亚娜《北京的春天》）

（96）春天是活泼的，春天是狂热的，春天是旺盛的。（三年级·俄罗斯·林娜《春天里》）

在汉语修辞知识中，排比句和对偶句都是属于把结构相同、意义相关的词组或句子排列在一起的修辞方式，区别是对偶要求比较严格，由两个结构完全相同的词或句子构成，而排比句则要求由三个或以上意义相关或相近、结构相同或相似、语气相同的词组或句子并排构成。显然，由于留学生的作品在这二者中处于“中介语”状态，它很可能是留学生习得对偶之余的“副产品”。由于该实验中他们并没有被告知排比句这种形式，而自己也不清楚排比修辞格的要求，只以为自己是在写作对偶句，所以容易产出“准排比句”。

3. 留学生作文出现书面语感浓郁的语句

留学生在行文中创造性应用汉语修辞句式，写出了比过去更加优美的句子，甚至有一种古雅的语感，出现了典型的汉语修辞句式——在母语和汉语修辞文化的“混搭”中透着一股“中国味”。

我们知道，汉语是世界上最简练的语言之一。留学生在学习了汉语诗文后，也变得“惜墨如金”起来，他们选取那些具有概括性的事物组装成句，有意模仿汉语诗文的表达方式，将丰富深广的思想情感凝聚于只言词组中，使话语产生了一种简远凝练的修辞效果。

（97）春雨让你感觉有点冷，但他们知道，场场细雨催春近，换起装，颜色一天又一天地深。（三年级·日本·三浦奈保子《春天》）

（98）非常受冻的东天已经瞒了遗迹。一场春雨冲刷了残冬的遗迹。春来了……正好朱熹的春日中所请的一样：“等闲识得东风面，万紫千红总是春。”我觉得春风是最有魅力的风。（二年级·韩国·金智慧《春天里》）

（99）风里带着各种花的香，去年的树叶半空中飘荡。山林绿色满着树，鸟儿安在自然风光中，高高兴兴的呼朋引伴的卖弄清脆的歌喉，唱出婉转的曲子。山林中有一种声它发出的是：春天，春天这样布谷鸟鸣叫，它的声音像叫醒春天一样。春天像地球在出生一样很美，让人很高兴也人们的心情在次精力了一样的感觉。（三年级·蒙古·乌根巴亚尔《春天里》）

（100）春眠不觉晓，处处闻啼鸟。夜来风雨声，花落知多少。出自《春晓》。这是中国盛唐很有才华的诗人孟浩然所写的五言绝句。细细咀嚼这个诗篇可以引领我感受春天的生活，春宵梦酣，天已大亮了还不知道，一觉醒来，听到的是屋外处处鸟儿的欢鸣。这些充满活力的春晓景象，我好像回到了古代，与中国诗人一起看到了这一幕。我也好像看到了这个夜里一阵风雨不是疾风暴雨，而当是轻风细雨，他把诗人送入香甜的梦乡，把清晨清洗得更加明丽，并不可恨。但是它毕竟要摇落春花，带走春光。（三年级·日本·盐野勇辅《感悟春天》）

留学生在平时的写作中，往往“我手写我口”，多是口语化写作，要转变成书面语写作对其而言有一定难度。访谈中，很多留学生表示，他们已经意识到自己使用的是口语，也非常希望能学会使用书面语写作，但问题在于不知道怎样才能将口语转变为书面语。其实内中存在着一个语码转换的问题，正如丁金国先生所言：

在语码转换中重现语体，是指在语流交际中，语用者能根据语境的特征，选择与先行语码的语体相一致的话语进行交流的言语行为。（丁金国，1999）

如果留学生已经了解了汉语书面语语体的各种语体特征，就会在语码转换过程中，不仅把信息传递出来，而且还能充分考虑到语体的因素。

此次作文中，留学生将所学的对偶修辞格创造性地应用到作文中，造出了许多文言夹杂的句子，虽然还不够流畅，还存在各种错误，但其语句之凝练紧凑，韵律之协和动听，内容之生动含蓄，却令我们惊喜！

对偶修辞格的仿写无疑使留学生作文的汉语书面语色彩和文化韵味更加浓郁了。传统写作教学中的这一方法是完全可以培养出地道的、富于文采的汉语作为二语写作者来的。

留学生的上述表现与对偶修辞格发展流变的趋向性是吻合的，也表现出以下特征。

对偶辞格的历史发展主要有以下几个特征：（1）对偶格的结构方式变得多样化，在长短不同的句式中均可安排出现。（2）对偶格的使用范围扩大了。（3）对偶格的要求和标准降低了，有极强的灵活性。（吕艳红，2009）

对留学生进行对偶教学，已经不同于传统意义上的母语对偶教学，以汉语作为二语的学习者事实上已经潜移默化接触到了很多对偶句，他们对对偶句的喜爱和仿写必然反映出时代特征。

另外，访谈显示，多数留学生把仿写增字对偶句当作游戏，非常喜欢，他们发现原来这样由短到长“成双成对”地“写汉语”很有意思，似乎也不难，希望以后还能有机会多做。但有一些来自西方国家的留学生，以及那些平时不太重视观察和学习的留学生会一时摸不着头脑：“我不知道怎么仿写造句，也不知道什么意思”，“短的好做，但长的难做”，还有存在不少例如只仿写出“非常可喜，非常遗憾”等水平不高的“对偶”现象。显然，这是由于他们对对偶这一中华民族传统的、特有的修辞格表达习惯还很陌生，缺乏相关的语言知识及文化认知，还没有太多受到中国传统文化的熏陶，这便是其仿写句中偏误甚多的原因。如果我们能如他们所要求的“希望老师能详细讲解，然后再仿写”“这样的活动多做几次”，结果应该会更好。

六、对偶修辞与“扩词成句”的关系

如前所言，从理论上讲，“扩词成句”的练习方式有利于学习者习得汉语语法、汉语句子的语序与节奏。那么，事实上，学习对偶修辞是否有利于学习者快速掌握汉语字词并学会造句呢？

实验中，我们看到从对偶句到作文，虽然句子随着字（词）的增加越来越长，但其安排词语的位置关系即顺序十分相似。如：

来自三年级实验班韩国留学生崔文贞实验中写的对偶句和作文选段为：

（101）日，夜。/日白，夜黑。/夏可热，冬可冷。/蚂蚁工作，纺织娘玩。/富人手中钱，乞丐身上虫。/玫瑰花之似主，六月雪之似客。/生活困难疑无路，黄金得从佛口出。/太阳一出兮满天红，星星一出兮满天黄。/夏天在绿林木森郁中，冬天时落叶一无所有。

（102）春天在野外的清新的空气中，人们感受着美丽的鲜花，鲜嫩的绿叶，各种各样的鸟儿的啼叫。在这种无限幸福之中，在这种无限安静之中，在这种无限温和之中，迷到在这大自然的美景中，什么都不要想，什么都不要说，什么都不要做。人们默默的人生中可以感受这天然的很浓郁的芳馨，可以极目远眺，可以听春天的溜溜春风。这让人们感到快乐和满足，还有幸福。（三年级韩国留学生崔文贞后测作文：《适合开始谈恋爱的北京的春天》）

在她仿写的对偶句中，主谓式使用得最多：“日白，夜黑”“天高，地下”，前后都是主谓式词组；“夏可热，冬可冷”“蚂蚁工作，纺织娘玩”“玫瑰花之似主，六月雪之似客”“黄金得从佛口出”“太阳一出兮满天红，星星一出兮满天黄”“夏天在绿林木森郁中，冬天时落叶一无所有”，前后两句都是主谓式句子。

而在她的作文中，主谓式在整段文字中起到了主干作用：“人们感受着美丽的鲜花……人们默默的人生中可以感受这天然的很浓郁的芳馨……这让人们感到快乐和满足，还有幸福”，前后都是主谓式句子。

她也在对偶练习和作文中用了很多偏正式，从“富人手中钱，乞丐身上虫”，到“春天在野外的清新的空气中，（人们感受着）美丽的鲜花，鲜嫩的绿叶，各种各样的鸟儿的啼叫。（人们默默的人生中可以感受）这天然的很浓郁的芳馨，可以极目远眺”，前后都是偏正式结构。

又如从“生活困难疑无路”中的“疑无路”，到“可以听春天的溜溜春风”，前后都是动宾结构。

该生还从对偶形式中习得并列式的写法，如“在这种无限幸福之中，在这种无限安静之中，在这种无限温和之中……什么都不要想，什么都不要说，什么都不要做。”

来自三年级实验班蒙古留学生乌根巴亚尔实验中写的对偶句和作文选段为：

（103）他们俩个完全不一样，跟天地差不多。/不知道天高地厚的家伙。/黑，白，大，小。/你我，我你，爱情，憎恨。/爱可喜，恨可悲。/红桃似频，碧柳如眉。/完儿着早园，恋爱温室。/父母手中钱，儿女身上衣。/爱情得到亲福，憎恨得到悲惨。/无路找不到村，一动脑子找到路。/儿女依靠父母的爱，首长依靠公司的钱。

（104）草园上一大片一大片满是的花，红的像火，粉的像霞，白的像雪，蓝的像天，花丛中蝴蝶翩翩飞舞。风里带着各种花的香，去年的树叶半空中飘荡。山林绿色满着树，鸟儿安在自然风光中，高高兴兴的呼朋引伴的卖弄清脆的歌喉，唱出婉转的曲子。山林中有一种声它发出的是：春天，春天这样布谷鸟鸣叫，它的声音像叫醒春天一样。春天像地球在出生一样很美，让人很高兴也人们的心情在次精力了一样的感觉。（三年级·蒙古·乌根巴亚尔《春天里》）

不难看到，他在一开始不知道对偶句的特点，所以写下“他们俩个完全不一样，跟天地差不多。/不知道天高地厚的家伙”这样的句子。但很快，他就发现了对偶句的乐趣，但写得并不完美。

他也沿袭了对偶句中的主谓结构、偏正结构和动宾结构进行写作。

如主谓结构，对偶句：“爱可喜，恨可悲”“红桃似频，碧柳如眉”“爱情得到亲福，憎恨得到悲惨”“儿女依靠父母的爱，首长依靠公司的钱”；作文中：“花丛中蝴蝶翩翩飞舞”“去年的树叶半空中飘荡”“山林绿色满着树，鸟儿安在自然风光中”“山林中有一种声它发出的是：春天，春天这样布谷鸟鸣叫，它的声音像叫醒春天一样。春天像地球在出生一样很美，让人很高兴也人们的心情在次精力了一样的感觉”。

又如偏正结构，对偶句："恋爱温室""父母手中钱，儿女身上衣"；作文中："草园上一大片一大片满是的花，红的像火，粉的像霞，白的像雪，蓝的像天""高高兴兴的呼朋引伴的卖弄清脆的歌喉"。

再如动宾结构，对偶句："完儿着早园""无路找不到村，一动脑子找到路"；作文中："风里带着各种花的香""唱出婉转的曲子"。

不难发现，上述对偶句和作文中的句子虽有一些变化，但在构成上，结构相同、词性一致、节奏近似。这是由于汉语极少有形态变化，所以汉语的语法结构形式比较简明，组词成句的一个重要手段是靠语序，在很多情况下只须把词按一定的顺序排列就行了。汉语的词、词组、句子的结构关系具有很强的一致性，一种规则可三处使用。学习者只要记忆一种规则，就能识别或产出不同的词组和句子。

初学者如果仿写对偶句，有助于促使他们树立词类观念，了解和掌握汉语短语的基本构造和句法规律，仿佛只须进行简单化操作便能建构出形式统一、内部完整、符合语法规范的汉语句子。这就极大地加快了初学者根据句法结构、词汇用法而生成句子的过程。

可见，"扩词成句"的练习方式是有利于学习者习得汉语语法、汉语句子的语序与节奏的。

七、仿写对偶修辞格过程的原理分析

该实验使我们了解了学习者理解、应用及生成对偶修辞格的过程。实验证明，对学习者进行对偶修辞格教学，有利于学习者习得凝练、典雅而富有内涵和感染力的汉语书面语，中国传统写作理论素来强调仿写，二语学习者也深得精髓。

凡作诗之人，皆自抄古人，诗语精妙之处，名为随身卷子，以防苦思。作文兴若不来，即须看随身卷子，以发兴也，又说：凡作文，必须看古人及当时高手用意处，有新奇调学之。(《文镜秘府论·南卷·论文意》)

学习者习得对偶修辞格的方法，亦在于模仿。

西方二语教学理论关于模仿已经有了丰富的研究。认知（Cognition）一词源于拉丁语 Cognitio（the action or faculty of knowing or learning），指人获得知识或学习的过程。虽然人类语言形式有限，但创造力无穷，人类创造力很重要的一个表现形式——能借助已有的语言形式来认知和命名新的事物，这就是二语学习者进行仿写的认知心理基础。受行为主义心理学条件反射原理影响的结构主义语言学理论认为，语言习得是刺激—反应过程，即 S－R（Stimulus－Response）。言语的产出是不断模仿和强化，从深层结构到表层结构的结果。

对偶句仿写其实是一个复杂的过程。Anderson（1980）认为言语的产出可以分为三个阶段（王苏、汪安圣，1992）。

第一，构造阶段

以从蒙古来华留学的乌根巴亚尔同学为例，访谈中得知，他来中国之前从未写过任何作文，刚学写作时感觉不知道写什么，怎样写。尤其是对汉语书面表达，找不到可写的词句，表达也不顺畅。在学习了对偶之后，他的仿写造句中出现了不太严格的“宽对”。

黑，白，大，小

你我，我你，爱情，憎恨

爱可喜，恨可悲

红桃似频，碧柳如眉/完儿着早园，恋爱温室

父母手中钱，儿女身上衣

爱情得到亲福，憎恨得到悲惨

无路找不到村，一动脑子找到路

儿女依靠父母的爱，首长依靠公司的钱

本来没有任何基础和“想法”的蒙古同学乌根巴亚尔在学习了“慈母手中线，游子身上衣”，及“山穷水尽疑无路，柳暗花明又一村”后，便借此仿写出自己的理解：“父母手中钱，儿女身上衣”“无路找不到村，一动脑子找到路”。这为下一步写作构建了写作的基础。

第二，转换阶段

继而，乌根巴亚尔在明确要写春天的写作目的之后，逐渐感受到自身情绪、对生活的认识以及语境的影响，于是断断续续产生了关于春天的写作构想，写出了鲜明而独特的富于民族色彩的作文，在其作文中出现了排比句及“准排比句”。

春天像天鹅，来时很高兴，回时很寂寞……恋爱不如春天，春天不如

恋爱。

访谈中，作者说，在蒙古，天鹅不仅是春天到来的象征，而且其爱情专一深受人们的喜爱，春天与天鹅都到来时，人们很高兴，而春天与天鹅离去时自然心情落寞。但恋爱似乎也不及春天这么美丽，而春天里最美的事便是恋爱。

在写前练习中，对偶修辞格提供了仿写的构成框架，对词汇选择和句法形式的确定给予了引导和限定，于是留学生就仿写出了很多三字式“可字句”和仿“风歌树里，蝶舞花前”的四字对偶句——对偶特有的结构规则在言语产出中起了重要作用，尤其在帮助二语学习者实现将口语升华为书面语的语码转换上。

“来时很高兴，回时很寂寞”，便体现出乌根巴亚尔应用刚习得的汉语书面语构词构句的规则，自己创造性地确定结构，再将字词填写进去，将思想转换成言语表达的能力。这种能力便是学习者在仿写活动中获得的最大收益。

第三，运行阶段

将言语形式说出或写出来。这一过程吻合于图式理论。

所谓“图式”指的是人类在经验基础之上抽象出来的、具有某种特定、完整内部结构的认知组织形式。由于这是一种由相互关联的知识构成的完整的信息系统，所以，它能使人在很短的时间里，在物理世界和言语世界之间、言语对象和人的认知之间架起一座桥梁。（徐国珍，2006）

这种完形行为有效地沟通了人的认知和形形色色的言语对象之间的关系，在仿拟的接受行为中具有特别重要的意义。如当留学生学习“蜂歌树里，蝶舞花前”这一新的言语现象时，便激发起莫非此句的写作动机，并产生了模拟的言语策略意向，然后借助对偶修辞格的意象图式，迅速调整自己的语言知识经验，凭着对语境的认知和联想的运用，快速进入相关的基本范畴，捕捉到与该意向相匹配的语词类型，于是，以“蜂歌树里，蝶舞花前”作为参照物，结合特定的语境因素，学习者运用类推思维进行了言语创造，很快，“鸟鸣村里，车开城里”“鸟唱树里，狗舞草上”“鸟歌森里，花舞风中”“鸥声水上，燕声山里”“花香进蜂，草香进蝶”“夏树里绿，冬树里空”“山里变绿，水里变清”等句便脱颖而出，实现了仿体的完型。

因此，留学生这种“仿”此“写”彼的建构过程及写作模式可大致归纳为：感知信息—产生动机—默认方式—选择范畴—展开联想—提取本体—类推创造—构成仿体，体现出“话语的接受—话语的建构—话语的输出”这一信息加工处理流程的共性（徐国珍，2006）。

仍以蒙古留学生乌根巴亚尔为例，对偶练习激发了该生的想象力，继而这种内在的想象力伴随着汉语书面语的表达形式在作文中喷涌而出。

草园上一大片一大片满是的花，红的像火，粉的像霞，白的像雪，蓝的像天，花丛中蝴蝶翩翩飞舞。

风里带着各种花的香，去年的树叶半空中飘荡。山林绿色满着树，鸟儿安在自然风光中，高高兴兴的呼朋引伴的卖弄清脆的歌喉，唱出婉转的曲子。山林中有一种声它发出的是：春天，春天这样布谷鸟鸣叫，它的声音像叫醒春天一样。春天像地球在出生一样很美，让人很高兴也人们的心情在次精力了一样的感觉。

作者回想起有一次假期里去草原牧区的奶奶家，早晨起床时看到的就是这样的情景。这里，他将对偶创造性地应用到作文中，写出了文言夹杂的句子，流露出协和动听的韵律，呈现出将其本民族的底色与汉语书面语融为一体的独特的文化韵味。

无疑，这次仿写活动对该生产生了重要影响。仿写对学习者会产生什么影响呢？美国宾州大学教育研究生院的辛西娅·沃森对范文在二语写作教学中的运用看法为（Watson，1982）：

如果学生把范文当作一种资源而不是一种目标，如果他们能互相之间以及同教师一起探讨范文，如果他们在写作的各个阶段，能轻松自在地将自己的作品同专业作品进行比较，那么异域的作品也就真正地使他们投入到独创性的（写作）过程中去了。

该实验通过有意识地促使学习者对对偶修辞格的学习，使学习者在阅读中将注意力从理解意义向表达意义的词、句法结构迁移，从而促使意义与形式的习得，提高了学习者的产出性能力，尤其在提高学习者的用词的准确性、语句的复杂性、流利性和地道性方面效果明显。

该实验给我们的启示是：

（1）增字仿写以其设计的简单、训练的层次性和操作的有趣性，完全可以编写进教材，使之成为书面语练习的重要题型。

（2）有意识的仿写练习，是帮助学习者实现口语向书面语语码转换的有力手段。

（3）仿写是学习者习得目的语修辞格、内化并产出的过程，这一过程对于学习者而言至关重要。

（4）对于二语学习者而言，仿写目的语修辞格有自身的特点。

但我们也应当认识到，该实验存在着一定的局限性。

（1）本研究所涉及的只是一个小规模的实验，参加实验统计的受试人数较少，观察还有待深入开展。

（2）这种练习也有缺点，即过分重视语言结构的形式，练习有点模式化倾向，可能会忽视其他语言内涵、文化内涵和一定语境里的灵活变化。事实上，组片语句的教学法本身可以是多种多样的，并无固定模式。

（3）该实验只是一种短期的局限于课堂内的教学方法，如果长期开展，并结合课外活动，可能效果更好。

（4）如果我们的教材在综合课，阅读课的课文、语言点、练习中，也能循环出现相关内容，留学生肯定会掌握得更好。

第三节　从准教师撰写的教案看汉语作为二语写作教案的基本要求①

一、问题的提出

伴随汉语书面语在国际事务交流中使用的频繁，汉语作为二语写作课也日渐受到学习者的重视。怎样才能帮助学习者又快又好地掌握汉语写作技能呢？显然，写作教师自身熟练掌握写作教学的技能是前提条件。这里我们须要厘清两个“技能”的概念——对于二语学习者而言，汉语作为二语写作是一种技能，是联络其汉语知识和写作能力的桥梁，即使学习者自

① 该文曾发表在《华文教学与研究》，2018 年第 1 期上。写作中得到《华文教学与研究》匿名审稿专家和编辑部的指导，谨致谢忱。

身拥有比较丰富的汉语词汇和语法，也并不等于就已具备良好的汉语实用性书面语表达能力；对于准教师而言，汉语作为二语写作教学也是一种技能，是联络其汉语作为二语教学知识与写作教学技能的桥梁。准教师即使自身拥有比较丰富的汉语书面语知识，具备良好的书面语表达能力，也学习了汉语作为二语教学相关知识，但把这些因素简单相加，也不等于就已掌握汉语作为二语写作教学的技能。

因为汉语作为二语写作教师需要有丰富的教学经验和成熟的设计理念，而越来越多准教师正亟待奔赴海外担任全球各地孔子学院承担写作等各门课程的教学工作，世界各地本土教师也急需培训……这不能不让我们万分忧急。

现在一些设置了汉语国际教育专业的高等院校为即将成为新教师的硕士研究生开设了汉语作为二语教学技能（或称“对外汉语教学技能”）课程，该课程对“汉语精读”以及“听”“说”“读”“写”技能各门课程予以了实战培训和操练。本节即从该课程中的汉语写作技能教学培养入手，探索怎样才能在汉语国际教育专业知识和写作教学技能二者之间搭建一座“桥梁”——让准教师的培训变得更加直接、实用、有效。

其实，关于如何培养汉语作为二语准教师的教学培训实践和研究成果是十分丰富的，尤其是近年来解决问题的方法之多，数量之大，为过去所未有。首先，新中国对外汉语教学事业开创伊始就非常重视教学经验的传承，助教制度、严格的岗前培训、言传身教、教学管理等“慢工出细活”的方式代代相传，得到了继承。然而，现在担当重任的准教师须在短时间内以最快的速度、最直接的方式建构汉语作为二语写作教学知识库并掌握写作教学技能，传统的面对面、手把手、传帮带的准教师与专家教师培训模式显然已经不切实际。其次，如吕必松（1989）、陆俭明（2007）、刘珣（2000）、张和生（2006）等学者，他们对汉语教师业务素质及研究生培养与对外汉语教学学科建设，从整体全局着眼进行了多方探讨。

还有，近年来国内外教育学、心理学界专家斯腾伯格（Sternberg，1997）为建立专家型教师原型搭建了框架，皮连生（2000）、何克抗等（1997）对教学系统设计进行了系统论述；连榕等（2003）、江新等（2011）、王添淼等（2015）对汉语作为二语新手、熟手、专家型教师的实践性知识分别进行了研究和比较述评，启发了我们对培养准教师主动开展教学设计的构想。

另外，在写作教学设计方面，陈田顺（1999）、崔希亮（2010a）提供了熟手教师的示范性写作教案；罗青松（2002）、陈贤纯（2003）等对汉语作为二语写作教学进行了系统论述；姜丽萍（2010）对综合课教案要素的确定进行了研究，刘涛等（2013）对国际汉语教师课堂写作教学能力培训策略进行了探讨，这些文献为我们把教学理论、语言知识与写作教学技能三者之间进行连结性设计提供了可资参考的依据。

上述文献显示，对汉语作为二语准教师的培养虽然历来受到高度重视，但是其中仍有许多不足。

首先，早期的教师培训虽然实践丰富，但理论总结不足。而后来的教师培训虽然理论着眼点比较全面，但泛论较多，多未能与实践相结合，与实践存在较大差距，难以操作于真实的教学实践。

其次，由于过去业界未能普遍认识到教案研究的理论价值和实践意义，上述研究多未能将教案编写与教学设计的系统理论以及对教师的实践性知识的传承和规范三者结合起来。

这些研究为我们提供了发展的空间。无疑，问题解决的关键在于如何找到合适的“抓手”——由此入手，才能真正打破教学设计理论、汉语知识与写作教学实践之间隔膜的“真空”状态，架构一个真实的可以帮助准教师尽快变为教学熟手的“桥梁”。

以编写汉语写作教案为例，作者认为这一看似简单，实则复杂的问题，其中蕴涵着教师的很多隐性知识——包括教师的二语写作教学理论水平、写作专业知识水平；教师对写作所持的态度和情感；教师的写作教学风格；教师的写作教学经验，如教师对写作教学对象的把握，对写作教材的理解和加工，以及对写作教学步骤的合理安排、写作教学方法的选用、写作教学时间的掌控等。这一切有关知识都被内化于写作教学设计，通过写作教案的形式展现出来。既然汉语国际教育专业研究生在学期间往往难以获得真实教学情境中面对面的汉语写作教学技能的传授，那么如果从教案编写—教学设计—教学实践三者结合点出发，通过对专家、新手编写的写作教案进行比较，找出其中的差异，可以帮助准教师自觉调整课堂信息加工能力，完善实践性知识结构，对新教师开展写作课堂教学技能培训，进行规范引导，从而促进新手向专家转变，有利于培养新教师向专业化方向发展，就应该是一条可行的路子。

二、准教师与专家教师编写的汉语作为二语写作教案信息采集

鉴于公开发表的教师教案，尤其是写作教案较少，本节采用的专家教案只有 5 份①。

准教师教案采自 2012 年 93 位中外研究生自愿结组合作编写的 21 份教案，2013 年 110 位中外研究生自愿结组编写的 31 份教案，2016 年 26 位中国研究生编写的 26 份教案，共计 229 名汉语国际教育专业研究生编写的 78 份写作教案②。

三、准教师与专家写作教案编写项目比较

一方面，教案编写是以课时为单位进行写作教学设计的实际写作教学方案，是教师开展课堂写作教学活动的重要依据，是进行有效写作教学的前提，它为新教师习得汉语作为二语写作教学知识、技能和态度提供了一个真实的“学习环境”（Learning Environment）。另一方面，教学设计是教师以完成一定的写作教学任务和优化写作教学效果为目的，以写作教学系统及其活动为对象，运用系统方法，分析写作教学问题和制约条件，选择并确定写作教学实施方案，进行系统分析、规划、决策、制定并形成工作方案的活动和过程。

写作教案其实是写作教学设计的具体化。教案的编写项目和内容反映了“在一个设计模型中，该设计模型通常包括以下阶段：（a）需求评估（Needs

---

① “专家”写作教案在此主要参考了北京语言大学吴双、朱彤、高典、宋刚和黄柏林老师编写的写作教案。分别源自陈田顺（1999）等，P245－261、P171－181；崔希亮（2010）等，P134－188。

② 本节采集的教案即 2012—2016 年先后选修“汉语作为二语教学技能”“汉语作为二语教学调查案例与诊断”课程的 229 位来自中国、泰国、韩国、日本、越南、蒙古、墨西哥、希腊、西班牙、英国、法国、巴基斯坦、印度、斯里兰卡、津巴布韦等国的汉语国际教育专业研究生自由组合、自由选题编写的 78 份写作教案（其中 2012 年 21 份教案，2013 年 31 份教案，2016 年 26 份教案）。每个小组成员都有中外研究生，但从教案的具体编写情况看，母语者承担了主要编写者的任务。

asessment)，(b)对目标(Goals)和对象需求程序的组成部分(Composition)的描述，(c)目标设计，(d)原型生成(Development of a Prototype)，(e)制造(Production)，(f)使用、维护，和(g)废弃与循环(Recycle)。这些阶段是一组启发式，它们引导着教学发展的进程，在这些阶段中，还产生评价(Evaluations)。该模型被称为教学系统设计模型(Instructional Systems Designmodel)。”①

在写作教案编写的项目上，专家教案普遍都具备下列编写项目，以此观照准教师写作教案编写情况(见表4-26)。

表4-26　来自准教师的汉语作为二语写作教案编写情况统计表

准教师写作教案的编写情况	统计数据
写作教案数量(份)	78(份)
参编人数(人)	229(人)
测试项目	重视程度
一、写作课型	42%
二、写作教材	37%
三、写作教学对象	86%
四、写作教学内容	81%
五、写作教学目标	89%
六、写作教学重点和难点	71%
七、写作教学方法	63%
八、写作教学时间/课时安排	72%
九、写作教具	59%
十、写作教学步骤/环节/过程	99%②
十一、写作板书设计	3%
十二、写作教学后记/教师总结/教学反思	10%

① 高文．教学设计研究——荷兰土温蒂大学Sanne Dijkstra教授访谈录［J］．全球教育展望，2001(01)．

② 有一份写作教案没有写出教学步骤。

从表4－26中我们看到，教学步骤（或称教学环节、教学过程）是准教师们非常重视的（99%），只有一组来自中外研究生三人组的写作教案没有教学过程。此外，我们看到绝大多数教案都很重视对“写作教学目标”（89%）、“写作教学对象”（86%）、“写作教学内容”（81%）三项的描述。可见准教师都意识到了如果自己走上课堂，首先应该关注如何开展教学，教学的目的是什么，教学对象有什么特点，应该教哪些内容。

在“写作教写作学时间/课时安排”（72%）、“写作教学重点和难点”（71%）、“写作教学方法”（63%）、“写作教具”（59%）四项上，准教师显然重视程度还不够。可见新教师因为没有经验，所以还不太清楚应该如何安排课堂教学时间，教学应该有哪些重点和难点，可以采用哪些教学方法和教具。

在“写作课型”（42%）、“写作教材”（37%）、“写作教学后记/教师总结/教学反思”（10%）三项上，我们看到准教师明显缺乏相关认识，既不了解写作课型与其他课型的区别，也不关注教材对教学的影响，更不重视教学后的总结与反思。另外在“写作板书设计”（3%）里，予以关注的准教师就寥寥无几了，传统教学中老教师们极其重视板书设计，总是巧设种种教学“机关”，把板书设计得“柳暗花明”，而在准教师这里已经变为严重的不关心。

上述情况表现出准教师对汉语写作课型的认知程度和教学实践经验上存在诸多不足。

四、写作教案中准教师与专家教师教学设计出发点上的差异

我们从以下教学环节对准教师与专家教师编写的写作教案进行比较，可以看到其中分别呈现出的特点，并发现准教师向专家教师转变的规律。

1. 准教师与专家教师在对教学对象表述上的差异

从写作教案的设计，我们发现准教师对二语学习者普遍缺乏应有的了解，如[①]：

① 本节举例引用准教师和专家写作教案的内容全部摘自原作，未作任何修改。

有的教案在编写中根本不关注教学对象，不仅在编排中缺乏“教学对象”一项，而且全文始终没有出现过任何关于“教学对象”的描述和定义，如：

（1）一、教学目标；二、教学重、难点；三、教学内容；四、教学课时；五、教学方法；六、教学用具；七、教学环节。

不少准教师教案虽然对教学对象进行了描述，但是描述欠准确清晰，如：

（2）中高级学生。

（3）高级日、韩、东南亚等国学生15人。

（4）汉语水平相当于HSK 5级的外国留学生。

例（2）（3）很笼统。没有明确教学对象是母语者还是非母语者，以及具体汉语水平等信息（关于“中高级”“高级”，各地教学要求不同，无法获知真实汉语水平），不能让读者确知“中高级”“高级”的具体信息是什么。例（4）HSK成绩只是可参考信息之一，其他具体情况还应补充。

但也有准教师对教学对象的描述比较全面，如：

（5）词汇量为2 000～2 500，HSK为3～5级的中级汉语水平的留学生。

（6）学习汉语大约2 000学时，掌握词汇2 000个左右，汉语水平相当于HSK 3～6级的外国留学生。

（7）已掌握了一些汉语基本句型和1 500个左右的生词，同时对记叙文有了初步了解的初级留学生。

例（5）（6）（7）三例所提供的信息量均已达到三项以上，比较而言，这三组关于教学对象的描述比较全面（见表4－27）。

表4－27　准教师/新手教案对教学对象描述较全面者举例

	非母语者	学时数	词汇量	汉语学习级别	HSK水平	汉语写作基础
1	留学生		2 000～2 500	中级	3～5级	
2	外国留学生	2 000	2 000		3～6级	
3	留学生		一些汉语基本句型和1 500个左右的生词	初级		对记叙文有了初步了解

作者查阅了《北语对外汉语教学法研究丛书·对外汉语综合课·优秀教案集》，对其中教案对“教学对象”的描述进行观察，发现专家们对教学对象的描述其实也不尽统一，如：

（8）教学对象为汉语本科三年级下的高级汉语作为二语学习者，已有一定的汉语写作基础，学习过记叙文、说明文、应用文的写作，来自亚、欧、非、美不同地区，四年级下即将写作毕业论文，急需习得基础议论文的写作技能。（吴双）

（9）北京语言大学汉语进修学院的长期进修生，他们已经学习了汉语的主要基础语法，应该掌握了至少 1 200 个词。全班共有 22 人，来自 16 个国家；学生以大学在校生为主，有少量高中毕业生，都具有较强的自主学习能力和强烈的学习能动性。（宋刚）

（10）北京语言大学汉语学院二年级上学期留学生，共 18 人，来自韩国、朝鲜、日本、伊拉克、德国、沙特阿拉伯、津巴布韦等国家。（高典）

（11）北京语言大学汉语速成学院速成系 E 班学生（学生都是成年人，在本国都受过高中或以上的正规教育，母语写作基本上都接触过，但是用汉语写作还比较陌生。）（印度尼西亚：6 人；韩国：5 人；中国：1 人；日本：1 人；法国：1 人；意大利：1 人）（共 6 国 15 人）（黄柏林）

与准教师相比，上述专家教案的描述显然更加具体和真实可感，尤其注重标明学习者文化背景的多样性，而这一点正是汉语作为二语教学区别于国内其他外语教学的一个显著特征。汉语国际教育的教学对象跟国内别的外语教学对象有很大不同，不仅有外语学习者所共有的一般问题，还有其自身复杂多样的特殊性——同在一个班里学习汉语的二语学习者不仅年龄、个人素质、社会阅历不同，而且往往来自不同的地区和民族，文化、历史背景不同，在风俗习惯以及民族性格和心理上存在一定差异，这些不同会导致学习者在习得汉语写作时存在着更为复杂的现象。

但是，专家写作教案对教学对象的描述也反映出教案编写，或说具体课程的教学设计目前存在缺少规范的现实问题。应该从哪些方面来描述教学对象才是最有意义的呢？这点亟待规范。

2. 准教师与专家教师在教学目标陈述上的差异

对教学目标的描述应该抓重点，具体化。然而，有的准教师的描述显然太大、太空，如：

（12）教学目标：① 提高语篇的写作能力；② 提高用目的语进行思维的能力；③ 扩大和充实目的语文化、语境义知识。

而专家对教学目标的描述，就比较具体：

（13）① 熟悉“处所词语”和“时间词语”在写作中的连接作用，并能熟练运用。② 理解例文的书面语体特点，并学会运用相关句式。③ 掌握该类文章的常用结构，并尝试运用。④ 熟悉该类文章的写作内容，并能运用所学结构，当堂形成口头作文或书面作文。（也鼓励学生尝试新的结构方法，写出自己的风格）（高典）

五、写作教案中准教师与专家教师在写前指导上的差异

（一）准教师与专家教师在写作教学导入策略上的差异

“导入”的方式当然因人而异，各式各样。应该怎样导入最好？准教师的导入往往采用以下两种方式。

1. 口语化导入

有的准教师教案在导入时非常口语化，如：

（14）导语：同学们，刚刚过去的国庆节假期，大家玩儿的高兴吗？大家在出门游玩儿的过程中一定又学习了不少汉语知识。有没有人能告诉我你新学到了什么？同学：“……”好的，大家的发言都很积极，很多同学都觉得汉语越学越有意思。那大家想不想把这些有意思的学汉语的故事用汉字记录下来呢？同学：“想。”那你们可要好好听听这节课了。这节课，我来教大家该如何写一篇记叙文。

（15）导入（20 分钟）：同学们，大家好，这是我们开学第一次漫长的假期，泽一、山川秀子你们一脸高兴，看起来大家还沉浸在假期的兴奋当中，不过英子你好像很累的样子哦，或许这是玩过头了的原因吧，哈哈。好啦，现在让老师知道你们都去哪里干嘛了，老师也想分享你们的喜悦。/师：这是哪里（指着图片长城问）？有人知道吗？/生：……/师：有人十一去过吗？/生：……

在例（14）中，准教师所预想的留学生的回答非常理想化，其实在真

实的教学情境中，可能一些留学生会说“不想”。而例（15）教案通篇就是一个导入词，而且导入词全以准教师臆想的不加引号的“对话”开展。其实，暂且不说教案编写应该力求教学环节清楚这一问题，就从现实性而言，准教师们这种预设的对话在教学中往往难以实现——学习者如果假期没有外出，或者对此持消极态度，甚至不合作……那么“对话”就随时终结，如果没有科学的备课环节，准教师可能就难以往下开展教学。所以，导入应该依照教学环节依序展开。

2. 书面语化导入

有的“导入”则过分书面语化，并且词语难度系数大，让初、中级水平的汉语作为二语学习者难以理解，如：

（16）课堂话题导入：冬天。图片展示：北京上周末的暴风雪。（同学们，你们都经历了吗？）然后讲北京可爱的冬天，长城内外惟余莽莽，公园里伙伴们笑靥如花。过渡到世界各地的冬天，指出因为地域的不同，各地的季节迥然各异。

（17）导入新课（5分钟）：人们的日常生活和天气息息相关。在这个秋天，如果外面晴空万里风和日丽，人们就会出游登高而望远；如果雾霾沉沉，人们就尽可能地待在室内等着雾霾散去；如果外面秋雨零零，人们会干什么呢，会不会像李清照一样诗情满溢去道出雨天里的那情景。留学生们又如何流利畅达地把所见之雨描写下来，如何在描写中插入细致的景物描写，使读者仿佛身临其境看到那雨的感觉。这就需要同学们用细腻而恰到的笔触去细细地描写。在讲课之前，请同学们先欣赏一篇名为《下雨了》的范文，让初级水平的学生初步了解描写体的篇章。

例（16）中“惟余莽莽”“笑靥如花”“迥然各异”这些词语作为课堂语言用于母语者，一般会令人感到优美生动，但作为二语学习者听起来则可能会因为难度太大而不知所云。例（17）中教学对象时而以听话人角色出现，如“同学们”；时而以说话人、听话人以外的角色出现，如“留学生们”“初级水平的学生”。“如果外面秋雨零零，人们会干什么呢，会不会像李清照一样诗情满溢去道出雨天里的那情景”“使读者仿佛身临其境”，这样的教学语言即使是对母语者说，也会被嫌“掉书袋”，对于初级二语学习者而言，关于李清照的生平与诗篇知之者甚少。这里想当然地把教学对象认知为自幼就开始储备中国文化知识的母语者，显然不切合实际。

那么，专家是怎样导入的呢？以议论文写作教学为例：

（18）［教师引导语］1.我们什么情况下会发表议论？什么是议论文？举个例子，有一个故事说有两个小伙子同时向一位姑娘求婚，东村的小伙子又聪明又英俊，但是家庭非常穷困；西村的小伙子家庭很富有，父母很有地位，但是长得很丑。假如姑娘想听听你的意见，你认为姑娘应该怎么办？/假如东村小伙子代表自己喜欢从事但是不挣钱的工作；而西村的小伙子代表自己不喜欢但是工资高的工作，你会选择哪个？/如果东村小伙子代表“精神”，西村小伙子代表“物质”，你认为物质和精神什么更重要？（等待学习者回答，也可逐一请学习者回答）/［教师行为］2.教师板书作文题目：《从姑娘应该嫁给谁看物质和精神什么更重要》/［教师引导语］3.从同学们的回答，我们可以看到：凡是需要表明自己的主张，或需要说理，说服对方的时候，就需要议论。当我们把自己对这个问题、这个现象的看法用文字写下来，就是议论文。（吴双）

（二）准教师与专家教师在对写作知识的呈现上存在差异

如何才能把属于“深层结构”的抽象的写作知识进行组织、呈现，并表征为适应学习者的习得能力和水平的汉语作为二语写作知识，从而获得最大的传播效益？在这点上，准教师与专家教师表现出很大差异。在2012年21份教案、2013年31份教案、2016年26份教案中普遍存在同类问题。如有一组来自中外研究生三人组的“中级汉语写作教案——一般书信的写作”教案是这样呈现写作知识的：

（19）附候语：是附带问候的辞令。通常有两种情况：①写信人附带问候收信人身边的亲友。如：令尊前乞代请安（附带问候收信人的父母），令兄处乞代候（附带问候收信人的兄长）②写信人代自己身边亲友问候。如：广平及海婴随叩（附带代妻儿行礼问候），家父嘱笔问候（附带代父亲问候）。附候语的写作要注意三点：一是注意称谓的恰当，二是另行写起，三是力求简练。

上面这则教案对学习者应该接受的汉语书信写作知识的传达显然存在“失真”“掉书袋”和“陈腐”的现象，因为“令尊前乞代请安”“令兄处乞代候”“随叩”“家父嘱笔问候”等用语已经很少用于当代年轻人的书信。这里好像只是简单抄写了一下旧时书信的写作知识而已，显然不适宜用于真正的汉语作为二语写作教学。

这种普遍存在的“照抄”方式，一方面表现了准教师还没有摆脱自己作为“学生”身份学习知识时喜欢照抄教科书的习惯；另一方面表现出准教师没有考虑真实的教学过程与教科书其实存在很大差距，还不善于活学活用，灵活思考，将平面视读的课本知识转化成可以循循善诱进行立体教学的特点；再一方面也反映了准教师没有真正重视教学对象的汉语水平和思考教学对象对汉语写作知识的接受方式。

专家写作教案在呈现写作知识时，为了贴近学习者的习得心理，明确地意识到必须转换语体，以问答促进互动，如：

（20）通过几件事来表现人物——《钟小帆》（约 33 分钟）/① 朗读第 1、2 自然段，提出以下的问题：a. 这是对人物概括性的介绍，交代了“我”和小帆是怎样相识的。那么这段文章采用了哪些描写手法来表现人物呢？请举例说明。b. 这样的描写表现出小帆怎样的个性？/② 朗读第 3 段，提出以下问题：a. 这一段写了怎样一件事？说明了什么？b. 本段采用了哪些描写手法？表现出人物怎样的性格？举例说明。（朱彤）

上例中，专家教师不只驻足于范文中文字的表面，而是十分注意引导学习者在教学过程中跟随教学进展与教师互动，并应用学习者的“发言”，即时引导学习者发现和分辨范文采用的写作方法，启发他们思索、体验并运用这种写作方法。这种立体化的教学设计，能有效避免学习者接受写作知识时容易产生的“失真”情况。

（三）准教师与专家教师写作教案在范文选文和教学上存在差异

模仿范文写作对于学习者而言既是重点也是难点，但准教师对学习者的这一需要往往难有切身体会，在其编写的写作教案中常会有如下操作。

1. 有的准教师编写的写作教案中没有范文

有的准教师由于自身缺乏写作常识的缘故，竟然完全没有认识到范文的作用。

范文是写作教学中可作为示范模仿的文章。对于二语学习者而言，有时与其费尽心力也难以说明，不如观摩一篇范文便可让学习者心领神会。初、中级学习者其实已经掌握了一定的词汇和语法知识，写作时，他们最大的困难往往并不在词汇和语法层面上，而在于对语篇体裁层次的掌握及产出上。例如《交朋友得失总结》与《论交友》，前者是说明文，后者是议论文，他们常常会因把握不清说明文与议论文的建构模式，也不了解说明文力求客观平实，而议论文附着强烈的主观色彩，二者有着不同的语言形式，而分辨不出应该如何造句用词，以致或者迟迟无从下笔，或者写出的文章思路混乱，表达不清，语言搭配不当。

语篇不仅是一种语言建构（Linguistic Constructs），而且是一种社会的意义建构（Social Meaningful Constructs）。通过范文引导学习者既掌握语篇的图式结构（Schematic Structure），又了解语篇的建构过程，有助于学习者理解或撰写属于某一体裁的语篇。①其实不同国别的人之间存在着为达成共同的交际目的而进行交流的常规方式，相关的文体规约性价值常常附加在词汇、句法、语篇等语言特征上。只要引导学习者关注范文中的语篇化特征，便可获得语言组织方面的认知特征。而这些利用范文便可达成。如果放弃了对范文的利用，对于准教师而言，教学无疑会更难开展。

2. 有的准教师教案范文仅是孤立的存在

有的教案虽然也列举范文，却缺少对范文进行必要的解读。有的范文和所要训练写作的文体、内容、题目以及语言训练完全无关。（为避冗长，举例略）

3. 有的准教师教案范文篇幅过短

有的教案中的范文竟然只有一小段，如：

（21）天坛公园/九月二十二日上午，我和几个朋友到天坛公园游览。/一进公园大门，我们就看见一条林荫大道伸向远方。我们穿过蜿蜒曲折的七十二长廊来到了祈年殿。它的顶端是鎏金宝顶，三层重檐都用蓝色的琉璃瓦铺成，在阳光的照耀下闪闪发光，非常雄伟壮观。

一般初、中级写作要求达到400～800字以上，应该是首尾完整的语篇形式。这段范文显然达不到要求，起不到示范的作用。

① Kay, H. & T. Dudley_Evans.1998. Genre: What teachers think［J］. ELT Journal, 52（2）: 308 - 311.

4. 有的准教师教案范文有题无文

有的范文虽有题目，但是没有出现范文，也没有对范文的学习，如：

（22）范文欣赏：（1）《故都的秋》郁达夫（节选）（2）《北平之恋》谢冰莹（节选）

缺乏具体教学过程的教案自然无法开展具体的教学，其实它已经失去了教案应有的价值和意义。

5. 有的准教师教案范文语言过于艰深

准教师教案中不少范文语言过难，有的甚至把学习者理解为母语是汉语的文艺青年，如：

（23）《父母的爱情故事：记忆中的洋槐》：……那时，母亲还是个小姑娘，喜欢坐在洋槐树下想她那羞涩的少女心事，美丽的红晕从她脸上掠过，泛起阵阵涟漪。那时的父亲还是个小伙，喜欢隐藏在一个角落默默看着树下的那个少女，静静的喜欢着那个人……时光荏苒，一晃这么多年过去了，他们在现实的沼泽里挣扎过，为了生活，为了琐事有过争吵，却从未离弃，我懂了："死生契阔，与子成说；执子子手，与子携老。"（教学对象"中级汉语留学生"）

其中"羞涩""泛起阵阵涟漪""荏苒""沼泽""琐事""死生契阔，与子成说；执子子手，与子携老"对于"中级汉语留学生"而言都较生僻，这样的语言输入无疑难度是比较大的，但准教师却没做任何注解，而且也没有对范文内容进行分析。

把教学对象想象得太母语化，是准教师对教学对象缺乏了解所致。任何一个学习者都会将其原来所学的知识、技能带入新的学习过程中，所以教案设计者应该了解中级汉语学习者已经具备的知识和技能，明确学习者对于面临的学习是否有习得的能力，应该提供给学习者哪些帮助。

6. 准教师教案范文内容普遍呈幼稚化倾向

准教师教案中有一个非常普遍的现象，就是把二语教学对象假设为小孩子，如：

（24）《我最喜欢的人》：我喜欢的人是妈妈，因为她热爱劳动，而且特别讲卫生。/（妈妈）眼睛黑黑的，大大的，<u>像一两颗葡萄</u>，<u>耳朵小小</u>，像两片小贝壳，身材胖胖的，像一个大<u>东瓜</u>/我是有些作业<u>不知道做</u>，在我不知道做的时候，妈妈也会细心给我分析问题，直到我弄懂弄透为止。

（25）近了，近了，我听到了秋伯伯的脚步声……秋伯伯来到我家门前的果园……秋伯伯穿过果园，来到小河边……越过小河，秋伯伯来到了田野上……秋伯伯一路走来，向我点头、微笑！我爱家乡的秋天。

其实，目前二语学习者以成人居多，这样的心理假设反映了准教师普遍对教学对象缺乏认知，将学习者的汉语水平以及某些教学内容与儿童母语者的学习内容认知混淆的情况。

那么，专家编写的写作教案是怎样教学范文的呢？

（26）范文一《小小的灵光村》（留学生习作，略）/⑤总结：从文章的长短看哪一段重要？答案：第二段和第三段，主要写物产。/提示：重要的详写；次要的略写。详略分明。/文章结构（PPT）：我的家乡是位于……的一个叫……的乡村……地方不大，可是名声不小。自古以来，它就以……远近闻名。第一是……第二是……第三是……除了……，……还有……，（那）就是……。此外，……还有……/（请学生大致按这个结构说说自己的家乡）（高典）（教学对象：中级汉语留学生）

可见专家在进行范文教学时，无疑更加注意贴近学习者的真实汉语水平和习得心理，力求让学习者通过范文习得相关的写作知识和语言知识。

六、写作教案中准教师与专家教师在写作实践上的差异

（一）准教师与专家教师写作教案在写作要求上存在差异

1. 准教师编写的教案中“写作要求”部分在传达示知任务上不够明确具体

如果不能将“写作要求”深入浅出地明确告诉学习者，学习者写作时就会犯难。而这个问题与准教师对写作的理解以及自身写作水平有着密切的关系，如：

（27）要求中级学习者以“一件有趣的小事”为题，写出400字左右的汉语作文：a. 自我介绍来自的国家以及来中国的原因和感受/b. 简单介绍自己在中国的生活中都发生了哪些事/c. 详细写一件发生在自己身边的有趣的小事/d. 总结自己对这件事的感受。

在一篇400字的作文（中级汉语作文一般要求写作500～800字）中，准教师要求学习者既要介绍自己“来中国的原因和感受”，又要“介绍自己在中国的生活中都发生了哪些事”——我们知道，“哪”指不确定的人、地方或事情，表示疑问语气；“些”表示多数，若干，不指具体的个人、地方或事情。如果学习者照此“指导和要求”去写作，作文必然写得拉拉杂杂，泛泛而谈，不仅内容与题目《一件有趣的小事》背道而驰，语言也难以出彩。学习者即使写作超过400字，仍无法聚焦在“一件小事”上，而这种写法是违反记叙文写作“应该突出重点”的写作基本原则的。这反映了准教师自身在写作修养和写作常识上的欠缺。作为教师，一己缺失将可能会误导若干学习者，结果会多么严重啊！

2. 准教师教案对学习者的语言错误过分苛求

在第二语言习得过程中，学习者在目的语输入的基础上会形成一种既不同于其母语也不同于目的语，且随着学习的进展向目的语逐渐过渡的动态的语言系统，此即中介语（Interlanguage）。也就是说，语言错误与二语学习常相伴随。但准教师常以母语者的写作要求来要求二语学习者。如：

（28）写作要求：① 中心思想突出；② 不要写错别字；③ 语言要通顺流畅。

（29）列出提纲：在纠正完表达中出现的偏误后，让学生在半小时内写出作文提纲，明晰思路，确定好自己的写作内容。/布置课后作业：让学生根据课堂教学的内容以及自己所列出的提纲，结合自己的实际情况，在两小时内完成一篇400字左右的作文。

（30）命题：以“一件有趣的小事”为题/字数：在400字左右/要求：以时间顺序来写，文章内容充实具体，语句通顺，用上恰当的关联词。

母语写作中，语文教师对学习者的语言错误普遍持以“零容忍”态度。而在二语写作中，对汉语一知半解的学习者在创造性地应用所学汉语知识去表达的过程中，只有通过“犯错—知错—改错”这一途径，才能真正习得汉语作为二语书面表达技能。“零容忍”无疑会令处于“中介”状态的二语学习者因自卑胆怯而手足无措。所以，无论是口语还是写作，专家教师都会以“宽容豁达”的态度鼓励学习者不要因害怕犯错而采取消极回避的学习态度，而致使学习受阻。

布置“写作要求”往往安排在写作伊始，这时的教学重点在于激发学习者产生写作内容和思想，为了减轻语言记忆负担，以便写作者能够把精力集中用于书面语的产出，在急于表达而对汉字失忆的情况下，专家教师甚至会鼓励写作者首先以最快的速度和最简捷的方式——例如以零碎的词句、汉语拼音、图画、符号、母语快速记录下思想火花，其次抓住中心词进行发散思维，然后整理成可依据时间先后进行阅读的呈“线型表达“的写作思路，最后依次寻迹写作。

在接下来的写作中，专家为了帮助学习者尽少受到汉语作为第二语言的钳制而影响表达，往往会继续为学习者“松绑”——例如告知学习者在写作时如遇不会写的字词和难以表达清楚的语句，可以这样操作：或者先空着不写，或者用拼音写，为防遗忘，也可以画图达意，或用母语、其他语言作为替代（这里指局部），待将作文内容大概表达完毕，才查词典或语法书，把“空”填补上。

那么，是不是汉语作为二语写作教学不及汉语作为母语写作重视语言质量呢？其实不然。因为二语学习者的语言表达错误率远高于母语者，所以专家教师会格外重视修改作文语言的问题——在教师批改与讲评之后，在教师课堂即时指导下，往往会引导学习者对作文初稿的内容、结构，尤其是语言，进行创造性地“再写”。

显然，例（29）的“写作要求”没有顾及二语学习者的真实学习特点，如果在写作之前就要求学习者保证“不要写错别字”“语言要通顺流畅”，估计很多学习者都会因此畏惧表达，不敢动笔写作了。例（29）中对反映作文思想内容和结构的写作提纲也要求一而再，再而三地纠错，“列出提纲：在纠正完表达中出现的偏误后”，再次“让学生在半小时内写出作文提纲”，显然把语言纠错当成了凌驾于内容表达之上的写作第一要事。例（30）也是如此。其实，在写作之初，对写作思想内容的快速记录是最重要的，而纠缠于写作提纲的语言形式，其实只能徒增写作者的畏惧心理和破坏其写作思路。

这种过度追求语言正确的思想反映了准教师们所接受的母语写作教学观的影响。汉语作为母语写作教学过去由于普遍采用“结果式教学法”，重视最后的写作成品的语言质量，因而在写作之先就提出“语言要通顺流畅”“不要有错别字”等要求，其实这便往往在思想的“蝴蝶”还没有放飞之前，就已经牢牢束缚住了蝴蝶的“翅膀“，结果只能让学习者觉得写作乏味可怕，无话可写。只有打消写作者的顾虑，努力让其放松地写，投入地写，才能激发写作者的书面表达热情，让写作者享受到写作的乐趣，也才能让写作者获得最大进步。

3. 准教师教案对写作字数要求不规范合理

虽然字数与文体特征有一定关系，但同样的写作时间里，不同水平的汉语作为二语写作者作文字数的多少与其写作技能和汉语水平是呈正比的。所以，汉语作为二语写作教学与母语写作教学有一个很大的区别，即重视在限定的时间内，学习者应达到一定的字数——根据汉语水平的不同，初、中、高级写作者的作文字数要求呈现递增趋势。写作速度也成为衡量和考察学习者书面语表达水平的一个标准。然而，作为母语教学，字数与水平并不一定呈正比。因此，不熟悉汉语作为二语写作教学的准教师在“写作要求”中，往往对不同水平学习者写作应达到的字数随心所欲地提出要求，如：

（31）(《高级汉语写作要求》) 在老师的指导下，学生能明确主题思想以及如何开展写作，在课堂当中完成作文提纲；并在课后完成400字的作文。

（32）教学目标：了解游记文的最基本写作方法，用已学词汇，按照游览的时间顺序进行写作。写作要条理清晰，段落分明，反映本人的情感变化，字数在200左右。

（33）要求学生当场完成一篇150～200字的描写雨景的小作文。

例（31）是针对汉语本科中高级学习者提出的写作要求，竟然才 400 字。这一要求显然过低，照此要求培养的学习者距离毕业论文的写作要求十分遥远。汉语本科毕业论文一般要求字数达到 5 000 字以上，而高级汉语写作要求在 110 分钟（两课时加课间休息时间）内即时写作一篇 900 字以上的汉语作文。例（32）教案中提供的范文（略）仅有 619 字，可是学习者如果依照准教师的要求，“按照游览的时间顺序进行写作”，且“反映本人的情感变化”，然后仅仅才写一篇“字数在 200 左右”的作文，或“当场完成一篇150～200字的描写雨景的小作文”，是完全不符合汉语写作教学的实际情况的。例（33）也是要求过低。

那么，专家教案是怎样做的呢？如：

（34）写作要求：① 文体为议论文。/② 自拟议论文题目。/③ 论点鲜明突出（有一个中心论点，有几个分论点，分论点为中心论点服务，层次要分明）。/④ 论据丰富充分（事实论据要写得具体简短，理论论据可以采用直接引用和间接引用的方法）。/⑤ 论证合理深入（可综合采用立论型、驳论型、对比型和析理型方法）。/⑥ 全文 800 字以上。/⑦ 可提前确定论题、搜集材料、准备提纲，写作两课时内完成；⑧ 努力多写、快写，不要因为担心写错汉字和害怕出现语法错误而影响写作速度。（吴双）

这反映了在写作伊始，写作教师所提出的“写作要求”，应该依循教育科学的规律，根据写作教学规划，在字数等要求上，贴合学习者的实际情况，符合写作教学的可持续发展目标。

（二）准教师与专家教师写作教案对写作过程的理解存在差异

写作实践环节又称写作过程，对写作者书面表达技能的形成和发展无疑是非常重要的。在写作过程中，写作者往往会感受到很多写作困难，如果教师给予关注并恰到好处地及时帮助，就能极大地提高学习者的写作水平。然而，准教师对写作过程的关注却几乎等于零，78份教案中只有两组准教师对写作过程予以了少许关注：

（35）写作中阶段/① 准备：给学生一定的时间各自准备。准备的时间控制在十分钟内。/② 写作：教师在写作过程中不断巡视，巡视的过程中对学生提供帮助。

（36）习作实践/学生进行自我习作练习，教师随时观察学生写作，进行随机指导。

（37）让学生当堂完成作文写作（字数120～150）。教师适时介入，提供适当的帮助。

例（35）中算是有了过程教学法的影子，但写前需要准备什么？为什么要准备十分钟？教师巡视中可提供哪些帮助？可惜都没有具体内容。例（36）（37）非常笼统，语焉不详。

与此不同，专家教师对写作者写作过程的指导是非常丰富具体的，如：

（38）写前汉语构思训练过程分为以下四个阶段：① 活动一："敲击"话题关键词游戏。受试者手拿白纸和笔，写下各自脑海中刚才出现的题目或题目中的关键词语，可写下受试者感兴趣的任何内容。要求写得越多越好。/② 活动二：进行发散思维，网式联想游戏。受试者从以上关键词语（或其他）中选出一个自己最感兴趣的写在纸中央，将这个核心词（句/表达）划上圆圈。然后让自己的思想自由驰骋，并写下所有自己认为与此有关联的词语，并用线条将内容相关的词语连接起来，要求越丰富越好。/③ 活动三：排队归类，编排提纲游戏。要求受试者根据已经画出的联想图，对联想信息进行"排队""归类"，整理和编排出清晰的作文提纲。/④ 活动四：正式写作。学生根据已经整理出来的写作提纲，写一篇汉语作文。（使用专供汉语写作用的方格纸）（吴双）

（39）请大家写一写中国人喜欢吃饺子的原因，除了课本介绍的原因以外（教师指示黑板上给的课文二概况），大家也可以按照自己对中国的了解，写出你发现的别的原因。/为什么中国人喜欢吃饺子？/我觉得，中国人特别喜欢吃饺子，主要是因为：第一，……；第二，……；第三，……最后，……。/四位同学一个小组……大家一起来商量，并把你们了解到的原因写出来。……每位同学都要写……大家写完以后，我们会请两组同学到前边给我们介绍他们的想法。"（宋刚）

鉴于汉语作为二语写作者离开母语环境，时常会因跨文化交际造成思维困顿、回忆断层、语言表达受到束缚而无话可写，文思苦涩等困难，例（38）用于帮助留学生使用目的语开展写前构思活动，例（39）引导初级汉语学习者合作写作，都展示了关注写作过程的具体方法。

七、准教师与专家教师写作教案在作文讲评书面表达上存在的差异

（一）准教师与专家写作教案在作文讲评上存在的差异

"文章不厌百回改"，写作讲评对于提高学习者的写作能力有重要的指导作用。作文讲评时，准教师常常如下操作。

1. 准教师教案过多让学习者互相批改习作

准教师普遍采用了让写作者成为作文评改活动的主角的方式，这既是优点，也是缺点。准教师们都安排了写作者互相批改习作的活动，但是这个活动能否顺利开展并产生实效是个问题。如：

（40）① 让学生与同桌交换所写的短文，参看课本问题进行阅读。/② 让学生改正自己短文中的错误，并与其他小组交流。/③ 在学生互改过程中巡视指导，并请三位写得较好的同学向全班朗读他们所写的文章。（教学对象："初级阶段的汉语本科生"）

（41）分组讨论，每组抽调一篇教师批改。/学生互相批改。/点评作文：（20 分钟）教师选取几篇代表性强的作文进行点评。（教学对象："本科一年级的留学生"）

（42）相互批改和学生习作点评（15 分钟）/在座同学四人一组，相互批改习作，解决问题，老师到各组参与批改、讨论，并帮助解决问题，同时汇总典型的错误和问题，进行统一的分析和讲解。（教学对象："词汇量为 2 000 左右的留学生"）

例（40）、（41）、（42）中，安排"初级阶段"学习者"改正自己短文中的错误""相互批改习作"，认为初学者已有"批改"作文的能力。其实初级汉语写作者对修改自己的作文并不自信，对为他人评改作文以及由他人评改自己的作文更是缺乏信心。勉为其难，他（她）甚至可能会把别人正确的语句字词改错。

这一新理念是很好的，尤其写作课是一门更多地让学习者沉浸于内在思考，而较少发言的课程，促进写作者主动表达，改变教师"一人独舞""一人谈"局面，有利于激发写作者的写作兴趣。但把作文评改活动全部交给写作者，愿望能否真的实现？操作是否合理？评改中对于那些性格内向羞怯或不自信的学习者不肯积极配合怎么办？准教师应当充分地考虑到这些问题。

2. 准教师教案对学习者要求过高

（43）教师请各组同学讲评其他组的写作情况，指出优缺点或错误。对学生忽略或没有意识到的错误和问题，由教师罗列出来并进行讲解。针对写作中出现的语言表达问题重点讲评。（教学对象："中文专业二年级的学生”）

（44）批改作文。/将学生分成四人一小组，每个组交一份作文给老师。/每组剩余的三篇作文与其他组的交换后，共同讨论作文的优劣。/讲评作文（20 分钟）。（教学对象：中级留学生）

例（43）（44）的教学对象虽然只是中级学习者，但准教师对其要求非常高：“请各组同学讲评其他组的写作情况，指出优缺点或错误”“共同讨论作文的优劣”——作文讲评本身需要具备高屋建瓴的水平，将中级写作者的汉语水平和评议能力视为和老师一样高，实在是不切实际。而且由于没有可以模拟谈话的样本，对于写作者而言，参与作文评改和对作文进行点评发言的难度远大于一般的口语等课程所教学的水平。显然该讲评方法是难以实现的。

3. 准教师教案对教学对象不够公平

例（44）中将中级留学生“分为四个人一个小组，每个组上交一份作文给老师”。为什么只有 1/4 的学生能获得教师的亲自批改？如果学生们可以自愿选择，他们更愿意把自己的作文交给谁？这一过程本身就意味着教学的不公平。“每组剩余的三篇作文与其他组的交换后，共同讨论作文的优劣处。”谁“共同讨论作文的优劣处”呢？显然是剩下的那 3/4。随后，准教师在课堂上还没有来得及批改收上来的那 1/4 作文，就紧接着只能花 20 分钟匆匆忙忙“讲评作文”，自然难以讲得深透，学习者的收获也就很有限了。

写作讲评的目的在于帮助每一位个体化的写作者能够在原有水平上有效提升其写作能力，所以怎样讲评才能传达出最有效的建议，从而让每一位二语写作者都得到实际提高，才是一个真正关键的问题。教师只有多动脑勤动手，才能观察到每一位学习者的“不同”，也才能为每位不同的写作者提出个性化的建议。

4. 准教师教案让学习者朗读水平不高同学批改的作文无助于“增强语感”

只有朗读语言正确、内容优美的文章才能真正达到“增强语感”的效果，而有的准教师反其道而行之。如：

（45）让同学自己念被同学修改后的文章（10 分钟）（增强语感，边念的空气中变成了乳白色的热气”，语言不通顺。

这些都表现出准教师的写作基本功还不够扎实。一位汉语写作教师如果不了解汉语作为二语写作教学技能，会让学习者失望；但如果这位教师自身书面语表达能力低下，就会让学习者难以接受；如果这位教师连汉语知识和汉语写作知识都知之甚少，那就可谓不称职了。

八、结语

教案编写集中反映出教师对具体课堂写作教学过程的认知及设计，也反映了汉语作为二语写作教学的特征（Features）、规范（Norms）与价值（Values）。“教学设计就是制定有利于建构可用于形成问题的情景与客体的计划。这些问题能指引学生对客体的感知和操作并要求学生作出论断以及自己设计和建构客体。”①

一方面，准教师与专家教师写作教案编写活动建构了一个模拟真实写作教学的具体情景（Learning Environment），虽然专家写作教案数量少，但其设计及表述方式为准教师的成长性学习提供了可资参考的范型。从我们搜集到的 229 人编写的 78 份即将赴海外孔院担任志愿者的准教师编写的写作教案来看，虽然存在诸多问题，但是只要准教师从“备课”学起，对专家写作教案中的教学艺术进行揣摩和模仿，找到差距和努力的方向，使写作教学手段、过程成为可复制、可传授的技术和程序，就能有效传承汉语国际教育专业领域内专家的写作教学行为、写作教学经验和写作教学智慧。这极大地缩短了准教师的成长周期，无疑是辅助准教师转变成“熟手”“能手”，甚至“专家”的最经济实效的途径和手段。

另一方面，该比较还有助于促进专家教师对汉语作为二语写作教案设计的规范性原则的提炼和反思，对提升自身理论素养有进一步要求，为促进汉语作为二语写作教学向规范性、科学性、系统性、可操作性和预见性方向发展具有积极的促进作用。

从新手型教师成长为熟手型教师，最终成为专家型教师的过程实际上就是教师的专业化发展过程。本节准教师和专家编写的教案的差异性揭示

① 高文. 教学设计研究——荷兰土温蒂大学 Sanne Dijkstra 教授访谈录［J］. 全球教育展望，2001（01）.

了汉语作为二语写作教师专业成长的规律与方法，为准教师进一步调整课堂信息加工能力，完善实践性知识结构，提供了正确的发展方向，对教师发展——准教师的培训具有重要理论和实践价值。

鉴于目前没有太多成熟的专家教案作为可资参考的稳定模板，而新手编写的教案又多种多样，而且写作教案编写只是备课中的一环，教案编写水平与写作教学效果二者之间也不一定呈正比关系，所以拙文在设计论证上尚存诸多改进的空间。但作者在为北语汉语国际教育专业研究生讲授“汉语技能教学法”课时采用了写作教案编写的方法，反馈比较实用有效，于是作者撰写拙文，以期抛砖引玉，引起业内专家的探讨。

主要参考文献

一、专著

北京师范学院中文系汉语教研组．五四以来汉语书面语言的变迁和发展［M］．北京：商务印书馆，1959.

蔡元培．我在教育界的经验［G］//蔡元培，聂振斌．蔡元培卷．杭州：浙江大学出版社，2009.

陈汝东．对外汉语修辞学［M］．南宁：广西教育出版社，2000.

陈田顺．对外汉语教学中高级阶段课程规范［M］．北京：北京语言大学出版社，1999.

崔希亮．北语对外汉语教学法研究丛书·对外汉语读写课·优秀写作教案集［M］．北京：北京语言大学出版社，2010.

崔希亮．外国学生汉语书面语习得与认知研究［M］．北京：北京语言大学出版社，2017.

［德］洪堡特．论人类语言结构的差异及其对人类精神发展的影响［M］．姚小平，译．北京：商务印书馆，1997.

范文澜．文心雕龙注［M］．北京：人民文学出版社，1958.

冯胜利．汉语书面用语初编［M］．北京：北京语言大学出版社，2006.

冯胜利．汉语语体语法概论［M］．北京：北京语言大学出版社，2018.

冯胜利，胡文泽．对外汉语书面语教学与研究的最新发展［M］．北京：北京语言大学出版社，2008.

高名凯．语言学概论［M］．北京：中华书局，2009.

辜鸿铭．中国人的精神［M］．黄兴涛，宋小庆，译．海口：海南出版社，2007.

［日］弘法大师．文镜秘府论校注［M］．王利器，校注．北京：中国社

会科学出版社，1983.

黄侃. 文心雕龙札记［M］. 上海：上海古籍出版社，2000.

江苏母语课程教材研究所. 当代外国语文课程教材评介［M］. 南京：江苏教育出版社，2004.

［清］来裕恂. 汉文典注释［M］. 高维国，张格，注. 天津：南开大学出版社，1993.

黎运汉. 汉语风格学［M］. 广州：广东教育出版社，2000.

［明］李腾芳. 文字法三十五则［G］//王水照. 历代文话：第三册. 上海：复旦大学出版社，2007.

刘润清. 外语教学中的科研方法［M］. 北京：外语教学与研究出版社，1999.

［清］李渔.《笠翁对韵》精解（插图本）［M］. 北京：人民文学出版社，2009.

［南朝］刘勰. 文心雕龙注［M］. 范文澜，注. 北京：人民文学出版社，1958.

刘珣. 对外汉语教育学引论［M］. 北京：北京语言文化大学出版社，2007.

罗伯特・斯腾伯格（Robert J. Sternberg），路易斯・斯皮尔－史渥林（Louise Spear-Swerling）. 思维教学［M］. 赵海燕，译. 北京：中国轻工业出版社，2001.

罗青松. 对外汉语写作教学研究［M］. 北京：中国社会科学出版社，2002.

骆小所. 代修辞学［M］. 昆明：云南人民出版社，2000.

米东居士. 笠翁对韵序［G］//李渔全集：第十八卷. 杭州：浙江古籍出版社，1992.

皮连生. 教学设计——心理学的理论与技术［M］. 北京：高等教育出版社，2000.

戚雨村. 现代语言学的特点与发展趋势［M］. 上海：上海外语教育出版社，1997.

［瑞士］索绪尔. 普通语言学教程［M］. 高名凯，译. 北京：商务印书

馆，1999.
盛炎. 语言教学原理［M］. 重庆：重庆出版社，1996.
孙德金. 现代书面汉语中的文言语法成分研究［M］. 北京：商务印书馆，2012.
唐钺. 修辞格［M］. 北京：商务印书馆，1923.
王安节. 中华书面语词典［M］. 吉林：吉林文史出版社，2003.
王德春. 语体略论［M］. 福州：福建教育出版社，1987.
王德春，陈晨. 现代修辞学［M］. 上海：上海外语教育出版社，2001.
王德春，陈瑞端. 语体学［M］. 南宁：广西教育出版社，2000.
王吉亭，王素蓉，张少成. 现代常用文言书面语［M］. 重庆：重庆出版社，1990.
王苏，汪安圣. 认知心理学［M］. 北京：北京大学出版社 1992.
王希杰. 修辞学通论［M］. 南京：南京大学出版社，1996.
王运熙，杨明. 隋唐五代文学批评史［M］. 上海：上海古籍出版社，1994.
伍蠡甫. 现代西方文论选（上）［M］. 上海：上海文艺出版社，1962.
徐国珍. 仿拟研究［M］. 南昌：江西人民出版社，2003.
杨晓黎. 汉语传承语素与国际汉语词汇教学［M］. 北京：中国社会科学出版社，2018.
袁晖，李熙宗. 汉语语体概论［M］. 北京：商务印书馆，2005.
张怀瑾. 文赋译注［M］. 北京：北京出版社，1984.
张中行. 文言和白话［M］. 北京：中华书局，2012.
赵艳芳. 认知语言学概论［M］. 上海：上海外语教育出版社，2001.
郑远汉. 言语风格学［M］. 武汉：湖北教育出版社，1998.
曾毅平. 修辞与社会语用论稿［M］. 北京：中国社会科学出版社，2005.
宗庭虎，邓明以. 修辞新论［M］. 上海：上海教育出版社，1988.
周晓虹. 现代社会心理学［M］. 上海：上海人民出版社，1997.
［日］岸田知子. 空海と中国文化［M］. 东京都：大修馆书店，2003.
［日］渡辺照宏. 日本の思想 1 最澄・空海集［M］. 东京：筑摩书房，1969.

［日］莲生観善．弘法大师传［M］．第二版．东京都：同朋舍，1981.

二、期刊

曹炜．现代汉语口语词和书面语词的差异初探［J］．语言教学与研究，2003（06）：39.

陈保亚．语言影响文化精神的两种方式［J］．哲学研究，1996（02）.

陈晶．发展汉语中、高级教材修辞格分布统计与分析［J］．辽宁师专学报：社会科学版，2011（02）.

陈贤纯．对外汉语教学写作课初探［J］．语言教学与研究，2003（5）.

陈燕玲．对外汉语初级阶段“扩词成句”教学法［J］．云南师范大学学报：对外汉语教学与研究版，2009（4）.

程娟，许晓华．HSK 单双音同义动词研究［J］．世界汉语教学，2004（04）.

崔希亮．正式语体与非正式语体的分野［J］．汉语学报，2020（02）.

邓俊捷．语体分类新论［J］．修辞学习，2000（03）

丁金国．对外汉语教学中的语体意识［J］．烟台大学学报：哲学社会科学版，1997（01）.

丁金国．再论对外汉语教学中的语体意识［J］．语言文字应用，1999（02）.

段士平．国内二语语块教学研究述评［J］．中国外语，2008（04）.

冯胜利．韵律制约的书面语与听说为主的教学法［J］．世界汉语教学，2002（01）.

冯胜利．书面语语法及教学的相对独立性［J］．语言教学与研究，2003（02）.

冯胜利．论汉语书面正式语体的特征与教学［J］．世界汉语教学，2006（04）.

冯胜利．论语体的机制及其语法属性［J］．中国语文，2010（05）.

冯胜利．语体语法及其文学功能［J］．当代修辞学，2011（04）.

冯胜利．语体语法：“形式—功能对应律”的语言探索［J］．当代修辞学，2012（06）.

冯胜利. 语体俗、正、典三分的历史见证：风、雅、颂［J］. 语文研究，2014（02）.

冯胜利，王洁，黄梅. 汉语书面语体庄雅度的自动测量［J］. 语言科学，2008（02）.

高文. 教学设计研究——荷兰土温蒂大学 Sanne Dijkstra 教授访谈录［J］. 全球教育展望，2001（01）.

郭绍虞. 再论文言白话问题［J］. 学术月刊，1981（03）.

何克抗. 建构主义的教学模式、教学方法与教学设计［J］. 北京师范大学学报：社会科学版，1997（5）.

何自然. 语用学对修辞研究的启示［J］. 暨南学报（哲学社会科学），2000（06）.

胡建军. 修辞理论的发展对对外汉语教学理念的冲击［J］. 云南师范大学学报：对外汉语教学与研究版，2008（04）.

黄洪玲，李艳云. 同义词语在语体等级中的选择和在写作中的应用［J］. 南昌大学学报：人社版，2003（3）.

汲传波. 外国留学生汉语语体习得研究回顾与前瞻［J］. 语言应用研究，2013（9）.

江新，郝丽霞. 新手和熟手对外汉语教师实践性知识的研究［J］. 语言教学与研究，2011（2）.

蒋绍愚. 汉语史的研究和汉语史的语料［J］. 语文研究，2019（03）.

金路. 对外汉语教学中的语体问题［J］. 当代修辞学，1988（01）.

李海燕. 对外汉语写作教学中如何实现口语词向书面词语的转换［J］. 吉林省教育学院学报，2009（04）.

李泉. 面向对外汉语教学的语体研究的范围和内容［J］. 汉语学习，2004（1）.

李如龙. 关注汉语口语词汇与书面语词汇的研究［J］. 陕西师范大学学报：哲学社会科学版，2007（03）.

李绍林. 论书面语和口语［J］. 齐齐哈尔师范学院学报，1994（4）.

李熙宗. 关于语体的定义问题［J］. 复旦学报，2005（03）.

连榕，孟迎芳，廖美玲. 专家—熟手—新手型教师教学策略与成就目标、人格特征的关系研究［J］. 心理科学，2003（01）.

刘涛，刘富华. 国际汉语教师课堂教学能力培训策略研究［J］. 东北师大学报：哲学社会科学版，2013（1）.

刘珣. 迈向21世纪的汉语作为第二语言教学［J］. 语言教学与研究，2000（1）.

刘智伟. 含同一语素的同义单双音节动词语体色彩比较研究［J］. 语言文字应用，2007（2）.

陆俭明. 作为第二语言教学的汉语教学必须重视书面语教学［J］. 对外汉语研究，2007.

陆俭明. 汉语教师的素质和师资培养的针对性[J]. 国际汉语 2011(1).

罗晓路. 专家—新手型教师教学效能感和教学监控能力研究［J］. 心理科学，2000（06）.

吕必松. 关于对外汉语教师业务素质的几个问题［J］. 世界汉语教学，1989（1）.

吕必松. 对外汉语教学概论（讲义）（续十五）［J］. 世界汉语教学，1996（2）.

吕艳红. 试说汉语对偶辞格的流变［J］. 现代语文，2009（8）.

濮侃. 浅谈辞格运用的原则［J］. 当代修辞学，1982（03）.

亓文香. 语块理论在对外汉语教学中的应用［J］. 语言教学与研究，2008（04）.

饶谊. 大学英语写作教学中行动研究的应用［J］. 湖南科技学院学报，2010（02）.

［美］R. J. 斯腾伯格，J. A. 霍瓦斯. 专家型教师教学的原型观［J］. 高民，等，译. 华东师范大学学报：教育科学版，1997（1）.

盛林. 二语习得中词语语体色彩的偏误分析［J］. 浙江师范大学学报：社会科学版，2012（06）.

孙素英，肖丽萍. 认知心理学视域中的写作过程［J］. 北京师范大学学报：人文社会科学版，2002（01）.

唐松波. 谈现代汉语的语体［J］. 中国语文，1961（05）.

唐松波. 文体、语体、风格、修辞的相互关系［J］. 当代修辞学，1984（03）.

唐松波，林文金. 现代汉语语体简论［J］. 东疆学刊，1984.

王立非，张大凤. 国外二语预制语块习得研究的方法进展与启示［J］. 外语与外语教学，2000（5）.

王添淼，任喆. 国际汉语新手、熟手、专家教师比较研究述评［J］. 云南师范大学学报：对外汉语写作教学与研究版，2015（3）.

王维成. 现代汉语语体的分类问题［J］. 华南师范大学学报（社会科学版），1987（04）.

王文宇，文秋芳. 母语思维与二语写作——大学生英语写作过程研究［J］. 解放军外国语学院学报，2002（04）.

王耀辉. 试论汉语语体的类别及其风格特点［J］. 陕西教育学院学报，1996（2）.

王永娜. 汉语口语体连词和正式体连词的语法对立［J］. 现代语文，2020（07）.

吴丽君. 口语词汇与书面语词汇教学研究［J］. 云南师范大学学报，2004（03）.

徐国珍. 论仿拟生成中的语境意义［J］. 浙江师大学报：社会科学版，1998（01）.

徐国珍. 仿拟行为的认知结构及认知过程［J］. 语言研究，2006（1）.

姚小平. 洪堡特与人类语言学［J］. 外语教学与研究（外国语文双月刊）2005（02）.

俞国良. 专家—新手型教师教学效能感和教学行为的研究［J］. 心理学探新，1999（2）.

曾清. 图式理论与大学英语写作教学的关系初探［J］. 湖南第一师范学报，2009（03）.

张海霞. 萨皮尔－沃尔夫假说理论观照下的英语学习［J］. 涪陵师范学院学报，2007（03）.

张海洲. 近三十年语体教学研究综述［J］. 内蒙古师范大学学报：教育科学版，2007（6）.

张和生. 对外汉语教师素质与培训研究的回顾与展望［J］. 北京师范大学学报：社会科学版，2006（03）.

张建伟，陈琦. 从认知主义到建构主义［J］. 北京师范大学学报（社会科学版），1996（04）.

张娟. 汉语语块分类与教学浅谈［J］. 文理导航（上旬），2010（09）.

周健. 语块在对外汉语教学中的价值与作用［J］. 暨南学报：哲学社会科学版，2007（01）.

三、论文集

濮侃. 辞格的运用与分析［C］//修辞学论文集：第一集. 福州：福建人民出版社，1983.

四、学位论文

廖佳. 浅论对外汉语教学中的修辞教学［D］. 成都：四川大学，2007.

马新芳. 对第二语言阅读能力和写作能力关系的实证分析［D］. 北京：北京语言大学，2004.

五、外文

Becker, J. The phrasal lexicon［A］. In Nash-Webber, B&R.Schank(eds.). Theoretical Issues in Natural Language Processing［C］. Cambridge, Masss: Bolt, Beranek& Newman, 1975:70－73.

Cunningham, D.J. (1992) Assessing Constructions and Constructing Assessments: A Dialogue. Educational Technology［J］.

Kaplan Robert(1966). Cultural Thought Patterns in Inter-Cultural Education［J］. Language Learning Parallel Distributed Processing: explorations in the microstructure of cognition.Vol.2: Psychological and Biological Models［C］. Cambridge, MA: MIT Press, 1986: 216－71.

Lewis M.A Lexical Approach［M］. Cambridge University Press, 1994.

Nattinger, J.& J.De Carrico. Lexical Phrases and Language Teaching［M］. Oxford: Oxford University Press, 1992.

Rumelhart, D.& J.McMelland. On learning the past tense of English verbs

[A]. Parallel Distributed Processing: explorations in the microstructure of cognition. Vol.2: Psychological and Biological Models [C]. Cambridge, MA: MIT Press, 1986: 216–271.

T.M. Duffy &.H. Jonassen(Eds.), Constructivsm and the Technology of Instruction: A Conversalion(pp.35–44), Lawrence Erlbaum Associates, Inc.

Wittrock, M.C., Baker, E.L.(Eds). Testing and Cognition Prentice Hall, 1991.

Watson. C.B., 1982, The Use and Abuse of Models in the ESL Writing Class, ESOL Quarterly, Vol.16, No.1.

Writings of Benjamin Lee Whorf [M]. Cambridge, Massachusetts The M II Press 1956.

Zimmerman, C.B. Historical trends in second language vocabulary instruction [A]. In Coady, J.&T. Huckin(eds). Second Language Vocabulary Acquisition: A Rationale for Pedagogy[C]. Cambridge: Cambridge University Press, 1997: 5–19.